KB274313

사회철학 에세이

모호한 군중

모호한 군중

사회철학 에세이

박현우 지음

한국학술정보㈜

머리말 ·

모호한 군중으로 살아간다는 것의 의미

오늘도 자취방 근처에 있을 도심 속 고양이 한 마리가 어느 정신 나간 자의 울음처럼 맹목적으로 울부짖는 소리가 내 귓가에 들려온다. 밤새 목이 터져라 울부짖지만 누구 하나 도와주는 이가 없다. 단순히 배가 고파서 저리도 우는 것은 아닐 상 부른데, 허면 어느 식당에서 남은 음식쓰레기를 주워 먹다가 먹어서는 안 되는 방부제나 세정제 따위를 삼켜서 몸에 위태로운 병이 찾아든 것은 아닐까? 아니면 좀 더 의도적으로 어떤 인간 종족이 귀찮은 고양이를 간접적으로 죽이고자 사약(死藥)을 음식쓰레기통에 넣어 둔 것일 수도 있다. 그래서 동물병원을 가야 하는데 누구 하나 도와주는 이가 없는 듯하다. 나라도 저 울부짖는 고양이를 도와줘야 하지 않을까? 고양이란 기묘한 데가 있어서 도와주러 다가가면 나를 피하려 하거나 필경 나를 물거나 할 것이다. 안타깝지만 어찌하지 못하는 이 불편한 양심! 이와 같은 불편한 도덕 심리를 한국이라는 사회 구조와 나 자신에 대해 가져본 적은 있는가? 무엇이 옳은 것이고 바르게 사는 것이 어떤 것인지 알면서도 묵인하거나 그냥 포기했던 그 불편했던 때를 말이다.

사람다움의 진정한 가치를 잃어가고 있는 한국 사회와 그 사회 구조 안에서 살아가고 있는 마취된 군중을 일깨우고 새로운 희망을 회복하려면 '그대 안의 도덕성'을 되살려야 한다고…….

2010년 2월의 작은 책상에서

박현우

차례 ·

:: 머리말 · 4

제 2 부 한국 사회에서 살아가고 있을 어느 군중

제 1 부

그대 안의 자아(自我)

제1장 편견

1. 多전제적 사유

"철학은 무전제적 생각을 전제로 한다." 어느 교수님으로부터 들은 말이다. 무전제적 사고는 개방되어 있다. 비판을 허용하며 새로운 담론의 형성을 열어둔다. 그리고 상대방의 의견도 때로는 받아들일 수 있다. 이것이 관용(寬容: 관용은 너그러운 인식체계를 기반으로 함)이고 민주주의적 정신이며, 새로운 시대상에 어울리는 정신의 길이라고 생각한다. 또한 이는 이 시대의 스승이 가야 할 길이기도 하다.

그런데 무전제적 사유가 때론 불가능할 수도 있지 않은가?

우리들이 쓰는 언어 자체도 어떤 대전제로부터 연역의 과정을 거친 산물이 아니겠는가 말이다. 가령 "해는 밝은 것이다."라고 말하면 당연히 옳은 소리로 인식하겠지만 낮에 해가 떠도 뿌옇게 보이는 해가 있을 수 있고, 저녁노을과 함께 지는 해는 밝기보다는 붉은빛이 때로는 탐스럽기까지 하다. 해라도 여러 모양과 빛깔의 해가 있는 것이다. 우리들이 일반적으로 '밝다'라고 생각하는 해조차도 다양한 모습으로 인식할 수 있는 '다전제적 사고'가 보다 명철한 사유 방식이지 않겠는가? 어떠한 전제를 담고 있을 수밖에 없는 '언어'라는 도구를 빌린다면 우리들이 어떠한 전제도 없이 사고하기는 어려울 것이다. '무전제적 사고'라는 말 자체가 결합의 오류를 함유하고 있다. 사고 자체가 어떤 개념이나 대전제를 기반으로 하는 것인데, '無'라는 개념과는 동일선상에서 결합되지 못한다. 따라서 철학을 한다는 것은 '무전제적 사유'를 기반으로 해야 한다고 했는데, 이는 '多전제를 갖고서 그것에 의거하여 사고한다'는 의미일 것이다. 다전제여야 하는 이유는 대전제라는 놈이 결국 궁극에 이르러서는 '믿음의 관념'이기 때문이다. 쉬운 예로 "신은 존재한다."라는 대전제는 그 궁극점에 어떤 믿음 단위를 담고 있다. 객관적 사실(fact)의 차원을 넘어서 있다는 것이다.

모든 인간의 명제는 이렇게 '궁극의 믿음'에 의거해 있다.

따라서 어떤 인간의 주장도 비판을 전적으로 받지 않을 수 없는 것이다.

그렇다면 나라는 사람이 어떠한 믿음을 지니며 살아가는가가 내 생애의 존귀함을 갖는 척도가 될 것이다.

2. 차이와 차별

　오토다케 히로타다는 태어날 때부터 팔·다리가 10㎝밖에 남아 있지 않은 사람이다. 그는 장애의 사실이 있는 분이지만 그것을 장애라기보다는 자신만이 갖는 개성으로 받아들이고 있다. 키가 큰 사람과 작은 사람, 비만인 사람과 날씬한 사람, 피부가 하얀 사람과 피부가 검은 사람을 두고 서로 간에 '차이'가 있다고 하지 '차별'이 있는 것은 아니지 않은가?

　오토다케도 다른 사람과 다른 차이점을 가진 사람이지 차별받을 대상이 아니다. 차별받을 대상에 해당되는 자는 반도덕적 생활을 하는 자들이다. 다시 말해 '차이'는 도덕적 평가와는 별도로 있는 fact(객관적 사실)의 영역이고, '차별'은 도덕적 심판의 문제이다. 도덕적 심판은 그 사회에서 공유된 도덕적 당위성에 의거한다. 가령 당신이 어떤 색깔을 좋아하는지와 키가 몇 ㎝인지의 문법은 '차이'의 범주에 속하는 fact라서 도덕적 차별을 받을 성질의 것이 못 되는 반면, 당신이 아무런 죄도 없는 누군가를 괴롭히거나 부정한 돈을 가로채거나 나라의 돈을 함부로 소모시키거나 자신의 맡은 바 소임에 게을리 임하는 짓은 마땅히 도덕적 심판을 받고 차별받아야 할 것이다.

　그런데 장애가 있다 하여 부끄러워한다면 마치 다른 사람과 얼굴 생김새가 다르다고 해서 부끄러워하는 것과 같다. 정작 다른 사람들로부터 차별을 받고 부끄러워해야 될 자는 신체의 '차이'가 있는 장애인이 아니라, 부정부패와 같이 도덕적으로 비난받을 행위를 했던, 우리 사회의 정의를 좀먹는 자들일 것이다.

3. 관찰자

밥을 떠먹는 용도로 쓰이는 물건을 '숟가락'이라고 머릿속에서 개념 규정을 해 놓지 않고서 계속 그 물건을 밥 먹을 때마다 쓰는 일은 인간에게 모종의 답답함이나 혼란을 준다. 대개 인간은 답답함이나 혼란이라는 심리를 싫어하기 때문에 '이것은 이렇고, 저것은 저렇다.'라고 인지적인 판단과 평가를 내리게 된다.

한편 우리는 '꽃'을 사랑하는 것이 아니다. '꽃'이라고 이름이 붙여진 생명 개체가 햇빛에 반사되어 나오는 빛깔을 긍정적으로 평가하고 있을 따름이다.

우리들은 다른 사람의 생명이 갖는 본질을 온전하게 교감할 수 없다. 그래서 겉으로 드러나는 이미지나 움직임, 그 사람이 말하는 언어 발화의 내용과 어투·주요 관심사, 그 사람이 입는 옷 스타일, 헤어스타일, 그 사람이 소유한 차량이나 집과 같은 물질을 보고 "저 사람은 이러이러한 사람이군."이라고 자기 안에서 개념 규정을 해 버린다. 그런데 그렇게 결론 내 버린 그 사람과 진정한 그 사람의 정체성이 완벽한 하나일 수 있겠는가 말이다.

부정적이든 긍정적이든 "전혀 안 그럴 것 같던 사람이…… 그렇게 행동할 줄은 몰랐다."라고 말해 본 적은 없는가?

'나'와 '너'의 소통의 문제이다

소통이 잘 안 될수록 추측과 편견과 상상이 실제를 변형시키고, 자신이 변형시킨 대로 틀어진 것을 '진실'이라고 명명해 버린다.

우리들이 보는 붉은색의 장미꽃은 지구의 가시광선 체계 내에서만 그렇게 보이는 것이다. 가시광선(可視光線)은 사람의 눈으로 볼 수 있는 파장(波長)을 가진 광선으로, 보통 가시광선의 파장 범위는 3,800~8,000옹스트롬(Å)이다. 등적색, 등색, 황색, 녹색, 청색, 남색, 자색의 일곱 가지가 있다. 그런데 만일 3,800~8,000옹스트롬(Å)의 파장을 벗어난 광선 체계였다면 내 앞의 장미꽃은 붉은색이 아니라 또 다른 색상으로 보였을 것이다. 그럼 이 장미꽃은 붉은색인가 아닌가? '장미꽃'이라고 이름 붙여진 실체의 본질은 무엇인가?

사람 평가를 함부로 하지 말자

'안다'는 것은 '근거 있는 추측' 그래봐야 결국 추측인 것이다.

"칭찬과 비난에 동요하지 않는 자가 현인이다."

우리들이 잘 알지 못하는 부분에 대해서는 "Don't think, just look!(평가하지 마라, 단지 보라!)"

4. 자신 안의 혁명을 일으켜라

　일정 속도로 모래를 계속 부어 주면 쏟아지는 모래와 산사태로 떨어지는 모래의 양이 평균적으로 균형을 이루면서 모랫더미가 일정한 각도의 더미를 이루게 된다. 이때 만들어진 각도를 '멈춤각(angle of repose)'이라 부른다. 이러한 상태가 '고비상태(critical state)'이다.

　고비상태라는 notion(생각·개념·관념)은 마음의 작용이나 '개인적 한도'를 설명해 주는 것은 아닐까? '나로 하여금 스스로 편집된 고비성'(self-organized criticality) 말이다. 어리석은 사람은 스스로 '자신의 고비상태'를 설정하여 더 나아가지 못한다. 언제나 자기 연민과 자조적인 편향성으로 무엇이라도 '함'을 망설인다. 내 본연의 무한한 '진정한 나'가 있음을 알지 못한 채, 일생을 불안과 두려움으로 살아간다. 그의 삶은 그 자체가 완연히 자기 파괴성을 띠고 있다.

　분명한 것은 자신을 불쌍하게 여기거나 자기 자신을 비웃을 땐 진정으로 어떤 일도 할 수 없다는 것이다. 특히 타인이 나에 대해서 갖는 편견에 따라가 주면 곤란해진다. 그러다간 스스로 '사회의 왕따'가 되는 수가 있기 때문이다. 그래봐야 나 이외의 다른 사람들은 나의 존재성 전체를 알지 못하지 않은가? 불행하게도 타인이라는 것은 나의 잠재능력이 내 안에서 꿈틀거리고 있음과 나라는 사람이 과거의 잘못이나 실수를 만회하고 새로운 정체성을 증명해 보일 수 있는 존재라는 것을 알지 못하지 않은가 말이다. 우리들은 나 이외의 다른 사람에 대해서 어떠한 규정적인 definition(정의定義)도 내릴 수 없다. 알지 못하거나 할 수 없으면서 마치 "당신은 어떠어떠한 인간이구만."이라고 악담(惡談)을 하는 자를 우리들은 참으로 조심해야 한다. 흔히 타인의 평판이라는 건 알고 보면 다, 자기 이익의 관점에서 본 편견에 지나지 않는다고……

"내가 왜 이 위에 섰는지 이유를 아는 사람?"

"크다는 기분을 알려고요."

"아니야. 다음 기회로 모시겠소. 이 위에 선 이유는 사물을 다른 각도에서 보려는 거야. 이 위에서 보면 세상이 무척 다르게 보이지. 믿기지 않는다면 너희들도 한 번 해 봐. 어서, 어서. 어떤 사실을 안다고 생각할 땐 그것을 다른 시각에서 봐라. 틀리고 바보 같은 일일지라도 시도를 해 봐야 해. 책을 읽을 때 저자의 생각만 고려하지 말고 너희들의 생각도 고려해 보도록 해. 너희들의 목소리를 찾을 수 있도록 투쟁해야 해. 늦게 시작할수록 찾기가 더 힘들 것이다. 쏘로우는 '대부분의 사람들이 절망적으로 산다'고 했다. 그렇게 물러나지 마라."

- 영화 '죽은 시인의 사회' 中에서 -

또한 미래를 알 수 없으면서 마치 아는 것처럼 말하는 자도 또한 위태로운 자이다. 이 지구상에 우리들의 미래를 알 수 있는 인간은 존재할 수 없다. 왜냐하면 지금의 '나'라는 존재는 무수한 원인(因: hetu)과 조건(緣: pratyaya)이 상호 관계하여 성립되는데, 하늘 아래 어떤 누구도 어떤 한 사람의 그 수많은 원인·조건들의 경우의 수와 그 조합과 가변성과 우연성을 미리 알 수 없기 때문이다. 안다면 신이거나 사기(詐欺) 둘 중 하나일 뿐이다. 단지 추측할 뿐인데……. 그 추측이라는 것도 지나친 타인의 상상력이 침투하는 경우가 많다. 그런데 아직도 누군가에게 찾아가 내 미래를 미리 알려 달라고 매달리는 사람들이 있는 것은 안타까운 일이다. 나의 미래에 대한 정당한 예견은 지금 현재 나의 의지와 노력과 인내에 근거해야 한다. 그것이 진정으로 주체적인 인물의 떳떳한 모습이다.

일단 차례차례 의지를 내서 노력하고 또 노력하고 새롭게 변화하고 또 변화하고, 인내하고 또 인내하면 처음에는 잘 안 되지만 점점 시간이 갈수록 기회가 찾아오고 성실함에 대한 온당한 결실이 찾아오리라. 그것이 세상의 理(이치, 도리)이다.

이 세상에서 적어도 나를 속이지 않는 분명한 3가지가 있다. 나의 몸, 시간, 이 세상의 理! 물론 나의 몸의 원리나 시간의 진행도 크게 보면 이 세상의 理이니까, 우리들이 결단코 믿을 수 있는 건 하늘 아래의 理! 그중 하나가 "덕을 쌓은 사람은 외롭지 않은 법이다."이다. 도덕성! 이 세상의 理를 한 단어로 점철하라고 한다면 바로 '도덕성'인 것이다. 만인이 행복한 한국 사회가 되려면 가장 우선적으로 '도덕강국'이 되어야 한다. 이제 세계가 선진국의 기준에 대한 기존 인식체계의 대전환이 필요한 시절로 가고 있다. 그 일을 할 수 있는 지도자가 한국 사회에 나타난다면 이는 필히 우리 조국의 조상님들이 보낸 위인일 것이 분명하다. 이러한 지도자가 나라를 다스린다면 천하에 따르지 않는 백성이 없을 것이다.

제2장 이기주의

1. 시시해져 버린 대학생의 아프로디테

대학 시절 주위의 '과CC'를 보았을 때, 서로를 진정으로 아껴 주고 사랑하는 애인 사이가 아니라 그냥 나도 홀로가 아니라 '애인'을 갖고 있음을 남들에게 '보여주기'식의 임시적인 관계를 갖는 커플들이 자주 눈에 띄었다. 남친이 군대라도 가면 잠시 힘들어하는 모습을 보이다가 어느 순간 다른 남친으로 갈아 치우는 '배터리 커플' 말이다. 그러한 커플들을 '무리한 커플들'이라고 지칭하고 싶다. 지금의 대학생들은 '여친'이나 '남친'이 없으면 비웃음거리가 되는 것이 하나의 이상한 문화 코드로 자리 잡은 것은 아닐까? 그리고 그 '여친'이나 '남친'과 언제든지 쉽게 헤어질 수 있다는 것을 전제로 만나며, 헤어지면 또 다른 이성을 만나면 그만인 정말로 쿨(cool)한 문화 양식인 것 같다. 사실 '남자 친구'나 '여자 친구'라는 말은 애인과 친구 개념의 중간에 걸치는 애매모호한 표현이다. 그래서 때로는 애인으로 지내다가, 또 때로는 그냥 친구로 지내면서 심적인 부담감 없이 쉽게 만나서 쉽게 자신의 자취방으로 데려오고, 쉽게 성관계를 하고 다음 날 간단히 헤어지는 사이이다. 누군가의 남친이나 여친의 방에서 미래에 대한 계획을 진지하게 세우는 일 따위는 조롱당할 것 같은 감각적인 대학생들의 쾌락 문화! 너무 복잡하게 생각하는 것이 금기시된 것 같은 대학생들의 '쉽게 즐기는 문화', "젊어서 고생은 사서도 한다."가 아니라, "젊을 때 멋대로 질러보자!"의 표피적 문화이다. 너무 양심적이거나 너무 복잡하게 생각해서는 아니 된다.

무리하게 커플 관계를 유지하는 것은 어쩌면 사랑하는 척하는 이성이 없으면 자신의 매력가치가 떨어질 것이라는 위기감에서 오는 자기 충족욕구는 아닐까? 지금 당장 대학생들에게 중요한 것은 상대 이성이 어떤 됨됨이를 갖춘 사람인가가 아니라, 그 이성이 내 손을 잡고 거리를 함께 걸어줄 수 있거나 큰 조건 없이 나의 성적 욕구를 해소해줄 수 있는가이다. 그래서 나도 '여친(혹은 남친)'이 있음을 세상 사람들에게 홍보하며 다닐 수 있도록 해 주는 나의 말 잘 듣는 '여친(혹은 남친)' 마네킹이 되어 줄 수 있는가 말이다. 얼마간 서로의 육체를 만지작거리다가 시시해지면 그때 가서 또 다른 '여친(혹은 남친)'으로 재부팅을 하면 될 것 같은……

결국 자신의 이기적인 욕구가 어떤 신화 상태를 상정하고 그것에 속아준 결과가 大學(대학?)이라는 학교를 다니는 임시 커플들의 만남이라는 것이다. 허구 말이다! 허구!

2. 소시오패스의 이익을 흠모한 반소시오패스주의자의 양심

나라는 사람의 생명이 하늘로부터 존엄성을 획득하려면 우리나라, 우리 민족이 살기 좋은 아름다운 나라가 되는 데 힘을 보태야 한다. 나 자신의 안락만을 위해 살아간다면 내 삶이 의의를 가질 수 있을까? 그런 얄팍한 이기주의자는 으레 상대방에게 보이지 않게 피해를 주기 마련이다. 그러면서 자신은 남에게 피해를 안 주면서 나의 이익을 정당하게 획득했다고 자부한다. 주위 사람들의 선한 마음을 이용해 먹는 소시오패스!(sociopath: 반사회적인 인격을 가진 사람) 한편으론 이러한 생각이 문득 떠올랐다.

'너도 그런 인간이 아니니?'

생각이나 말로는 반소시오패스적인 이념 성향을 가지면서도 자신도 모르게 소시오패스의 advantage(이익, 유리, 득)를 흠모해서 정도의 차이는 있겠지만 비슷한 유형의 행동을 보이는…… 아…… 맹자의 수오지심(羞惡之心: 옳지 못함을 부끄러워하고 착하지 못함을 미워하는 마음)을 나의 심장에 올려놓아야 하지 않을까…….

3. 참된 마음을 얻지 못해서야

참된 마음으로 주위 사람들에게 인정과 정성을 베풀다 보면 알지 못하는 사이에 우연히 인복(人福)이 들어오기 마련이다. 애써 자신의 코앞의 이익을 조급하게 좇는 자들은 그 이익의 몇 배나 더 큰 손해를 입게 될 것이다. 돈에 취한 자본주의 사회에서 우리들 자신이 아우의 이익을 비슷한 요령만 베껴 멀쩡한 까치 다리를 부러뜨렸던 놀부가 아니었는가를 생각해 보자.

타인과 다른 생명을 위해 일할 수 있을 때, 보람이라는 것이 있게 된다. 반면에 자기 자신의 이익만을 위해 행동했을 때 과연 참으로 보람이 있는지는 의문이다. 자기 자신만 알수록 불만이 커지고 불안해진다. 반면에 자기를 확장하고 큰 가치관을 실현하고자 한다면 마음에 평화가 자리하게 된다.

참된 마음가짐으로 성실히 일해 간다면, 하루 삼시 세끼 밥 못 먹을까. 허허, 덕은 외롭지 않는 법이고 친구는 곳곳에 있는 법이지.

주위 사람들을 정성스러운 마음으로 바르게 대했던 사람은 일할 자리가 끊이지 않고 크게 될 것이요, 간사한 꾀로 주위 사람들을 순간의 이익을 위한 수단이나 도구로 대했던 자는 일자리가 쉽게 끊겨 어디를 가든 받아주는 이가 드물 것이다. 또한 주위 사람들로부터나 자신의 참된 마음을 인정받은 사람은 쉽게 계약을 성사시킬 것이지만, 그렇지 못했던 자는 약삭빠르게 사기 치는 기술에만 의존하며 결국 계약을 수포로 돌릴 것이다.

세상 사람들이 사람다운 됨됨이와 올바른 마음을 흠모하는 것은 예나 지금이나 변하지 않는 것이니, 내 주변에 참된 사람이 적다 싶으면 일단 나부터 참된 사람이 되도록 하자.

요즘 학교현장에서는 몇백만 원의 혈세를 들여 어린 학생들에게 '말 잘하기 테크닉'을 가르치고 있다. 반면에 인성교육은 그냥 선생님이 알아서 하겠지 하며 팽개친다. 마음이 참되지 못한 자가 교묘하게 말을 잘하여 다른 사람을 설득할 수 있다면 이는 사기(詐欺: 나쁜 꾀로 남을 속임) 테크닉이 있는 것이지 진실하거나 옳은 것은 아니다.

4. 그대들의 마음에도 꽃이 있소

"사랑을 일방적으로 준다."는 문장은 상보성의 이(理)를 알지 못하는 데서 비롯된 바이다. 상대방에게 사랑을 주면 나의 생명이 활력을 얻고 피부가 좋아진다. 다른 생명에게 사랑을 주면 내 안에서 사랑을 구할 수 있게 된다. 이는 어떤 비싼 약제보다 더 효과적인 에너지 보충이다. 따라서 자비를 베풀고 사랑하는 행위는 결국 나에게 그러함을 다르게 표현한 것이다.

같은 원리로 상대방에게 음흉한 공격을 퍼붓는 행태가 잠깐 동안 승리를 이끈 것으로 보일 수 있으나 상대방이 피해를 받음으로써 자기 자신 또한 데미지(damage)를 입게 되는 것이 理가 기(氣)에 의거해서 표현된 구체적 모습이다. 절대 인간은 다른 생명에게 음흉한 의도를 갖고 불필요한 언행을 해서는 아니 된다. 왜냐하면 그렇게 할수록 자멸의 독에 빠져들기 때문이다.

특히 내 주위 사람들을 시기하거나 미워하지 않았던가? 멀리 떨어져서 만나지 않았다면 전혀 미워하거나 싸우지 않았을 '그 사람'을 말이다. 내가 미워하고 싸우고 있는 그 사람과 비슷한 사람이 전국에 얼마나 많겠는가! 그런데 굳이 그 사람을 특별히 미워하고 그 사람과 특별히 싸울 건 뭔가……. 내 이익과 상충되는 사람이니까? 내 성격과 안 맞는 인간이니까? 그냥 기분 나쁜 사람이라서? 하지만 그 사람도 분명히 장점이 하나 이상은 있는 사람일 것이다. 하늘은 사람을 태어나게 하되 살아갈 방도 하나 이상씩을 우리들 안에 부여해 주셨다고 한다. 나름대로 장점을 갖고 태어났는데 그 사람의 나쁜 점만 들추어내려 한 건 아닌가? 다른 사람이 평안하게 사는 것이 내가 평안하게 사는 길이고, 다른 사람의 미소가 내 미소를 가져오는 것인데…….

5. 이기주의를 경멸했던 나르시시즘(Narcissism)

언제 어디에서나 부모님이 그리운 것은 아니다. 부모님이 그리운 때는 내가 어떤 식으로든 부모님의 도움을 필요로 할 때나 부모님이 나를 사랑해 주셨을 때 내 안에 드는 따뜻한 온정을 회상하고 싶을 때나 고향과 멀리 떨어져서 도시인의 명목으로 외로움에 떨 나 자신의 모습에 대한 자기 연민의 감정이 생길 때 또는 길을 가다가 내 부모님과 비슷한 어른을 만났을 때 내 의식의 장에 형성되는 이미지의 연상으로 인해서거나 지금 힘든 내 처지에 대해서 공감해 줄 믿을 만한 사람을 찾는 심리적인 과정에서 나는 부모님을 그리워하게 된다.

며칠 전 필자가 근무하던 ○○중학교에서 인근 고등학교로 발령을 새로 받았다. 하지만 나를 포함한 많은 동료선생님들이 떠나셔도 ○○중학교가 어떻게 되지는 않으리라는 생각이 들었다. 너무 상식적인 애기일지도 모르지만 어쩌면 우리들이 살아가고 있는 세상은 우리들 자신이 아니라 제도나 시스템일지도 모른다는 인식의 전환을 깨달아야 했다. 늦가을에 덧없이 떨어지는 낙엽처럼 들릴 이야기지만 나의 죽음도 세상 사람들이나 거대한 조직체에게는 일종의 잠시 잠깐의 이벤트에 불과할 것이라는 섬뜩한 감정이 나의 표정을 칠흑 같은 어둠으로 덮어 버렸다.

○○중학교를 떠나는 마지막 날 운동장에 모인 학생들 앞에서 작

별의 인사식이 진행되었다. 작년에 함께 공부했던 중학생 아이들에게 마지막으로 하고 싶은 애기를 준비했는데 떠나는 선생님이 많아서 생략되었다. 작별식이 끝나고 몇몇 학생들이 반갑게 나에게 마지막 인사를 하러 왔고, 어떤 아이는 눈물을 보이며 말을 다 잇지 못하기도 하였다. 나를 위한 눈물을 흘려준 그 아이의 모습을 몇 주가 지난 지금도 가슴속에 소중하게 간직하고 있다. 왜냐하면 그 아이의 눈물은 적어도 나를 대상으로 한 눈물이었기 때문이다. 그러면서 내 안에 '나는 ○○중학교에서 잘 가르친 선생님이었군.' 하는 자부심을 갖도록 만들어 준 눈물이었으니까. 마찬가지로 그 아이가 눈물을 왜 흘렸을까를 그 아이의 관점에서 바라보면, 유독 자신을 아껴 주셨던 선생님이 떠나니까 이제 자신을 그렇게 아껴줄 분이 없을 것 같은 자기 불안에 대한 미리 예측된 자기 연민의 감정이 들어서는 아니었을까? 자신을 사랑해 주던 사람이 떠나면 나 자신에 대한 눈물이 나기 마련이다.

나라는 사람이 부모님을 그리워하는 것과 학생들에게 마지막으로 해 주고 싶었던 가르침이라는 것과 그 아이가 나를 위해 눈물을 흘려준 것 모두는 결국 나 자신으로부터 나 자신을 위한 어떤 것은 아니었을까? 중요한 사실은 삶의 모든 장르에서 압도적으로 우리들은 다른 사람이 아닌 우리들 자신에게 관심이 있다는 점이다. 내가 즐거우니까, 내가 그렇게 생각하니까, 내가 원하니까, 내가 싫으니까, 내가 귀찮으니까, 내가 편하니까, 내가 본 것이니까, 내가 느낀 거니까 하면서 말이다.

나르시시즘(Narcissism)의 거대한 집합＝인간 세상!

나르시시즘은 자신이 리비도의 대상이 되는 정신분석학적 용어로, 자기애(自己愛)라고 번역한다. 물에 비친 자신의 모습에 반하여 자기와 같은 이름의 꽃인 나르키소스, 즉 수선화(水仙花)가 된 그리스 신화의 미소년 나르키소스와 연관 지어, 독일의 정신과 의사 네케가 1899년에 만든 말이다. 자기의 육체를 이성의 육체를 보듯 하고 또는 스스로 애무함으로써 쾌감을 느끼는 것을 말한다. 예컨대 한 여성이 거울 앞에 오랫동안 서서 자신의 얼굴이 아름답다고 생각하며 황홀하여 바라보는 것은 이런 의미에서의 나르시시즘이다.

'내가'의 어법을 달고 살아가는 우리 인간들 세상! 그렇다면 다른 사람이 나에 대해 무성의하게 내뱉는 평판이라는 것은 자기 자신에 대한 관심의 100분의 1도 안 될 것 같은데, 그러한 다른 사람의 왜곡된 시선이나 평판에 주눅이 들어서야 되겠는가? 그렇다고 막 살라는 소리가 아니라, 도덕적 됨됨이를 갖추는 일은 자율(自律)이어야 한다는 것과 주체적인 사람이 되어야 한다는 것을 말하는 것이다. 주체적인 사람이 된다는 것은 단순히 자신이 좋아하는 음식을 사 먹는 배부른 돼지가 되는 것을 의미하는 것이 아니다. 무엇이 보편화 가능한 옳은 가치인지를 스스로 구하여 그 옳다는 자기 신념에 충실한 생애를 뚝심을 갖고 살아가는 사람이 주체적인 사람이다. 자기 이익만 좇을 줄 아는 간신배는 죽는 날까지 진정한 의미에서 주체적인 사람이 못 되고 삶을 다할 일이다.

제3장 인간 존재

1. 인간 해부 오해

‘나’라는 사람이 불교에서는 없다고 한다. 단지 나의 움직임의 제 현상들에서 종종 ‘나’를 의식할 때가 있는 것일 뿐이라니……. 불교의 관점에서 보면, 나를 진정으로 ‘나’이도록 하는 自性은 없고, 단지 인연생기로 인하여 잠시 세상에 엮어진…… 나 스스로 태어나고 싶어서 태어난 것도 아니요, 나이 들어 늙으면 얼굴에 주름지고 몸에 힘 떨어지고, 나이 차면 다시 하늘로 가되, 언제 갈지조차 나 스스로가 알지 못하는 불확실한 임시적인 존재!

선조로부터 물려받은 유전자 체계가 ‘나’라고 부르는 생명체의 심신(心身)을 통해 스스로를 표현시키고 있는 것인가? 그러다가 박 아무개라는 내 심신의 기운이 쇠약해지면 다시 후손들의 심신으로 이동하고, 남겨진 박 아무개라는 심신은 자연의 땅에 거름이 될 뿐인가? 내가 이루고자 했던 목표도 유전자의 권력 욕구를 실현시키기 위해 설정된 각본에 이미 있던 것이었나?

나를 '나'이도록 하는 근원은 무엇인가

그러나 나는 나를 지금처럼 관조할 수도 있지 않은가! 이러한 관조도 이미 정해진…… 인간은 로봇(Robot)…… 때론 불량품도 제조되는 매우 어지러운 로봇…… 자신이 로봇인지도 알지 못하면서 스스로가 세계를 주도하고 있다고 믿는 자기 기만적인 골동품…….

이 세상에 완전한 창조는 없다고…… 적어도 인간 세계에는…… 완전히 새로운 인간도 없고…… 단지 획기적인 우량종과 평범한 노예종과 사회에서 지워 버렸으면 하는 불량품만 있을 뿐…….

2. 이기적 유전자를 위한 변명

리처드 도킨스의 인간관

어느 날 우연히 나는 리처드 도킨스에 관한 기사를 보았는데, 그의 사상에서 우리들의 인간 존재와 인생에 관한 견해를 송두리째 깨뜨리는 파괴력을 느꼈다. 너무나 다른 방식으로 세상과 인간을 바라보고 있었던 리처드 도킨스!

다윈의 자연선택설에 따르면 생물은 생존에 적합한 방향으로 진화한다. 그러지 못한 생물은 도태된다. 그런데 도킨스는 진화의 기본 단위를 하나하나의 생물 개체가 아니라 유전자라고 본다. 40억 년 전 지구의 바다에서는 최초의 살아 있는 세포가 나타났다. 이 세포는 스스로를 복제할 수 있는 자기 복제자이다. 자기 복제자의 수는 점점 늘어났고 다양한 돌연변이도 발생했다. 자연스럽게 경쟁도 생겨났다. 자기 복제자는 경쟁에서 살아남기 위해 생존 기계를 만들어 그 안에 안전하게 자리 잡았다. 여기서 자기 복제자는 유전자이고 생존 기계는 우리의 몸이다. 지금 이 글을 쓰고 있는 나도 하나의 생존 기계인 것이다.

유전자는 그저 살아남는 것, 최대한 많이 자기 복제를 하는 것만을 목표로 할 뿐이다. 그래서 '이기적' 유전자이다. 생존 기계의 생김새와 행동은 유전자의 생존 목적에 철저히 맞추어져 있다. 언뜻 이타적으로 보이는 행동도 그 바탕에는 유전자의 이기적인 목적이 깔려 있다. 자식을 향한 부모의 사랑도 복제된 유전자를 보호하기 위한 것이라고 해석될 수 있다.

한편 도킨스는 유전자의 생존과 유사한 패턴을 지닌 '밈'에 관해서도 얘기하고 있다. 밈이란 도킨스가 만든 개념인데, 우리가 일반적으로 문화라 부를 수 있는 모든 것을 가리킨다. 종교적 믿음부터 요리법까지……. 그런데 그냥 문화라 하지 않고 굳이 밈이라고 하는 것은 유전자와의 공통점을 강조하기 위해서이다. 리처드 도킨스의 이론도 그 자체로 밈이라 할 수 있다. 이 밈은 <이기적 유전자>라는 책을 통해 자기 복제되어 나의 뇌 속으로 전해졌다. 또한 이 밈은 다른 여러 이론과 경쟁하고 있다. 리처드 도킨스는 밈이야말로 인간이라는 종을 특별하게 만드는 근거라고 말한다.

도킨스의 관점 비판하기

도킨스의 말처럼 만약 생물체가 자신을 복제하기 위해 이용하는 유전자의 '복제기계'에 불과하다면, 마찬가지 논리로 그러한 생물체가 만들어 낸 모든 것, 비버의 댐이나 인간의 피라미드까지도 모두 이기적 유전자 활동의 결과물로 봐야 하는가? 이 지점에서 도킨스는 생물학이 끝나는 지점에서 문화나 사회가 시작된다는 기존의 통념에 반대하여 사회현상이나 문화적 다양성도 결국에는 유전자의 '확장된 표현형'으로 파악하려 한다. 이런 시도는 월슨의 경우와 마찬가지로 궁극적으로는 사회과학을 생물학의 하부 범주로 포섭하려는 노력의 일환으로 볼 수 있다.

도킨스의 견해는 생물 진화의 여러 양상 중, 유전자 보존을 위한 양태들에 초점을 맞추고 모든 현상을 한 가지 방식으로 설명하려는 화이트헤드가 말한 "잘못 놓인 구체성의 오류(추상적이고 일반화된 이론이 오히려 구체적이고 생생한 인간의 경험보다 진리인 것처럼 여겨지는 오류를 말한다. 화이트헤드는 이러한 근대적 사유 구조 특성 중의 하나인 환원주의적 경향을 '잘못 놓인 구체성의 오류'라고 지적하였음)"를 범한 것일 수 있다. 다시 말해서, 어느 한 가지 설명 방식으로 세상의 모든 현상들을 해석하려 하는 행위는 잘못되었다는 것을 지적하고 싶다. 독신주의를 채택하여 자식을 낳지 않고 평생 혼자 생활하는 사람도 자신의 유전자 보존을 위해 헌신하고 있다고 말할 수 있는가? 삶의 참된 의미를 찾으려는 인간의 주체적인 의지를 너무 과소평가한 도킨스가 아닐까? 우리 인간의 위대성은 어쩌면 나 자신보다 다른 생명을 위해 헌신하는 데서 찾을 수 있을 것인데, 석가모니, 예수, 마틴 루터 킹이나 테레사 수녀, 독립운동가 안중근, 백범 김구 선생님 등과 같은 인물들의 행위를 해석할 때에도 자신의 이름을 후대에 떨치기 위한 유전자 번식 행위라고 해석해도 좋은가? 정말 그렇게 헌신하는 것 자체가 옳기 때문에 나 스스로 결단해서 그렇게 한 행동은 없는가 말이다. 도킨스의 세상을 보는 틀은 사후 약방문(死後藥方文)처럼 어떤 행위의 결과에 대한 차후의 인위적인 해석들 중 하나는 아닐까?

토머스 홉스(Thomas Hobbes)의 사회계약론과
개미 사회의 공통점

이기적 유전자에 관해서 알아 봤으니, 이제 매트 리들리가 쓴 '이타적 유전자'(The origins of Virtue)의 주요 내용을 알아보면 재미있을 것 같다.

한 죄수가 있다.

이 죄수는 동료들의 도움을 받아 감옥을 탈출했다. 동료들의 상호부조 덕분에 감옥을 탈출한 탈옥수는 이후 상호협동에 관한 긍정성을 옹호한다. 이 탈옥수의 이름은 표트르 크로포트킨(Пётр Алексéевич Кропóткин)이다.

'이타적 유전자'의 저자 매트 리들리는 표트르 크로포트킨의 사상을 토머스 홉스(Thomas Hobbes)의 것과 자주 대조시킨다. 토머스 홉스(Thomas Hobbes)는 영국의 철학자이다. 그의 대표적인 저서로는 그 유명한 '리바이어던'이 있다. 국가의 기원과 관련하여 홉스는 다음과 같은 사회 계약설을 주장하였다.

"모든 자연 상태(국가와 법, 규칙들이 없었던 초기의 무정부 상태)에서 자기 보존 욕구에 찬 인간들은 자신의 이익만을 위해 투쟁한다. 자연 상태에서 개인은 만인의 만인에 대한 투쟁을 한다는 말이다. 그러나 이러한 투쟁이 계속되면 서로가 불안한 생활을 해야 하고, 일정 이상의 힘을 가진 사람들만이 이익을 독점할 우려가 있다. 따라서 사람들은 자신의 이익을 보다 안정적으로 지키기 위해 계약을 맺고 절대 군주와 국가를 만들어 모든 권리를 왕, 국가에 양도하기로 결정하였다. 국가가 생김으로써 타인보다 더 많은 이익을 누리던 사람들과 그들에게 이익을 너무나 당연한 듯 빼앗기던 사람들의 자연권은 제한되고, 국가는 윤리와 법을 만들어 행동의 기준을 정한다. 자신들의 모든 자연권을 양도하여 무조건 국가에 복종한다는 사회 계약을 맺게 된 것이다. 그러나 합리적 이기주의자들은 자신이 약속을 지키지 않고, 다른 사람의 약속을 이용하면 자신에게 이익이 될 것을 알고 있다. 합리적 이기주의자들은 약속을 지키지 않을 것이다. 이러한 무임승차자가 되고자 하는 인간들의 이기적 성향으로 인하여 계약준수의 합리성을 확보하기 어렵다. 그래서 계약 준수의 합리성을 보장하기 위하여, 즉 강력하게 약속을 이행하도록 자연권을 전면 양도하여 절대 권력을 지닌 절대 군주(또는 국가)를 옹립하게 되는 것이다. 절대 군주(국가)는 약속 이행이 실질적인 이익이 되도록 하고, 계약 위반의 위험부담을 높여 계약 준수의 합리성을 보장해야 한다."

홉스가 가리킨 자연 상태에서의 질서 확립의 모습을 개미들의 생존 시스템에서도 발견할 수 있다. 개미사회에서 수개미와 교미할 수 있는 것은 여왕개미뿐이다. 암컷인 일개미는 자신의 모성본능으로 집을 짓고 먹이를 모아 여왕개미의 새끼를 돌본다. 여왕개미는 일반적으로 알을 낳고 집단을 통솔한다. 수개미는 무위도식하다 공중 결혼식에 참석한 후 최후를 맞는다. 이 위계질서가 철저한 개미사회에 놀랍게도 집단에 의한 개인의 희생이 존재한다. 어째서 생식능력이 있는 암컷인 일개미는 생식을 통해 자식을 낳지 않는 것일까? 각 개체의 일개미가 수개미와 교미하여 하나의 자식만 낳아도 개미집단은 금세 2, 3배 이상 늘어날 텐데 말이다.

그러나 그렇게 하지 않는 이유는 토머스 홉스의 '자연권 제한'이 개미사회에서도 적용되고 있기 때문이다. 각자 개미가 자신의 자식을 낳는다면 당연히 자신의 가정을 꾸리려 할 것이다. 자신의 가정을 좀 더 풍요롭게(음식 걱정을 할 필요가 없게) 하기 위해서는 자신이 더 많은 식량을 확보해야 할 뿐만 아니라, 다른 개미의 식량까지 빼앗아 갈 상호 투쟁의 위험이 있을 것이다. 또한 각자가 자신의 자손을 번식시키고자 한다면 그 영역싸움으로 인하여 개미사회의 혼란(홉스가 말했던 자연 상태에서의 '만인의 만인에 대한 투쟁 상태')이 야기될 것이다. 그래서 여왕개미는 일개미의 헌신성을 증대시키고 자신에 대한 충성심을 높이기 위해(혹은 자신이 낳은 자식들의 안위보장을 위해) 일개미들을 생식불능으로 만든다. 또한 이러한 개미사회의 전제조건에는 '생물 개체는 자신의 행복이 아니라 유전자의 불멸을 위해 살아간다.'라는 이기적 유전자의 필수 요건이 적용된다. 이러한 이기적 유전자의 지배 아래 생식불능인 일개미가 불멸을 꿈꾸는 가장 쉬운 방법은 여왕개미로부터 태어난 자매들인 그들이 여왕으로부터 태어난 개미들을 보호하는 방법이다. 즉 각자 한 어머니의 유전자(적어도 50%는)를 타고난 일개미들이 자신의 자식을 낳지 않고도 유전자를 불멸로 계승할 수 있는 방법은 여왕개미의 아이들, 즉 자신의 자매들을 보호하는 것이다. 따라서 개미 무리는 '한 어머니를 둔 남매들의 집단'이다. 나는 이 문맥에서 한국사회가 웅녀라는 한 유전자를 공유한 남매들의 집합 사회라는 재미있는 상상을 해 보았다. 모든 자연 상태에서 유일하게 무작위적인 살인과 약탈을 하지 않는 대상이 자신의 부모, 형제자매임을 감안한다면 개미 무리의 이러한 사회응집 방법은 매우 효과적이고 효율적일 수 있다. 유전적 근친성은 협동의 충분한 동기가 된다. 이러한 유전적 결집능력은 개미뿐 아니라 벌에게도 적용된다고 한다.

이타적 행위

앞에서 살펴본 바와 같이 유전자는 이기적이지만, 때로는 이타적이다. 유전자의 목적을 위해 개체의 이타성을 이용하기 때문이다. 어머니의 모성, 아버지의 부성, 가족애가 사실은 이기적 유전자의 프로그램에 의해 나타나는 감정이라 하더라도 그 감정이나 그러한 감정에서 우러나오는 행위가 이타적인 행위가 아니라고 부정할 수는 없다. 만약 이러한 감정들로 인해 개체들이 선행을 한다면 굳이 그 동기를 따질 필요는 없을 것이다. 토머스 홉스가 거지에게 6펜스를 준 이유를 물을 것 없이(설령 그가 거지에게 돈을 준 이유가 이웃과 사회의 인정을 받기 위함이라도), 그 행위가 이타적이고 선한 행위 범주체계에 들어간다면 그냥 착한 행동이지 않겠는가 말이다. 이 때문에 애덤 스미스(보이지 않는 손)와 그 스승 프랜시스 허치슨은 결별하기까지 했다. 허치슨은 그것이 선행이라도 자신의 이익을 위한 사리추구에서 비롯된 선행은 선행이 아니라 했고, 애덤 스미스는 그렇긴 하나 그것조차 선행이라고 주장했기 때문이다. 서로 생각이나 이념이 다르면 관계가 오래 지속되기 어려운 데가 있다.

경제학자인 아마티아 센은 이렇게 말했다.

"다른 사람의 극심한 고통을 인지했을 때 괴로움을 느낀다면 그것은 동정에 속한다. 동정에 근거한 행위는 어떤 의미에서, 아니 아주 중요한 의미에서 이기적인 행위라고 할 수 있다. 인간은 다른 사람의 기쁨을 보면 즐거워지고 다른 사람의 고통을 보면 고통스러워진다. 때문에 동정적 행위는 행위자 자신의 효용을 추구하는 데 도움이 된다." 다시 말하면 타인의 불행과 고통에 의해 자신이 공감하고 자신이 우울해지며 비탄해지면 그것은 나 자신에게도 결코 유리하지 않은 감정이 될 것이다. 따라서 인간은 자기 자신을 행복하게 하기 위해 타인에게 선행을 베푼다는 뜻이다.

꿀벌 사회에서의 질서 유지 방식

한편 좀 전에 개미 사회에 대한 얘기를 나눠보았는데, 개미와 유사하지만 다른 메커니즘으로 무리의 유전자체계를 보존하고 있는 꿀벌 사회에 대해서 짧게 알아보자. 앞에서 배운 바와 같이, 일개미들은 실제로도 자신들의 번식능력을 빼앗겼다. 그러나 일벌들이 생식능력을 빼앗긴 것은 아니다. 자신의 새끼를 스스로 낳는 일벌들이 부지기수(不知其數)로 많아진다면 홉스식의 '만인의 만인에 대한 투쟁 상태'가 일어날 수 있지 않겠는가? 그 수많은 일벌들이 모두 자신의 자식만을 위한다면 필히 꿀벌사회 전체는 혼란으로 엉망이 되고 말 것이다. 따라서 일벌들은 그러한 혼란을 예방하기 위해 서로가 서로를 감시한다. 홉스의 주장처럼 국가를 만들어 자신의 권리를 모두 양도하고 복종함으로써 불안하거나 불편한 투쟁 상태를 종결시키는 셈이다. 그래서 일벌들은 여왕의 페로몬이 묻어 있지 않은 알을 잡아먹는다.

이러한 벌의 하극상은 개미사회와는 다른 차별성이 있다. 여왕개미가 하극상의 씨앗부터 근절하여 사회를 통제한다면, 꿀벌사회는 서로가 서로를 감시하는 시스템을 적용시킴으로써 권력 사회를 유지해 나간다. 논의가 여기까지 이르자 나는 문득 '팬옵티콘'이 생각났다.

팬옵티콘(panopticon)

팬옵티콘(panopticon)은 '모두'를 뜻하는 'pan'과 '본다'는 뜻의 'opticon'을 합성한 말이다. 번역하면 '모두 다 본다'는 뜻이다. 원래는 죄수를 감시할 목적으로 영국의 철학자이자 법학자인 제레미 벤섬(Jeremy Bentham)이 1791년 처음으로 설계하였다. 제레미 벤섬은 이른바 '최대 다수의 최대 행복'을 실현하기 위해 공리주의를 주장한 철학자로 널리 알려져 있다. 그러나 그는 동시에, 아이러니컬하게도 '최대 다수의 최대 감시(監視)'를 가장 효과적으로 실현할 수 있도록 고안(考案)된 '원형감옥(Panopticon)'의 구상자(構想者)이기도 하였다.

이 감옥은 중앙의 원형공간에 높은 감시탑을 세우고, 중앙 감시탑 바깥의 원 둘레를 따라 죄수들의 방을 만들도록 설계되었다. 또 중앙의 감시탑은 늘 어둡게 하고, 죄수의 방은 밝게 해 중앙에서 감시하는 감시자의 시선이 어디로 향하는지를 죄수들이 알 수 없도록 되어 있다. 이렇게 되면 죄수들은 자신들이 늘 감시받고 있다는 느낌을 가지게 되고, 결국은 죄수들이 규율과 감시를 내면화해서 스스로를 감시하게 된다는 것이다. 타율적인 강제의 힘에 눌려 나 자신을 스스로 감시하게 만드는 시스템! 오늘날 현대사회에서 정보기술이 빠르게 발전하면서 전자주민카드·전자건강보험증서 등 각종 전자증서를 통해 권력기관이 사람들을 마음대로 통제할 수 있다는 가능성도 제기되고 있다.

부자유한 거대 감옥에 갇혀 있는 듯한 현기증을 느낄 무렵, 문득 가수 서태지가 쓴 'ㄱ 나니'의 가사들이 뇌리를 스친다.

죄수의 딜레마

[문1~2] 다음 제시문을 읽고 물음에 답하시오.

> 죄수 A, B가 같이 공범이 되어 감옥에 갇혀 있다고 하자.
> 경찰은 죄수 A, B 둘과 똑같은 조건을 내건다.
> 만약 둘 중 누군가가 동료의 죄를 증언하면(죄를 말하면), 죄를 증언한 사람은 2년의 징역을, 증언을 당한 동료는 10년의 징역을 살게 된다.
> 또한 이틀 이내에 두 사람이 모두 증거를 폭로하면 두 사람 다 징역 6년을 살게 된다.
> 그리고 경찰은 두 사람이 만일 서로에 관한 증거를 말하지 않는다면 지금까지 확보한 증거를 바탕으로 4년의 징역을 받게 될 것이라고 무섭게 말한다.
> 당신과 동료는 서로 격리되어 있어 어떤 의견도 주고받을 수 없다.
> 자, 그렇다면 당신은 동료의 죄를 증언하라는 경찰의 제안을 받아들일 것인가, 말 것인가?
> 결정할 시간이 많지 않다.

문1. 당신이 제안을 거부(동료의 죄를 말하지 않음)할 경우와 수용(동료의 죄를 말해 버림)할 경우에 당신과 당신의 동료가 받게 될 형량을 도표로 나타내면 다음과 같다.

		동료(B)	
		동료의 죄를 말하지 않음.	동료의 죄를 말했다.
당신(A)	동료의 죄를 말하지 않음.	A: 4년 B: 4년	A: 10년 B: 2년
	동료의 죄를 말했다.	A: 2년 B: 10년	A: 6년 B: 6년

문2. "만약 당신이 자신의 이익만을 우선시한다면 경찰의 제안을 수용 (동료의 죄를 말해 버림)할 것인가, 거부(동료의 죄를 말하지 않음)할 것인가?"

일단 이러한 질문을 받게 되면, 그렇게 선택함으로써 나의 이익이 어떻게 다른지 그 결과를 따지게 되어 있다. 그래서 먼저 나는 동료의 죄를 말하지 않았을 때를 생각해 본다.

'나는 말하지 않고 동료도 말하지 않으면 4년 감옥살이하게 되는데, 만일 동료가 자신의 이익만 생각한다면 내가 10년이나 감옥에서 살고 동료는 2년만 있으면 되잖아! 반면에 동료의 죄를 말한다면 최악이어도 둘 다 공평하게 6년 감옥 살고 나오는데…… 그리고 운 좋으면 나는 2년만 살다 나올 수도 있고…… 손익 계산기를 두드려 보니까 후자, 즉 동료의 죄를 말한다 쪽이 그나마 더 유리한 선택이 되겠지?' 이렇게 생각하고서 결국은 둘 다 동료의 죄를 말해 버린다. 그래서 둘 다 자신들의 죄를 말하게 되고, 그 대가로 매우 공평하게도(?) 6년씩 감옥수감 생활을 하게 되어 있다. 동료가 나보다 먼저 폭로하거나 배신하여 더 유리한 고지를 획득하지 않았을까 하는 끊임없는 두려움과 불신.

둘 다 4년씩 사이좋게 지낼 수 있는 최적의 안도 있었는데, 자기 자신의 이익만을 우선시했기 때문에 좋은 대안을 놓쳐 버렸다. 더 좋은 선택안도 있었다는 아쉬움과 함께 둘 다 6년씩 잡히면서 서로 동료를 불신하고 죄를 말해 버렸다는 그 배신감과 증오심, 이기심…… 6년 후에 풀려나도 왠지 찜찜할 것 같은 불편한 감정…….

'차라리 동료를 위해 희생했더라면 마음은 편안했을 것인데……

눈앞의 작은 이익을 경솔하게 급하게 잡으려 하다가 그만…….’

‘이기적 유전자’라는 책을 쓴 리처드 도킨스는 이걸 보고, 또 “너무 상심해하지 말게. 자네는 단지 자신의 유전자 보존을 위해 맹목적으로 움직이는 불분명한 프로그램에 충실했던 것뿐이니까. 때로는 타인을 의심하는 것이 개체 생존을 위해 유리할 때가 많지 않겠는가.”라고 말하지는 않았을까?

리처드 도킨스와 같은 사유방식에서 느껴지는 그 섬뜩한 분리감과 최인호 소설 ‘타인의 방’이 나의 의식 속에서 혼란스럽게 연결되고 있었다.

그는 구두를 벗고, 스위치를 찾으려고 벽을 더듬거리면서 분노에 차서 소리를 질렀다. 하지만 방 안은 어두웠고 아무도 대답하질 않았다. 제기랄……. 그는 너무 피로해서 퉁퉁 부은 다리를 질질 끌며 간신히 벽면의 스위치를 찾아내었고, 그것을 힘껏 올려붙였다. 접촉이 나쁜 형광등이 서너 번 채집병 속의 곤충처럼 껌벅거리다가는 켜졌다. 불은 너무 갑자기 들어온 기분이어서, 그는 잠시 동안 낯선 곳에 들어선 사람처럼 어리둥절하게 서 있었다. 그때 그는 아직도 문밖에서 사내가 의심스럽게 자기를 쳐다보고 있는 것을 보았고, 그는 조금 어처구니없어서 방문을 쾅 닫아 버렸다. 그때 그는 화장대 거울 아래 무슨 종이가 놓여 있는 것을 발견하였고, 그래서 그는 힘들여 경대 앞까지 가서 그 종이를 주워들었다.
“여보, 오늘 아침 전보가 왔는데,·친정아버님이 위독하시다는 거예요. 잠깐 다녀오겠어요. 당신은 피로하실 테니 제가 출장 가신 것을 잘 말씀드리겠어요. 편히 쉬세요. 밥상은 부엌에 차려 놨어요. 당신의 아내가…….”
그는 울분에 차서 한숨을 쉬면서, 발소리를 쿵쿵 내면서, 한없이 잠겨 들어가는 피로를 느끼면서, 코트를 벗고 넥타이를 풀고, 와이셔츠를 벗는 일관 작업을 매우 천천히 계속하였으며 그리고는 거의 경직이 되어 뻣뻣한 다리를, 접는 나이프처럼 굽혀 바지를 벗고 그것을 아주 화를 내면서 옷장 속에 걸었다. 그때 그는 거울 속에 주름살을 잔뜩 그린 늙수그레한 남자를 발견했고, 그는 공연히 거울 속의 자기를 향해 맹렬한 욕을 퍼붓기 시작했다.
“제기랄. 겨우 돌아왔어. 제기랄. 그런데도 아무도 없다니.”
그는 심한 고독을 느꼈다. 그는 벌거벗은 채, 스팀 기운이 새어 나갈 틈이 없었으므로 후덥지근한 거실을, 잠시 철책에 갇힌 짐승처럼 신음을 해 가면서 거닐었다. 가구들은 며칠 전하고 같았으며 조금도 바뀌지 않은 것처럼 보였다. 트랜지스터는 끄지 않고 나간 탓으로 윙윙거리고 있었다. 그는 그것을 껐다. 아내의 옷이 침실에 너저분하게 깔려 있었고, 구멍 난 스타킹이 소파 위에 누워 있었다. 다리 안쪽을 조이는 고무줄이 탁자 위에 놓여 있었다. 루주 뚜껑이 열린 채 뒹굴고 있었다.
그는 우선 배가 고팠으므로 부엌 쪽으로 갔는데, 상 위에는 밥 대신 빵 몇 조각이 굳어서 종이처럼 딱딱해져 있었다. 그는 무슨 고무질을 씹는 기분으로 차고 축축한 음식물을 삼켰다.
- 최인호 저, 소설 ‘타인의 방’ 중에서 -

다단계 마케팅과 기만

　사람이 왜 도덕적으로 살아야 하는가? 자신의 목적을 효율적으로 달성하려고? 이러한 조건적인 도덕은 너무나 가변적이다. 왜냐하면 살아가다 보면 분명히 반도덕적으로 몰래 행동하는 것이 일단 자기 자신에게는 더 이익이 되는 상황들이 너무나 빈번하게 놓여 있기 때문이다. 안 들키면 되니까……. 그리고 안 들킬 수 있을 정도로만, 아니면 법에 위배되지 않는 정도로만 하면 된다? 자신 내면에 불편하게 갖춘 양심에다 적당히 마취주사를 투여해 가면서…… 좀 더 간사하게, 만남 초기에는 다른 사람들이 나를 믿도록 반복적으로 선하게 행동하다가 마지막에 결정적일 때 딱 한 번 제대로 사기를 치면 많은 돈을 벌 수 있을 것이다. '다단계 마케팅'에 빠져든 이웃집 아주머니의 애기를 들어보니, 처음에는 자신의 입출금 통장에 돈이 약속대로 여러 회에 걸쳐 많이 들어오니까 점점 믿음이 가면서 더욱 더 자신의 돈을 투자하게 되었다고 한다. 그런데 결정적인 막판에 그 다단계 회사에서 사기를 치고 자리를 뜨는 바람에 자신의 통장에 있던 돈들을 죄다 잃고 남은 것은 빚이요, 장래에 대한 불안과 과거의 어리석었던 자기 자신의 경솔한 처사에 대한 후회였다고 한다. 나였더라도 다단계의 맛을 보았더라면 같은 꼴로 전락했지 않았을까?

　예쁜 것으로 자기를 알고자 하는 년이나 잘 생긴 것으로 자신을 아는 놈은 한낱, 고래 배 속 어딘가에 머무를 작은 멸치나 플랑크톤에 지나지 않을 것이다. 우리는 살아가면서 얼마나 자기기만에 빠져서 나와 타인을 속이면서 그리고 속아주면서 살아가는지 모른다. 양치기 소년은 자신만이 밭에서 일하던 사람들을 속였다고 생각할 일이지만 오히려 양치기 소년의 죽음은 그를 속인 순박하게 일하던 사람들의 기만으로 말미암은 것이다. 그렇다면, 인간은 '기만'이라는 우리에서 살아가는 '지킬 박사와 하이드 씨'일 수도 있다.

'다단계 마케팅'이 뭔지 잘 모르는 사람도 있을 터이니, 잠시 안내하면 다음과 같다. 다단계 마케팅(multi - level marketing, MLM) 또는 네트워크 마케팅(network marketing)은 '제조업자→도매업자→소매업자→소비자'와 같은 일반적인 유통경로를 거치지 아니하고, 다단계판매회사가 판매하는 상품을 사용해 본 소비자가 다단계판매조직의 판매원이 되어 다른 소비자에게 제품을 권유하고, 이와 같은 권유를 받은 소비자가 다시 판매원으로 활동하는 과정이 순차적, 단계적으로 이루어지면서 판매조직이 점차 확대되는 판매방식이다. 소비자가 곧 판매원이 되는 특수한 형태의 마케팅으로 한국에서는 유독 피해 사례가 많아 부정적인 개념으로 받아들여진다. 이는 주로 단기간에 돈을 쉽게 벌 수 있다고 현혹하여 사람들을 끌어들이기 때문인데, 사람을 끌어들이면서 직접적인 수익이 발생하는 일명 '사람 장사'라 할 수 있는 마진구조를 가지고 있다.

이러한 다단계마케팅은 평범한 대중들이 아주 속기 쉬운 위험한 사기 기술인 것 같다. 공교롭게도 다단계 마케팅에 속아 넘어가는 우중(愚衆)의 모습은 '파블로프 개 실험'과 닮은 데가 있는 것 같다.

파블로프 개 실험과 적응 문제

파블로프는 개와 먹이 실험을 통해 조건반사의 개념을 발견한 생리학자이다. 그의 개 실험을 알아보면, 먼저 굶은 개에게 (사료와 같은) 먹이(=‘무조건적 자극’)를 주면 개는 무조건 침을 흘린다. 반면 먹이가 아닌 메트로놈 소리라는 ‘조건 자극’으로는 침을 흘리지 않는다. 첫 실험에 먹이를 줌과 동시에 메트로놈 소리(혹은 특이한 사운드를 내는 종소리)를 들려주면 처음에는 아무런 반응이 없게 된다. 그러나 이를 몇 차례 반복하면 나중에는 무조건적인 자극(먹이) 없이도 조건 자극(종소리)만으로도 반응을 일으킬 수 있게 된다. 개에게 ‘먹이＝메트로놈 소리’라는 조건이 형성된 것이다. 만약 일반화의 진행 과정에서 훈련을 더욱 강화하면 점차 최초의 메트로놈 자극과 그 이외의 유사한 자극을 구분하여 메트로놈의 소리에만 반응하게 되는데, 이를 ‘변별’이라고 하고 그 분리과정은 ‘분화’라 부른다.

그렇다면 이제 우리들은 처음 만난 사람인데도 이상하게 잘해 주는 인간을 좀 더 조심해야 하지 않을까? 그 잘해 주는 행동이 참된 마음에 의거해 있는지, 아니면 사기 칠 의도에 근거해 있는지를 살피는 일 말이다. 그런데 사람 마음을 알기란 그리 쉬운 일은 아니지 않은가? 그래서 관상학도 공부하는 것이고, 사주명리학도 공부하는 것이겠지. 잘은 모르지만 사기 치는 인간들의 눈과 그 주변은 필히 온화하지 못하고 음흉하거나 불길한 데가 있는 것 같다. ‘이 사람 관상에서 믿음이 좀 안 가는데…… 믿어도 될까? 설마 사기라도 치겠어.’라고 애매모호하게 흘려버리면 이미 늦은 것이다. 그런 자에게 처음부터 쉽게 계약을 해 줄 도덕적 의무는 없다.

하지만 다른 사람을 불확실한 근거로 오판하는 것은 상대방에 대한 편견을 낳을 수 있으니 판별을 안 하니만 못 할 때가 많지 않겠는가? 알고 보면 그 사람이 그 사람이라 하지 않던가. 만일 여러분이 투명인간으로 변신할 수 있는 도술을 갖고 있다면, 지금 당장 투명인간이 되어 무엇을 하고 싶은가? 여러분 자신이 투명인간이 될 수 있다면, 그냥 자신의 책상에서 책 공부를 하겠는가 아니면 부자의 돈을 훔쳐다가 불쌍한 사람들에게 나눠주고 있겠는가? 그렇지 않고 은행에 몰래 들어가 현금다발을 훔쳐 자신의 금고에 저장해 둔다든가 몰래 다른 집에 들어가 남녀가 벗은 몸으로 노는 광경을 침 흘리며 보고 있겠는가? 아이러니하게도 여러분이 보다 양심적인 사람이라면 투명인간이 되어 선한 일보다는 나쁜 일들을 더 많이 하게 될 것이 분명해 보인다. 그런데도 다른 사람과 나는 완전히 급이 다른 인간이라 자신 있게 주장할 수 있겠는가? 아서라, 다른 사람에 대해 편견을 갖지 말자!

지속적 관계와 이타성

어떤 관계가 '일시적 관계'인가, 아니면 '지속적 관계'인가가 상호 간의 호혜성이나 이타성의 정도에 영향을 주는 것과 관련하여, 대형어와 청소어의 관계를 관찰해 보자. 청소어와 대형어들 사이에는 호혜성이 적용되는데, 청소어들은 대형어들의 입안에 들어가 대형어를 세척해 주면서 식량을 얻는다. 동시에 대형어들은 상처를 입거나 병에 걸리면 하루에도 몇 차례씩 찾아와 청소를 받는데, 만약 청소어들의 개체수가 줄어든다면 전체 물고기의 수 역시 감소하고 빠르게 상처에 감염된 물고기들이 증가하게 된다. 작은 물고기들이 대형어의 입안을 드나들면서 세척을 할 때 대형어들은 청소어를 잡아먹을 수도 있을 것이다. 그러나 그들은 청소어의 안전을 최대한 배려하며 주의 깊게 행동한다. 왜냐하면 유능한 청소어는 당장의 먹이보다 내일의 청소부로서 더 값어치가 있기 때문이다. 이러한 일이 가능한 까닭은 거대어들이 특정한 산호초의 특정한 장소로 가면 같은 청소어를 지속적으로 만날 수 있기 때문이다. 관계의 영속성과 지속성이 이 방정식의 핵심인 것이다. 단편적인 만남은 배신을 부추기고, 잦은 반복은 협동을 조장하는 듯하다. 이러한 동물사회와 마찬가지로 인간사회에서도 호혜주의는 대단히 중요한 위치를 차지한다. 이 호혜성은 인간 본성의 불가결한 일부로서 인간의 성장과 함께 자연스레 습득된다.

시각을 보다 넓혀 '구명보트 딜레마'에 대해서 생각해 보자.

바다에서 항해하는 어느 유람선이 예기치 못한 폭설로 난파했다고 가정해 보자. 배는 거의 기울어 가고 사람들은 구명보트를 타고 다 탈출한 상태에서 남은 구명보트는 한 개, 사람은 여덟 명이 남아 있었다. 그러나 이 구명보트의 정원은 7명으로, 한 명이 희생해야 할 상황이다. 여덟 명이 우왕좌왕하여 전부 구명보트에 탑승하긴 했으나 구명보트마저 전복되어 여덟 명 전원이 위험한 상태! 당신이라면 어떤 사람을 죽게 만들 것인가? 그 8명의 구성원은 다음과 같았다.

a. 목사 b. 재벌 회장 c. 선장 d. 퇴직 교수 e. 간호원 f. 중상 입은 경찰관 g. 강도 살인 전과자 h. 씨름선수

만약 누군가를 선택한다면 아마 강도 살인 전과자가 제일 높은 확률로 죽게 될 것이다. 강도 살인 전과자는 살인을 한 죄가 있는 죄인이다. 살인전과가 있는 죄인은 사람을 죽여 자신의 배를 채우는 행위와 같은 비윤리적이고 이기적인 행위를 저지를 가능성이 가장 표면적으로 높게 드러난 사람이라는 뜻과 같다. 그러나 우리가 선택을 해야 한다는 조건을 떠나 좀 더 넓은 시야에서 이 문제를 바라본다면, 누굴 선택하든 사람이 죽어야 한다는 사실은 변함이 없다. 그

것이 대의를 위한 것일지라도 일곱 명이 나머지 한 명에게 사형선고를 내릴 권리는 없지 않은가?

우리는 여기서 어떤 선택을 할 때 그것이 그 방법 중 최선의 선택이 될 수는 있으나 절대로 최고의 선택이 되지는 못한다는 점을 알게 된다. 딜레마이다. 목사에게 천국이라는 칼을 들이대고 희생을 강요하든, 강도 살인 전과자의 죄를 물어 그를 죽이든 그것은 바람직한 방법이 되지 못한다. 수많은 철학자가 이러한 인간의 존엄성, 생존권과 같은 윤리적인 문제에 대한 해결방법을 찾는 데 몰두해 왔다. 인간 세계에서 완벽한 정의론을 내세울 수는 없겠지만 적어도 상식을 지닌 대부분 사람들의 가치 통감 능력에 기반을 둔 '보편화 가능한 정의론'은 말할 수 있을 것이다.

3. 당신은 어떤 사람입니까

"비가 추적추적 온다. 지금 나의 눈가를 적시는 빗방울은 내겐 하나도 변한 것이 없어 보입니다. 겨울바람이 양 볼을 빨갛게 녹일 땐 동산에 올라 파란 하늘에 방패연을 띄우고, 춥디추운 겨울 사이에 논바닥이 단단히 미끄러울 때면 부르튼 손등을 호-호 불며 맞바람에 돌덩이 같은 스케이트를 타고

비가 그렇게 무겁게 옵니다. 지금 내리는 비를 맞고 여기에 서 있는 나는 과연 누구입니까……."

필자는 사춘기 때부터 언제나 내 안에서 이런 질문을 품고 살아왔던 것 같다. '나는 과연 누구인가.' 이에 대한 해답을 얻는 과정에서 「내가 누구인지 말하는 것이 왜 두려운가」(양창순 지음, 현대문학)라는 책을 접하였다. 그 주요 내용을 다음과 같이 정리해 두었다.

이 세상에는 4종류의 사람이 있다고 한다.

① 어둠에서 어둠으로 가는 사람
② 어둠에서 빛으로 가는 사람
③ 빛에서 어둠으로 가는 사람
④ 빛에서 빛으로 가는 사람

'자기 이해'가 분명한 사람은 외적인 환경 변화에 좌우되지 않는다는 것을 알았다. '자기 이해'란 자기 자신을 이루고 있는 밑그림·정체성·자기 존중 정도 등에 대해 스스로 얼마나 알고 있으며, 또 어떤 평가를 내리고 있는지를 의미한다. 그리고 이 자기 이해 여하에 따라

자존심과 자기 확신이 결정된다.

정서적·감정적으로 안정된 자기 이해를 만들어 갈 때 건강한 자긍심도 생겨나는 것이고, 그것이 한 단계 더 발전하면 어떤 외적 변화에도 꿈쩍 안 할 굳건한 자기 자신을 이룰 수 있는 것이다.

자기 자신의 주인이 아닌 사람은 자유롭지 못하다. 이 자유를 위해서, 그리고 진정한 나를 발견하기 위해서는 먼저 자신의 벌거벗은 모습과 마주할 필요가 있다. 있는 그대로의 자기의 모습을 인정해야…… 이것이 자기를 알아가는 첫 과정이다. 나의 부족한 점 극복해야 할 것이 있기에 삶에 대한 의지를 가질 수 있다. 그래서 열등감은 성장의 밑거름이 될 수도 있는 것이다.

이러한 자기 이해가 바르지 않은 사람이 있다. 다른 사람과 자기 자신을 비교하는 사람과 완벽주의의 허상을 따르려는 사람과 지나친 비관주의에 함락된 사람 등이 이에 해당된다. '지나친 비관주의'에 함락된 유형의 사람은 일을 성공적으로 해내도 자기가 잘했기 때문이라고 생각하지 못한다. 운이 좋았다거나 다른 사람들 덕택이었다고 여기며, 자기는 그런 성공을 할 인물이 못 된다고 생각해 버린다.

머리가 아니라 마음에서 자신에 대한 부정적인 메시지를 몰아내야 한다.

P.M.A(Positive mental attitude): 긍정적·적극적인 정신태도 →성공의 원리

N.M.A(Negative mental attitude): 부정적·소극적인 정신태도

또한 자기 자신을 있는 그대로 수용하는 연습을 하도록 한다.

"그대여, 완벽주의자가 되지 마라. 그것은 저주이자 긴장이다. 그대는 과녁의 한가운데를 맞히지 못할까 봐 전전긍긍하고 있다. 그러나 그대는 지금 그대로 내버려 두면 완전할 것이다.

– 프리츠 펄스 –

어떤 사람들은 자주 비교의 함정에 빠진다. 이러한 비교가 지나치면 사람을 불안정하게 만들고 무기력하게 만든다. 목표에 도달하려는 시도를 쉽게 포기하게도 만든다. 비교하며 나를 발전시키는 것이 아니라 상대방을 평가 절하함으로써 그 자리에 안주하려고 하기 때문이다. 혹시 내 기준으로 다른 사람의 삶에 대해 결론을 끄집어내고 있지는 않은지…… 이미 목표를 달성한 사람과 나를 비교해서 목표를 포기하고 있지는 않은지 등을 살펴보아야 한다.

참된 자기 이해를 통해 나의 아킬레스건을 찾아 극복하자.

정신적으로 건강한 사람은 매사에 자연스럽게 행동함으로써 자기의 본성을 거스르지 않는다. 자기의 단점·장점에 대해서 그것을 부인하고 감추는 대신 있는 그대로 드러내놓고 인정하는 태도를 우선 취함이 현명하리라. 그래서 나의 부족한 점을 보완하기 위해 그 부족한 점을 찾기 위한 다음의 체크리스트를 자신만의 인생노트에 분명하게 기록해 보자.

〈나의 보완할 점 찾기 Check list〉
① 나의 어떤 점이 싫은지
② 인생에서 달성하지 못한 것은 무엇이라고 생각하는지
③ 언제 감정을 주체하지 못하는지
④ 언제 가장 기분이 나쁜지
⑤ 언제 사람이 두렵게 느껴지는지
⑥ 어느 때 어떤 사람들과 어울리는 것이 어려운지
⑦ 언제 비상식적인 행동을 하는지

"여러분이 어떤 사람인가를 체크하는 방법이 한 가지 있다고 합니다. 바로 여러분이 평소에 다른 사람에게 말하는 패턴을 관찰하는 것이지요.
① 말끝을 흐리는 자: 생각이 확실치 않고 무슨 일을 하다가 중도에 그만두는 자.
② 말을 급하게 하는 자: 성급하게 일을 서두르다가 쉽게 싫증을 내는 자.
③ 병든 사람처럼 힘없이 말하는 자: 매사에 소극적이고 성의가 없는 자.

말을 끝날 때까지 조리 있고 여유 있고 듬직하게 또박또박하는 사람은 생각이 잘 정리되어 있고 마음이 잘 다스려진 사람이라고 합니다. 여러분은 어떤 식으로 말하는 분입니까?
말이라는 건 차분하게 또박또박 상대방이 내 말을 잘 알아듣도록 정성을 담아서 해야 참된 말이 됩니다."
그리고 알아야 할 건 우리들 자신이 내 약점보다 크고 강하다는 것
실제로 나의 전체에서 아킬레스건이 차지하는 비중은 작고 미미하다. 그런데도 우리는 때로 마치 그것이 나의 전부인 것처럼 착각할 때가 있다. 그리고 그것을 외부의 공격으로부터 방어하기 위해 전력을 기울이느라 시간을 헛되이 써 버리곤 한다.
그렇지만 자기의 약점을 크게 생각하면 쉽게 자기혐오에 빠지게 된다. 자기 자신으로부터 혐오감을 느끼는 사람이 무슨 일을 어떻게 시작할 수 있겠는가? 그리고 마치 그 약점 때문에 자기 인생 전체가 잘못되고 있는 것처럼 느낀다. 그러나 약점은 오히려 성장의 전환점이 될 수 있다. 이를 위해 약점을 포함한 자기 자신의 현재 모습을 있는 그대로 일단 수용하고 보자. 특히 '만약 이러이러했더라면……'의 수렁에 빠지지 않아야 할 것이다. 가령 '우리 조상님이 윗대로부터 물려받은 땅만 잘 유지했더라도 지금 요 모양 요 꼴은 안 되었을 건데……. 우리 집이 부자였다면 공부를 마음껏 해서 지금쯤 판사나 검사를 하고 있었을 건데.'와 같은 낡은 사고들.
삶에서 성장하고 싶다면, 그리고 계속 발전하고 싶다면 우리는 지금의 나를 부정하지 말아야 한다.
지금의 나를 이해하고서 나 자신에게 믿음을 부여해 주자!
'내가 할 수 있는 한 아무 걱정 없다.'
자신을 믿지 못하면서 무엇인가를 이루려 한다는 것은 어불성설(語不成說: 말이 조금도 사리에 맞지 아니함)일 것이다.
자신감은 '자신을 믿는 느낌'이다.
이때 자신감을 갖는다는 것이 무턱대고 자기 능력을 과신하거나 교만에 빠지라는 것이 아니다. 인간이 해낼 수 있는 일이라면 무슨 일이든 일단은 내가 해 볼 수 있을 것이라는 신념이 있고, 의지와 마음속 결단이 있고, 그것이 밖으로 표현이 되어야 한다는 것이다.
"자기가 그만한 능력이 없으면서 커다란 존재라고 생각하는 것은 불손하다. 또, 자신의 가

역시 단박에 되는 건 없다.

“나무들, 새들, 곤충들, 심지어 세균들조차 모두 스스로의 역할을 매일매일 수행하느라 바쁘게 움직이고 있어요. 휴식도 지나치면 해롭습니다.”

이대로 머물 것인가? 정말 움직일 순 없는 것인가?

“난 자신을 동정하는 야생 동물을 본 적이 없다. 설사 혹독한 추위에 얼어서 죽어 가는 새들도 결코 자기 자신을 동정하지 않는다.”

－ 영화 G. I. Jane(1997作) 中에서－

“인간은 만남의 존재이다. 인간의 만남 중, 가장 중요한 만남은 나의 생명과 내 사명과의 만남이다. 나의 생명이 나의 사명을 만날 때 나는 늠름해지고 당당해진다. 나의 생명이 나의 사명을 만나지 못하면 나는 평범한 존재가 되거나 미약한 인간이 되고 만다. 생명과 사명의 만남처럼 인생의 깊은 만남이 없다. 확고부동한 사명인이 되어라."

- 안병욱 선생님-

"인간 생애 최고의 날은 자기의 사명을 발견하는 날이다."

-칼 힐티-

"사명감(使命感)이 인간을 위대하게 만든다. 사명감이 우리를 성실하게 만들고, 부지런하게 만들고, 용감하게 만든다."

"네 몸을 바칠 곳을 찾아라. 네 몸 바칠 일을 찾아라."

"온 세상이 무너진다고 하더라도 이것만은 붙들고 놓을 수가 없다. 이것을 위해서 살고(live for), 이것을 위해서 죽겠다(die for)고 하는 나의 목표를 찾아야 한다." - 키르케고르-

"세계는 무대요, 나는 명배우다." - 셰익스피어-

우리는 참으로 명배우가 되어야 한다. 명배우가 된다는 것은 사회적으로 강한 권력과 부를 지녀야 한다는 의미가 아니라, 나 자신이 진정으로 해야 할 일이 무엇인가를 깨닫고 이를 의지와 결단과 노력과 인내로써 정성을 다하는 적극적이고 주체적인 생활양식을 살아낸다는 것을 의미한다.

나는 이것을 위해서 살고 이것을 위해서 죽겠다고 말할 수 있는 훌륭한 목표, 이것이 나의 사명(使命)이다. 목표량을 설정하고, 그 목표량이 나 자신과의 진지한 약속임을 알고 그것만큼은 지키도록 하여 삶의 역동성을 일으켜야 한다. 그런 가운데 인간은 너그러워지고 성숙된다.

의지가 있다면 행동은 뒤따르기 마련이다. 만약 당신의 행동이 미약하다면 그것은 당신의 의지가 그만큼 약하기 때문이다.

"의심이 가장 큰 적이다. '과연 저 일을 해낼 수 있을까?' 하는 식의 회의적인 생각(≒의심), 이는 나의 인생에 아무런 도움을 주지 못한다. 어떤 일을 대하든 불가능하다고 생각하는 사람은 정작 그 일이 이루어지고 나서도 좀처럼 의심하는 생각을 버리지 못하게 된다. 자신의 가능성을 의심하는 나쁜 습관을 버려야 한다. 도전의 시작은 자신을 믿는 것에서 출발할 것이다. 여러분의 가능성에 절대적인 신뢰를 가져야 한다. 내가 나를 믿지 않는데, 그 누가 나의 가능성에 절대적인 신뢰를 가질까?"

포기(자포자기＝절망에 빠져 자신을 스스로 포기하고 돌아보지 아니함＝스스로를 망치는 일)는 스스로를 조금만 속이면 너무나 쉽게 이루어지는 것이다. 그렇지만 포기하기엔 우리들의 몸과 생명이라는 건 본능적으로 살려고, 살아내려고 한다는 점! 이 점이 우리들로 하여금 쉽게 포기하지 말고 깡으로 버티고 뼈가 으스러져도 다시 일어나게끔 동기 부여를 한다. 자살이 너무나 어려운 건 바로 그것 때문이라고.

"'도대체 난 왜 이럴까. 이 일을 하지 않으면 큰일 날 텐데.' 등등 머릿속에 넘쳐나는 수많은 두려움들을 그냥 내버려 두자. 지금 이 순간은 '필론의 돼지'처럼 무감각의 세계로 들어가 보자. 결국에는 끝나거나 사라질 불안감에 대해 너무 심각하게 생각할 필요가 없다. 즐길 수는 없겠지만 잠시 그냥 내버려 두면 다시 떠나가는 것, 그것이 불안입니다. 명심할 것은 불안과 두려움을 주는 어떤 상황은 반드시 끝나게 되어 있다는 것이다." 여러분 자신이 도덕성을 중요하게 여기는 사람이라면 그러하다.

"우리는 사실 별 큰 문제도 아닌 것을 실제보다 훨씬 더 심각하게 받아들이고 있는지도 모른다. 정작 그 무수히 많은 불안 속에서, 쓸데없는 걱정을 추가시켜 혼자 가슴앓이를 하고 있는 것은 아닌지 진지하게 생각해 봐야 하지 않을까? 그리고 모두들 자신의 걱정만이 가장 심각하다는 착각 속에 빠져 산다. 불확실한 일에 대해서 미리 걱정할 필요는 없다. 그것은 오늘 할 확실한 일에 지장만 줄 뿐이다. 근심을 잊지 못하는 습성에서 벗어나시기 바란다.”

“사람들이 왜 실패를 두려워하는가 하면, 그 일을 달성하기까지의 고난과 난관을 미리 생각하기 때문이다. 나는 이런 실패병에 걸린 사람들에게 말하고 싶다. ‘당신은 왜 가능한 면은 조금도 생각지 않고 어려운 점만 생각하는가?’라고…….”　　　　　　　　　　－N. V. 필－

“당신이 실패하더라도 포기하지 않고 다시 일어설 때, 성공은 올 것이다. 어쩌면 우리는 실패 없이 걸어가기만을 원하기 때문에 열등감이나 패배감의 노예가 되는 것일지도 모른다. 실패를 두려워하지 말기!”

“사람은 마음이 즐거우면 종일 걸어도 싫증이 나지 않지만, 마음속에 근심이 있으면 불과 십 리를 걸어도 싫증이 난다. 인생의 행로도 이와 마찬가지다. 늘 명랑하게 기분을 내서 그대의 인생을 걸어라.”
　　　　　　　　　　　　　　　　　　　　　－셰익스피어－

어쩌면 나는 그동안 너무 슬픈 분위기와 우울함에 익숙해 있었다. 이러한 마이너스의 세계를 플러스의 세계로 전환하여 나는 이제 ‘기분 있는’ 것에 익숙해져야겠다. 기분이 나지 않으면 나의 목표를 이루려는 의지가 희미해지고 노력도 하지 않게 되니 말이다.

우선, 자신감을 갖는 것!

둘째, 그러한 자신감에 걸맞은 실력과 능력을 갖추기 위해 노력하는 것이다. 준비하는·대비하는 나! 예견 능력!(Predict Ability: 앞날의 지금보다 고귀해진 나의 모습 전반을 미리 예상하고 이를 현실로 이루어 내기 위해 지금을 준비시킬 줄 아는 능력. 이러한 Predict Ability는 Pro - Spirit(프로정신)의 구체화된 표현이라 할 수 있음) Pro - Spirit!(프로 정신)

"자신을 가지면 타인의 신뢰도 얻는다."   - 괴테 -

나를 믿으니 남도 나를 믿더군. 멋지지 않은가? 자신감을 든든하게 갖추고 있어야 나의 가족·친척들과 주위 분들이 나를 믿고 힘을 실어주지 않겠는가.

추락을 두려워하지 말자.

"인류의 역사는 추락을 두려워하지 않는 수많은 이카로스(Icaros: 그리스 신화에 나오는 인물. 다이달로스의 아들로, 아버지와 함께 백랍(白蠟)으로 만든 날개를 달고 미궁을 탈출하다가 태양에 너무 접근하는 바람에 날개가 녹아 바다에 떨어져 죽었다.)에 의해 발전해 왔다고 할 수 있다. 안전만을 추구하는 사람들은 비상의 기쁨을 절대로 느끼지 못한다. 도전하는 사람만이 어떤 인간도 느끼지 못한 도취감을 느낄 수 있다." 나 자신이 이겨내야 하는 건 세상의 폭풍우가 아니라 우리들 마음속에 있던 두려움이지 않을까?

"도전이 없는 사람에게는 반성이 있을 리 없고, 후회가 있을 리 없고, 삶의 중요한 의미를 깨달아 가는 노력이 있을 리 만무하다. 힘든 일이 닥쳤을 때, 어려운 일이 생겼을 때, 그것을 헤쳐 나가게끔 우리의 몸은 만들어져 있다. 어떤 도전할 일이 생긴다면 그것은 당신이 더욱 강인해지고, 위대해지기 위한 한 과정이 되는 것이니, 우리는 어려움을 기쁘게 받아들여 그것을 헤쳐 나가는 데 주력하기만

하면 된다. 그러니 잠자고 있는 나의 능력을 그런 힘든 상황을 통해 개발하자."

아무런 불안이 없는 생활은 우리에게 권태만 가져올 뿐이다. 권태롭고 지루한 삶 속에서 허우적거릴 바에야 나는 불안을 선택하고 그것을 헤쳐 나가겠다. "영웅이 된다는 것은 사막을 이기고 돌아오는 것, 즉 여러분 마음속의 불안을 몰아내고 우뚝 서는 것이다."

"목표가 확실하다면 우리는 어떤 난관도 극복하고 우리가 이루고자 하는 것에 도전할 수 있다. 도전의 처음은 '목표'를 정하는 것이다. 도전의 마지막은 '성공'하는 것이다. 그 중간은 바로 숨이 턱 밑에까지 차도 끝까지 달리는 당신의 인내와 노력이다. 일단 어떤 일을 완성하고 나면, 신기하게도 일을 깔끔하게 처리하는 능력이 커지게 된다."

한편 "마라토너는 자신이 어디까지 달리겠다는 목표까지만 달릴 수 있고, 잠수부는 스스로가 얼마 동안 숨을 쉬지 않겠다는 시간 동안 그러할 수 있다." 이는 무엇을 말해 주는가. 바로 나 자신이 스스로에게 갖는 '포부(마음속에 지니고 있는, 미래에 대한 계획이나 희망) 수준'이다. 세상은 우리들의 의식에 의해 재구성된 세계이니……끊임없는 노력과 함께 나의 포부를 나답게 가져갈 수 있어야……자신의 포부가 너무 커도 무모한 일이겠지만 너무 겸손하여 자신의 능력과 할 수 있는 바도 하지 못한다면, 이 또한 너무 비굴한 일이 아니겠는가? 자신의 포부는 구체화된 목표나 행동강령으로 나타나고 이에 의지적 결단력과 용기 있는 실천이 요청될 것이다. 그 과정에는 얼마간의 혼란이나 어려움이 있을 것이므로 지속적인 자신감을 유지할 수 있는 것이 중요한 일.

"나는 습관이다. 우리가 규칙적으로 하는 것이 바로 우리 자신인 것이다."

"고생이 무서워서 도망치는 것은 어린 애들이다. 참으로 어린애 상태로 머물러 있으려고 하는 자들을 어떻게 사랑할 수 있겠는가? '무엇을 할 것인가'라며 불안에 싸여 있는 태양은 광명을 내지 못한다."

"때론 광장한 육체의 불편도 '정신'에 의해 아무것도 아닌 것으로 사소해질 수 있고, 사소한 육체의 불편이 '정신'에 의해 도무지 아무것도 할 것 없는 무기력의 상태로, 심한 좌절감의 상태로 우릴 인도할 수도 있다."

인간은 참으로 무서운 동물이다. '내가 어떤 사람이 되겠다.'라고 마음먹으면 그렇게 되기 때문이다. 그것도 '노력'으로 말이다. 열심히 노력하는 것이 '원칙'이다. 원칙 중심의 삶을 살아야 한다. '내 원칙이 무엇이었더라?'

중요한 것은 스스로가 내딛는 한 걸음이다. 진정한 비극은 정신을 바짝 차리고 최선의 노력을 기울이지 않은 자의 비극이다. 자신의 능력을 최대한 펼쳐 보지도 못하고 자신의 모습 그대로 우뚝 서 보지도 못한 자의 비극 말이다.

노력은 인내의 다른 이름이다. "위대한 사람은 단번에 그와 같은 높은 곳에 뛰어오른 것이 아니다. 주위 사람들이 밤에 단잠을 잘 적에 그는 일어나서 괴로움을 이기고 일에 몰두했던 것이다. 인생은 자고 쉬는 데 있는 것이 아니라 한 걸음 한 걸음 걸어가는 속에 있다."

비록 재주가 뛰어나지 않더라도 꾸준히 노력하는 사람에게는 반드시 그때가 돌아온다. 참고 기다리고 인내하는 시간이 없이는 그 어떤 발전도 없다. 천재는 보통 사람보다 더 참고 인내하고 노력하는

'성실한 사람'이지 신이 아니다.

　나의 장래에 대한 예측은 바로 지금의 모습에 의거해야 틀릴 가능성이 줄어든다. 바로 지금의 모습들의 연계를 통해서 나의 미래를 예측할 수 있게 되는 것이다. 그렇다면 내 장래에 대한 긍정적인 현상을 가지려면 바로 지금의 모습을 그러한 방향에 놓아야 한다. 우리 생명체는 바로 지금들의 시공 속에서 살아가고 있는 것이지 그 밖의 무엇이 아니다.

　"카르페 디엠!(carpe diem) 이 순간 최선을 다하라. 인생을 남다르게 살아라."

　우리의 운명은 아직 정해지지 않았다. 남다른 인생이 되지 못할 이유가 없다. 나의 운명을 스스로가 개척할 일이다. 세상에는 두 가지 일이 있다. 할 일과 해서는 아니 될 일이 바로 그것이다.

　"난 누굴 조롱하려고 여기 온 게 아니다. 일체감의 중요성을 보여주려고 온 거다. 즉 타인과의 관계에서 자신의 신념을 지키기는 어렵다. 여러분 중, 나라면 다르게 걸었을 거라고 생각하는 사람이 있다면 스스로에게 대답하라. 왜 나도 손뼉을 쳤지? 타인의 인정을 받는 것도 중요하지만 자기 신념의 독특함을 믿어야 한다. 로버트 프로스트는 말하길, '숲 속의 두 갈래 길에서 난 왕래가 작은 길을 택했고 그게 날 다르게 만들었다'고 했다. 이제부터 여러분도 나름대로 걷도록 해라. 방향과 방법은 여러분이 마음대로 선택해라. 그것이 자랑스럽든, 바보 같든, 자, 걸어보아라."

- 영화 '죽은 시인의 사회' 중에서 -

　자신이 원하는 목표를 향해 대담하게 행동하자. 행동하지도 않고 실패를 두려워하는 것보다는 과감히 행동하고 노력하는 것이 100배

좋다.

원기가 넘치고 생기가 약동하는 '젊은 사람'이 되기 위해 실천해야 할 5가지가 있다고 한다.

첫째, 걸음걸이를 씩씩하게 걸으라.

둘째, 앞좌석에 가서 앉아라.

셋째, 먼저 말을 건네라.

넷째, 상대방의 눈망울을 바라보라.

다섯째, 미소하여라.

넘어지면…… 다시 일어나면 된다. 단지 또 일어나서 싸우면 되는 것이다.

여러분의 노력은 바로 자신을 귀하게 만드는 최선의 방법이다. 진정으로 노력하는 사람만큼 아름다운 사람이 없다. 또한 노력 중에서도 가장 효과적인 노력은 나 자신을 새롭게 변화시키는 노력이다.

낙엽 떨어지는 소리에

'나는 장차 어떤 사람이 될까?'를 중얼거리며 황량한 들판을 바라본다.

저녁노을이 절정에 달하는 황송한 때가 오면 갈대밭을 걸으며 유난히도 밝은 저 하늘의 별을 가리키며 나는 나를 알아간다.

제4장 자율

1. 어른이 된다는 것

유치원에 갈 무렵 나는 키가 매우 작았었다. 인간은 변화 가능한 동물이던가? 중3의 나이가 되니 반에서 키 크기로 다섯 손가락 안에 들었을 만큼 사춘기 때 키가 훌쩍 커 버렸다. 성장하는 키와 함께 나는 내 안에 사색할 수 있는 힘을 그때부터 갖게 되었다. 중3 무렵에는 혼자 산을 오르며 다음과 같은 사색을 하곤 했다.

'지금 나의 행동과 생각들은 거짓이야. 아니, 지금 내가 마음속으로 거짓이라고 말하는 나도 거짓이야. 아니야. 그렇게 거짓이라고 생각하려고 일부러 극본 짜내는 그 생각도 거짓인 거야. 그럼 여기는 참모습인가?'

그리고 지금은 어른이 되었다.

어른이 된다는 것은 나의 삶을 책임진다는 것이요, 어떤 길을 가야 할지를 알고 그곳을 향해 똑바로 갈 줄 아는 것을 의미한다. 그 간엔 유혹·괴로움·싸움·어리석음도 있을 일이지만 내 마음속, 거짓 없는 나다운 나의 인생을 살아내야 한다.

'오냐, 와라. 어디 한번 해보자!'

2. 인자한 유머

어렵고 급박한 상황에 놓여 있을수록 유머를 센스 있게 할 줄 아는 분이야말로 세상을 높은 곳에서 드넓게 바라볼 줄 아는 사람이다. 나는 우리 사람 세상에서 유머가 갖는 놀라운 문제 해결력과 친화력·인자한 교감의 정조에 매료되어 있는 한때를 근래에 지낸 것 같다.

마음의 여유의 기본 바탕이 '항산(恒産: 살아갈 수 있는 일정한 재산이나 생업)'이라고 맹자가 말하였던가.

그렇다. 살아갈 돈이 어느 정도는 있을 때라야 마음의 여유가 있게 되는 것이 자본주의 사회를 살아가는 현대인들의 익숙함이겠지. 그 항산 위에서 사람 간의 여유와 평안이 '인자한 유머'에 있음을 직관한다.

누군가 말하였던가.

"진정한 초월은 회피나 등지는 것이 아니라 모든 것을 포용하는 데 있다."라고

'인자한 유머'를 부릴 줄 아는 자는 다른 사람의 부족함이나 잘못도 포용할 줄 아는 사람이다. 이러한 인자한 유머로부터 우리 민주 사회의 지고한 가치인 관용(tolerance)을 느낀다.

3. 주고받기의 기회비용

무언가를 얻으려면 무언가를 내주어야 하는 것이 세상의 理(이치, 도리)이다.

여러분은 무엇을 얻고 무엇을 내주려 하는가?

놀면 공부를 내주어야 하고, 돈에만 집중하면 진실한 마음을 내주어야 한다.

다 갖는 것은 없다.

반드시 모든 인간은 지금 이 순간에도 본질적으로 주고받기를 하고 있다.

이러한 개념을 경제학적 용어로 '기회비용(機會費用, opportunity cost)'이라 부른다.

기회비용(機會費用, opportunity cost)은 어떤 재화의 여러 가지 종류의 용도 중 어느 한 가지만을 선택한 경우, 나머지 포기한 용도에서 얻을 수 있는 이익의 평가액(評價額), 기회원가(機會原價)라고도 한다. 기업가가 특정한 선택을 하였기 때문에 포기한 나머지 선택의 가치를 말하며 기업에 투자한 돈을 은행에 예금했다면 이자를 받을 수 있는데, 이 이자가 이 기업가에게는 기회비용이 된다. 경제학에서는 언제나 회계비용(Accounting Cost)뿐만 아니라 기회비용을 고려하여 반영하여야 한다. 한정된 생산요소를 가지고 다양한 선택의 기회가 존재한다. 기회비용의 사고방식은 경제이론의 분석도구 중에서도 중요한 것으로 채택되고 있다.

각자의 그 주고받기가 서로에게 다른 열매를 가져다줄 것이다.

자신의 열매가 온통 썩어 있어서 아무런 가치도 없이 스스로를 경멸해야 하는 열매이기를 바라는가? 어떤 것을 얻으려면 갖고 있는 무엇인가를 내주어야 한다.

주고받기의 수준이 본인의 진정한 我를 규정할 것이다.

지나친 향락을 버리고 적절한 절제를 얻을 줄 아는 자는 존귀한 자신의 존재감을 스스로 느낄 것이다.

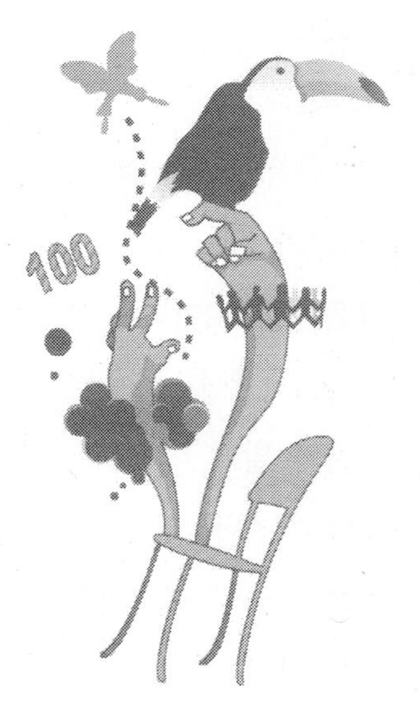

4. 내 안의 도덕성을 일깨운다

'나는 직장에서 일을 하면서 얼마나 보람되게 느끼는가?'

외부 조건이나 환경은 고민할 바가 아니며, 문제 해결이 내 안에 들어와 있는 영역은 나의 근면·성실 영역일 것이다. 담배 피우는 자가 자신의 폐가 숨 쉬기 어려움을 자기 밖의 조금 혼탁한 공기 탓으로 돌린다면 자신의 담배 피우는 행위가 정당화되는 것인가?

절박함이 없어서이다. 아니 절박함은 외부 자극의 여부에 기초하고 있으므로 그것보다는 자아실현에의 지향 의지를 옆어 두어서이다. 정당한 의지가 발하여 실현되려면 그에 맞는 정당한 내면의 활력(Impact)이 필요한데 이러한 힘까지 아끼려고 하는 것은 구차한 데가 있다.

아, 나는 언제까지 나의 삶의 기록장에 이와 같은 규율론을 담아야 하는가.

규율론을 뛰어넘는 존재 지향은 불가능한 것인가? 종심소욕불유구!(從心所慾不踰矩)

공자가 말한 바 있는 종심소욕불유구(從心所慾不踰矩)는 ≪논어(論語)≫ <위정편(爲政篇)>에 나오는 말이다. 공자(孔子)가 "나이 일흔에 마음이 하고자 하는 대로 하여도 법도를 넘어서거나 어긋나지 않았다(七十而從心所欲 不踰矩)."고 한 데서 유래한다. 공자는

15세에 학문에 뜻을 두고, 30세에 뜻이 확고하게 섰으며, 40세에는 미혹됨이 없었고, 50세에는 하늘의 명을 알았으며, 60세에는 귀가 순하여 남의 말을 듣기만 하여도 이해하게 되었다고 하였다. 이어 70세에 이른 뒤의 성취를 표현하였는데, 이것이 바로 '종심소욕불유구(從心所欲不踰矩)'이다. 50세의 지천명(知天命)과 60세의 이순(耳順)을 거쳐 공자가 최종적으로 도달한 성인(聖人)의 경지를 이른다. 구체적으로 말하면 '종심'은 마음이 시키는 대로 혹은 마음이 하고자 하는 대로, 마음 가는 대로, 마음이 원하는 대로 하여도 어떤 규율이나 법도·제도·원리 등을 벗어나지 않았다는 말이다. 언제 어디서 어떻게 행하든 일정한 법도가 있었다는 뜻이니, 바로 유교(儒敎)에서 말하는 '성인지도(聖人之道)'를 이름이다.

그러나 존재 지향 자체가 자기 규율을 핵심 기반으로 하기 때문에 인간이란 언제나 자기 규율을 해 가면서 자신을 선명하게 다듬고 가꾸어야 하는 운명이다. 나는 지금 20대 후반의 나이에 보다 배우고 잘못된 습관과 흐트러진 마음가짐과 정신을 온전하게 세워야 할 일이다. 나의 글에 이렇게 규범의식이 들어가는 것은 인간이란 계속해서 자신을 테스트해 보고 다잡지 않으면 누구든지 내면의 거지가 들어앉기 때문이다. 따라서 앞으로 나와의 대화나 글도 도덕성의 범주를 크게 벗어나지는 못하리라 보고, 또 그러한 것이 옳은 방향이리라.

나 자신이 외부의 강압이 아니라 내 안의 자유의지에 의거해서 세운 격률을 나에게 스스로 실행하도록 결단의 심력(心力)을 발하는 것은 보다 자율성의 수준을 높이는 적극적인 행위이니, 제대로 자기 격률을 따르는 것이 피할 수 없는 행동양식이라고 본다. 내 몸의 욕구만 충족시키려 한다면 그 누구라도 자기 생명의 존귀함을 보존할 수 없을 것이다. 나이가 많고 적음에 상관없이 그러하다. 나의 생명체가 공동체의 공동선과 조물주 세계에 광명이 되기를……. 그러기 위한 필수 과정이 '자기 고통'이다. 수양은 자기 고통을 수반한다. 생애의 진정한 행복은 자기 고통, 즉 수양으로부터 나온다. 이 시대의 핵심 가치(Key Word)는 '금욕'.

"버리고 비우는 일은 결코 소극적인 삶이 아니라 지혜로운 삶의 선택이다. 버리고 비우지 않고는 새것이 들어설 수 없다.

공간이나 여백은 그저 비어 있는 것이 아니라 그 공간과 여백이 본질과 실상을 떠받쳐 주고 있다."

- 법정 스님, '버리고 떠나기' 중에서 -

금욕에서 이 시대상의 해법을 찾는다. 왜냐하면 금욕은 인간을 인간답도록 하는 핵심가치이기 때문이다. 이 땅에 먹고 싶은 것이 얼마나 많겠는가. 하지만 그 많은 과자와 빵과 맛있는 가공식품들을 혀가 먹고 싶다고 다 먹으려 한다면 소화 기관이 병들 것이요, 자극적인 향에 취해 버린 혀는 더욱 자극적인 맛을 찾게 될 것이라 그 욕구 충족을 완전하게 이루기가 어렵다. 차라리 하루 삼시 세끼 식사 이외에 물 이외의 아무것도 먹지 않음으로써 우리들의 혀에 여유와 '비움'의 금욕을 준다면 간단한 김치와 밥만 먹어도 그 고마움을 알 것이다.

$$\text{욕구충족도} = \frac{\text{욕구하는 대상 소유}}{\text{바라는 마음}}$$

욕구충족도를 만족시키는 방법은 두 가지다. 한 가지는 욕구하는 대상을 더 많이 계속 소유하는 것이고, 다른 한 가지는 분모를 줄이는, 즉 바라는 마음 자체를 줄임으로써 삶의 만족도를 높은 수준에서 유지하는 것이다. 그런데 현명한 사람이라면 후자의 방법이 훨씬 더 맑고 평온한 양식이라는 것을 깨닫게 될 것이다. 바라는 마음을 줄이는 것이 바로 '금욕(禁慾)'이다. 쓸데없는 욕구를 줄이는 것이 삶을 아름답게 정화하는 유일한 길이다.

사람의 마음이 잘못되는 것은 게으름으로 마음을 바로 세우는 일을 게을리했기 때문이며, 자신의 말초 신경과 소유지향적 자기 이익에 함락당했기 때문이다. 한 사람 안에 지킬 박사와 하이드가 상존할 때 더 쉽게 자신을 흩트리는 것은 하이드 쪽이라는 것이 나의 눈을 슬프게 만든다.

'진정으로 나다운 삶을 사는 사람들'은 문제의 원인을 외부에서 찾는 것이 아니라, 자신 내부에서 찾는다. 왜냐하면 우리는 외부를 바꾸는 것보다 나의 삶을 개척하는 것이 더 쉽기 때문이다.

이제 좀 쉬었으니 다시 창공을 날아 봐야지 않겠는가! 가까운 과거처럼 내가 아닌 누군가의 탈을 쓰고 날개도 없는 새의 모습을 할 순 없는 일이다. 나태해진 그대에게.

5. 현대적 수양론

손에 펜을 잡아도 잡지 않은 것 같음의 까닭은 어디에 있는가.

마음 안에 자리하는 주요 관심사가 잘못 놓여 있을 때 그러하고, 습관이 게을러져 있을 때 또한 그러한 법이니라.

사람의 감정을 다스리는 일이 수양의 극치이니.

마음에 올바른 관심사를 놓음은 생각의 주요 관심사를 훈련하는 데 있고, 습관을 바르게 함은 몸의 익숙함을 훈련하는 데 있다. 이도 다 생각의 지위에 따르는 바이다. 그래서 인간다움을 이성으로부터 구하는 것이다.

생각과 감정과 몸의 반응은 한 줄기로 이어져 있다. 나쁜 생각을 하면 마음에 흥분이 들고 체내에서 흐르는 피의 속도가 빨라지고 배의 소화가 잘되지 않고 얼굴빛이 어두워진다. 하루 중에 주요 시간을 어떤 생각을 하며 살아가는가가 그 사람의 기분과 분위기를 반영한다.

생각을 바르게 하려면 그 바른 생각을 계속하여 훈련하는 것이다. 만일 감정이 생각을 뛰어넘어 교만하게 굴 때엔 절·기도와 명상과 같은 관조의 내려놓음으로 용서를 구하는 일을 해야 구제가 된다. 내 마음에서 어떤 감정이 제멋대로 요동치는지를 제3자의 관찰자 입장에서 조용히 지켜보라. 이를 '관조'라 한다. 그럼 잠시 후에 그 나빴던 감정이 스스로 자리를 비워 주게 되어 있다. 부부나 누군가와 감정 다툼을 할 때 5분만 그 자리를 비우고 밖으로 나가서 내 마음의 감정 흐름을 주시하고 돌아올 수 있는 자기 절제(control)의 여유를 가질 수 있는 사람이라면 보다 큰 세계를 거느릴 수 있게 된다.

"행복은 결코 많고 큰 데만 있는 것이 아니다.

작은 것을 가지고도 고마워하고 만족할 줄 안다면 그는 행복한 사람이다.

여백과 공간의 아름다움은 단순함과 간소함에 있다."

— 법정 스님, '홀로 사는 즐거움' 중에서 —

그래서 겸손이요, 그래서 중용이니 이는 감정이 너무 극단으로 치우치지 않기 위함이다.

이렇게 생각과 몸과 감정은 함께 움직이는 법이다.

우리는 행동의 잘못됨만을 본다.

하지만 생각과 마음은 겉으로 안 보인다 하여 마구 아무렇게 해 버린다.

본질은 생각과 마음의 잘못됨을 부끄럽게 여김이리라.

내 생각과 마음을 바르게 함으로써 나로부터 연유하는 온 생명과 세계가 바르고 평온하리라.

6. 관념 앞에 선 몸

"바람은 낚시하는 늙은이의 돛대가에 비를 불어오고, 산은 갈매기 그림자 밖에 가을을 물들이네."

코페르니쿠스적 사고의 대전환!

코페르니쿠스적 전환(Copernicus的 轉換)이라는 말은 우선 철학자 칸트가 이전의 철학설에 상대하여, 자기가 주장한 철학적 관점, 곧 인식 이론을 코페르니쿠스의 지동설에 비유하여 한 말이다. 인식은 대상(對象)에 주관이 따르는 것으로써 성립된다고 하던 것을, 오히려 주관의 선천적 형식이 대상의 인식을 성립한다고 하였다(≒코페르니쿠스적 전회). 또한 코페르니쿠스적 전환이라는 말은 사고방식이나 견해가 종래와는 달리 크게 변하는 일을 비유적으로 이르는 말이다.

자네는 자네의 두뇌가 자네의 몸 전반을 지배하고 있다는 믿음이 있을 걸세. 하지만 몸자세나 몸의 상태에 따라 두뇌 활동이 영향을 받는다네. 그렇다면 자네의 몸부터 새롭게 만들어 가려는 노력이 자네의 머리를 현명하게 만들어 갈 것이며, 따라서 인생 자체도 몸의 개선대로 성숙할 것이라네.

몸자세 가다듬는 것을 먼저 하게나.

걸을 때 좀 더 떳떳하고 정정당당하게 똑바로 보폭을 넓게 걸어 보게나.

의자에 앉을 때 척추를 꼿꼿하게 세우고 턱을 조금 당겨 보게나. 신기하게도 생각은 몸에 따라오게 되어 있네.

격몽요결(擊蒙要訣): 1577년(선조 10) 이이(李珥)가 학문을 시작하는 이들을 가르치기 위해 편찬한 책이다. 제1장 입지(立志)에서는 학문에 뜻을 둔 모든 사람이 성인(聖人)이 되기를 목표로 하여 물러서지 말고 나아가라고 하였으며, 제2장 혁구습(革舊習)에서는 학문 성취를 향해 용감히 나아가기 위해 '마음과 뜻을 게을리하여 겉으로 드러나는 것만을 모방할 뿐 안일한 것을 생각하고 얽매임에 깊이 물들어 있는 것' 등 구체적 조항 8개를 떨쳐 버려야 한다고 하였다. 제3장 지신(持身)에서는 충신(忠信) 등 몸을 지키는 방도를 제시하여 뜻을 어지럽히지 말고 학문의 기초를 마련하도록 하였다. 제4장 독서는 독서가 도(道)에 들어가기 위한 궁리의 전제가 되며, 단정한 자세로 깊이 정독할 것을 가르치고 독서의 순서를 제시하였다.

그 밖의 바른 자세에 대한 가르침을 도덕교과서에 나오는 '구용(九容)'에서 얻어보세나. 九容은 군자(君子)가 그 몸가짐을 단정히 함에 있어 취해야 할 9가지 자세를 뜻하네.

1. 족용중(足容重) = 발걸음을 무겁게 하라.
2. 수용공(手容恭) = 손을 공손히 하라.
3. 목용단(目容端) = 눈을 단정히 하라.
4. 구용지(口容止) = 입을 함부로 놀리지 마라.
5. 성용정(聲容靜) = 소리를 정숙히 하라.
6. 기용숙(氣容肅) = 기운을 엄숙히 하라.
7. 두용직(頭容直) = 머리를 곧게 세워라.
8. 입용덕(立容德) = 서 있는 모습에 덕이 있게 하라.

9. 색용장(色容莊) = 얼굴빛을 씩씩하게 하라.

우리 몸의 자세를 의식적으로 가다듬으려고 노력하는 것 자체가
이미 숭고한 자기 수양이며 맑은 명상이다.

7. 그대 안의 apatheia(아파테이아)

비인간화의 역설

그리스어 아파테이아(apatheia)는 정념(情念)이나 외계의 자극에 흔들리지 않는 초연한 마음의 경지를 의미한다. 스토아학파는 이것을 인간 생활의 이상으로 삼았다.

동·식물에게는 생(生)에의 열망은 있으되, 남을 업신여기는(교만한 마음에서 남을 낮추어 보거나 하찮게 여김) 교만함은 없다. 아이러니하게도 도덕적일수록 나의 자유는 신장된다. 남을 속이거나 다른 사람에게 반도덕적인 행동을 했던 사람이나 혹은 마음속으로라도 다른 사람을 자신의 이익을 위한 수단과 도구로 삼거나 어떤 이유에서건 다른 사람의 인격 자체를 마구 난도질(칼로 사람이나 물건을 함부로 마구 베는 짓이나 어떤 대상을 함부로 대함을 비유적으로 이르는 말)하려 했던 사람이 다시 그 사람을 만나도 떳떳하게 인사하고 대화 나눌 수 있겠는가? 다른 사람의 인격을 깨뜨리면서 은근히 자신의 우월한 인격이나 격조를 높이는 비인간적 심리.

여러분은 다음과 같은 지저분한 독백을 한 적이 없는가?

'내 눈에 보이는 저 인간을 끌어내려야 장래에 더 편리해지겠군.'

'내 옆에 있는 이자는 무시해도 되는 인간이야. 나한테 별 필요도

없는 인간이잖아.'

(그 사람 바로 앞에서 대화 나누면서도) '이 새끼는 뭐가 좋아서 저렇게 웃고 있는 걸까? 별 이상한 새끼를 다 보겠네. 저런 놈들이지 밥그릇은 잘 챙기지.'

자신의 마음 안에서 했던 이렇게 왜곡된 발언의 대상이었던 사람을 다른 곳에서 다시 만났을 때가 있다. 다시 만나면 그때 당시 그 사람의 인격을 비인간적으로 난도질했던 나의 부끄러운 감정이 되살아나면서 그 사람을 비정상적으로 피하게 된다. 마음 편히 그 사람을 대할 정당성을 나 스스로의 내면에서 잃었기 때문이다. 그 사람을 피하기 위해 그 사람이 참석한 모임에도 참석할 수 없다. 이러한 지저분한 독백을 자주 할수록 점점 주위에서 사람을 잃어간다. 한 사람, 두 사람, 세 사람…… 모든 사람…… 그럼 결국 나 혼자가 되어 버린다.

교만은 자기 소외로 이끄는 '독'이다.

코너에 몰린다. 초조함과 불안으로 하루하루를 연명하는 신세로 전락한다. 그래서 홀로 집에 돌아와 나 자신이 왜 이런 성격인지 분노한다.

'나는 왜 이따위밖에 안 되는 건가…… 병신같이…… 씨…….'

이렇게 다른 사람의 인격을 평가 절하함으로써 은근히 자신의 우월한 인격이나 격조를 높이고자 하는 비인간적 심리나 감정은 결국 자기 자신을 무기력한 삶의 무드로 몰아넣는다. 비인간화를 시도할수록 더욱더 자기 내부적으로는 자기 소외를 낳는 현상을 필자는 '비인간화의 역리(역설)'라고 칭한다.

도덕적으로 떳떳한 의지인

나와 남을 구분하여 그를 수단시한 적은 없는가? 다른 생명에게 인자한 마음씨를 베풀면 비인간화의 역리를 넘어설 수 있다. 내(이 글에서 쓰이는 '나'나 '내'는 필자 자신을 가리키는 것만은 아니다. 문맥에 따라서는 '우리'나 '인간 존재', '너'일 수도 있다)가 다른 생명에게 인자한 마음가짐으로 정성스럽게 대해야겠다고 나 스스로 결단하고, 그 결단한 대로 실제 행동하여 나 자신과의 약속을 지켜내는 의지인이기를.

자신의 반도덕성이 자기 자신을 정정당당하지 못하게 만든다. 성공으로 향하는 길에서도 반도덕적이었던 사람은 자신의 성공에 대한 정당한 명분을 갖지 못하고 따라서 기운을 내지 못하게 되어 있다. 그러나 이 도덕이라는 것도 타율적으로 주어진 군맹(群盲)도덕이기를 거부하고, 나 자신이 스스로 고안해 낸 주체적 도덕이어야 한다. 이러이러해야겠다고 나 스스로 결단하고, 그 결단한 대로 실제 행동하여 자신과의 약속을 지켜내는 의지인이다. 이러한 주체적 도덕에서 우렁찬 도덕적 기개가 생하게 되어 있다. 도덕적 용기(浩然之氣)를 갖춘 사람이라야 이 나라의 운용을 맡을 수 있는 자격이 있다.

약삭빠르고 교태로운(교만하고 방자한) 마음가짐으로는 오래가질 못한다. 언젠가 제 꾀에 제가 크게 당하게 되니.

"저의 삶이 '경건(敬虔)'임을 잠시 잊고 있었다. 모든 일들을 용서하고 놓아주겠다. 그리고 저는 잠시 소홀히 하고 있었던 경건함을 구하겠다."

"잡념이라는 것도 하나의 유혹이다. 그러나 우리는 정말 필요할 때 과감하게 유혹을 잘라 버려야 한다. 그것이 바로 '절제'이다. 머릿속에 들끓는 수많은 잡념의 강 속에서 당신이 헤어 나올 수 있는 유일한 길은 칼로 무를 베 버리듯 일순간에 이뤄져야 할 것이다. 그것을 위해, 여러분 자신이 진정으로 원하는 것을 이루려는 마음이 절실해져야 한다. 이래도 그만, 저래도 그만이라는 식의 우유부단한 태도를 버리지 않는 한, 당신은 끊임없는 잡념의 미로에서 길을 찾지 못하고 방황하게 될지도……."

내 생애에서 가장 쓸데없이 시간을 좀먹는 행동은 잡념으로 시간을 허비하는 행태이다. 매우 과감한 움직임으로 잡념의 윤곽을 깨뜨리고 앞으로 나아가자.

"나는 불현듯이 겨드랑이가 가렵다.

아하, 그것은 내 인공의 날개가 돋았던 자국이다.

오늘은 없는 이 날개, 머릿속에서는 희망과 야심의 말소된 페이지가 딕셔너리 넘어가듯 번뜩였다. 나는 걷던 걸음을 멈추고 그리고 어디 한번 이렇게 외쳐 보고 싶었다.

날개야, 다시 돋아라. 날자. 날자. 한 번만 더 날자구나. 한 번만 더 날아 보자구나."

- 이상, '날개' 중에서 -

미움을 감싸 안은 승화된 인자함

자신을 기분 나쁘게 만드는 잡념들과 화해하고, 기분을 나아지게 하는 자신만의 건설적인 노하우를 찾는 것이 필요하다. 그 노하우는 '내 마음속 그를 용서하고 도리어 아껴 주는 마음 갖기'이다. 나는 내 마음속에서 누군가를 미워하면 할수록 내 장기가 더부룩해지고 그래서 소화도 안 되고, 인상도 어두워지고 기분도 울적해지면서 화가 치밀어 오르는 내 안의 현상을 감지했다. 반면에 그 미워할 사람에 대해서 역으로 내 마음속에서 그 사람이 잘되기를 기원해 주고, '그 사람이 나에게 직·간접적으로 가르침을 준 내용은 무엇인가', '그 사람이 갖고 있는 좋은 점은 무엇인가', '그 사람도 누군가의 소중한 가족은 아닐까'와 같이 인자한 마음가짐을 가지면, 놀랍게도 미웠던 그 사람에 대한 나쁜 감정들은 눈 녹듯이 사라지고 내 마음 안이 평안한 상태를 회복하고 그날 잠을 잘 이룰 수 있었다. 다른 생명에 대해서 갖는 파괴심은 결국 자기 자신의 생명을 위태롭게 하며, 폭력은 또 다른 폭력을 연쇄적으로 낳을 뿐이다. 여기에는 결국 승자도 없고 패자도 없다. 비슷한 얘기로 부부 이혼 소송에서 유리한 판결을 받았다고 그자가 승리자가 되는 것인가?

주관적 편견과 잡념들

나의 주관적인 판단이 나를 병들게 한다.

미리 나의 주관적인 견해로 세상과 사람과 언어를 판단할 경우, 그것은 오히려 무지한 것보다 더 큰 해가 될 것이다. 여러분은 다른 사람의 행동과 언어를 자의적으로 해석하여 스스로가 힘든 상태에 놓이게 된 적이 없는가? 주관적인 편견 말이다.

아무래도 자신의 감정을 자유자재로 다스릴 줄 아는 것이 자기 수양의 궁극점인 것 같다. 사람의 나이가 일흔이 되어도 감정을 다스리기는 쉽지 않다. 높은 지대에서 이 세상의 진리와 세상 사람들의 길을 차분히 내려다볼 줄 아는 분들은 그리 할 수 있을 것이라 본다.

분명한 건 공상과 잡념이 우리들을 불행과 불안의 길로 옮겨 놓는 다는 점이다. 공상·잡념을 없애려고 매달리면, 그것은 더욱 기승을 부린다.

"헤집고 들어오는 잡념은 그 스스로 들어오는 것이 아니라, 내 스스로 그것을 생각하려는 의지가 발동했기 때문이다."

의연한 관조라 할 수 있는 명상으로 머리를 맑게 보존하는 것이 道에 가깝다. 따라서 공상·잡념을 없애는 지름길은 그것과 싸우지 말고 거리를 두고 떨어져서 보고만 있어야 하는 것이다.

"주인이 보고만 있으면 도둑인 공상·잡념들은 민망하여 슬슬 꼬리를 감춘다. 주인이 계속 보고 있으면 공상·잡념들은 다시 얼씬거리지 못하게 된다. 그러나 주인이 자리를 뜨면 그것들은 또다시 슬며시 들어올 것이다. 인간의 뇌는 맑은 의식을 가지고 지켜보면 현재 하는 일에 정신을 모으도록 작용한다. 공상·잡념에 대해 적대감을 갖지 말아야 한다. 후회하거나 자책하지 말아야 한다. 성급히 효과를 보겠다고 서두르거나 초조해서는 안 된다."

자율인의 명상

자율(autonomy)이란 나의 직관에 따르면, 자각에 의거한 선택적 행동을 한다는 그 규칙(律)에 입각해서 실제 움직임을 일으키는 것이다. 조용히 명상을 선택하는 것도 내면의 적극적인 움직임에 해당된다. 이러한 자율을 주요 삶의 운영 코드(code)로 하는 사람이 '자율인'인 것이다.

자율인으로서 우리들 몸 안의 호흡에 집중하자!

시간에 관한 예산을 짤 때는 최소한 얼마씩이라도 자기 자신과 마주하고 내면세계를 들여다볼 수 있는 명상의 시간을 반드시 넣도록 하는 것이 좋다. 시간의 길이가 아니라 참된 마음으로 정성스럽게 하는가가 중요하므로 5분 또는 3분이라도 제대로 나 자신의 내면을 관조하는 명상을 하자. 그렇게 하는 것이 우리들의 삶을 보다 여유 있고 풍요롭게 만들어 주기 때문이다.

ㄱ. 등을 바닥에 대고 똑바로 누워 눈을 감으세요.
ㄴ. 처음에 잠시 동안 주의력을 집중할 신체 부위를 선택하세요(손·다리·팔·배·가슴·머리 등 아무 곳이나).
ㄷ. 최대한 강렬하게 그러한 부위들 안에서 생명력을 느껴보세요(각 부분에 15초 정도씩 주의 집중).
ㄹ. 그런 다음, 몇 차례 파도치듯이 온몸에 의식이 흐르게 하세요. 발끝에서 머리까지, 그리고 다시 거꾸로 돌아가세요. 1분 정도만 하면 됩니다.
ㅁ. 그런 다음 몸 안 전체를 하나의 에너지 장으로 느껴보세요. 그 느낌을 몇 분간 유지하세요. 그동안 몸 구석구석까지 확고하게 현존하세요.

때로 마음이 당신의 주의력을 몸에서 끌어내서 어떤 생각 속에 빠지게 한다고 해도 걱정하지 마라. 그런 일이 일어났다는 것을 감지하는 순간, 다시 몸 안쪽으로 주의력을 돌리면 된다. 동시에 '진정한 나'에게서 나오는 에너지 파장을 느낄 수 있어야 한다.

일단 어떤 생각이든 비우고 천천히 여유 있게 드나들면서 호흡하고 있는 여러분 자신의 아랫배에 집중해 보자. 중간 중간에 또 어떤 생각에 잠시 빠지더라도 의식적으로 다시 아랫배의 깊고 차분한 호흡으로 주의력을 가져오면 된다.

생각 소음

여러분은 하루를 생활할 때 머릿속으로 생각하지 않는 시간(無心)이 총 몇 분이나 되는가? 문명인이라고 하는 현대인들은 밥 먹으면서도 이 생각, 저 생각을 하고 언제나 끊임없이 생각으로 머리를 꽉꽉 채우면서 생활한다. 때로는 이 생각, 저 생각을 마구 할 수 있는 자기 자신이 매우 영리한 것으로 착각하면서 말이다. 생각이라는 놈은 늘어지기 좋아하는 특성을 가진 것 같다. 머릿속에서 독백·대화가 그칠 줄 모르고 이어지는 것을 '생각 소음'이라 부르자. 인간은 세계의 현현에 대한 나름대로의 개념 규정을 해야만 이 다음에 있을 그와 유사한 현상에 대해서 재빨리 자신의 반응 체계를 가동시킬 수 있기 때문이다.

무엇이든 과(過)하면 병이 생기는 법이다. 생각 소음으로 머릿속을 온갖 생각으로 1분도 비우지 않음으로써 자신 내면의 고요한 세계를 바라볼 수 없게 된다. 생각의 늘어짐으로 인해 머리가 무겁고 미열(微熱)이 나면서 뒷목이 땅기지 않았던가? 휴식도 없이 계속 무거운 아령을 든다면 필히 팔 근육에 병이 생기는 건 잘 알면서 머리는 왜 비울 줄 모르는가? 과거의 안 좋았던 일을 계속 생각해야 해서인가? 아니면 상상력에 기대어 스스로를 미래에 투사(透射)하면서 걱정을 미리 해야 해서인가……. 그렇지 않으면 가까운 앞날을 대비하기 위한 전략을 계속 세워야 마음이 평온해져서인가? 그런 건설적인 생각이라도 한번 제대로 생각하고 기억해 놓으면 되었지 굳이 계속 생각을 해서 자신의 머리를 무겁게 만드는가…….

판단을 멈추고 생각하는 자신을 그대로 지켜보라. 깊고 조용한 내 아랫배의 호흡을 느끼면서 내 마음에 대한 어떤 평가도 없이 단지 보는 것이다. 그럼 남을 미워하거나 남을 욕하거나 계속 나빴던 과거의 기억을 생각하고 있는 에고(ego)라는 놈이 심심해져서 결국은 제 발로 떠나 버린다. 필자가 쓰고 있는 'ego(에고)'라는 용어는 내 안에서 욕설을 발산시키고, 안 좋은 기분을 더욱 난폭하게 조장시키고, 자신의 감각적인 욕구 충족을 보채고, 그래서 내 안의 참된 마음으로부터 자기 자신을 멀어지게 만드는 무엇을 가리킨다.

에고(ego) 바라보기

남을 미워하거나 남을 욕하거나 분노하거나 계속 나빴던 과거의 일을 떠올리면 떠올릴수록 에고는 더 거세지고 극단적인 행동으로 나 자신을 몰아붙인다. 그래서 부부싸움이나 직장 동료와 싸움이 있을 때 가장 위험한 모습이 서로 계속해서 말싸움을 이어가는 것이다. 그러다 보면 작은 일이었던 것도 점점 더 커져서 급기야 흉기로 상대방을 찌르는 행동을 해 버리곤 겁에 질려 자신이 어리석게도 왜 그렇게 했는지 잘 모르겠다고 울분을 토한다. 부부싸움이 있을 때는 한 사람이 빨리 집 밖으로 5분이라도 잠시 나가 있는 방법이 좋다. 내 마음 안에서 요동치는 에고라는 놈을 조용히 지켜보면서 마음의 자연 정화를 기다려 보는 것이다. 그리고 싸움이 있었다면 그 싸움이 극단으로 가지 않도록 하는 것과 재빨리 화해를 위한 노력과 의지를 상대방에게 확인시켜 주어야 평온한 마음 상태를 회복할 수 있게 된다. 모든 싸움이란 알고 보면 미천한 것이지 않던가!

내 마음 안에서 어떤 생각들이 요동치고 있는지를 제3자의 조망하는 관점에서 조용히 내려다보는 것이다. 명상의 핵심은 이렇게 無心의 틈새를 내 안에서 창조하는 것이다. 이렇게 할 줄 아는 사람은 새로운 차원의 세계를 교감할 줄 아는 존재이다.

"번뇌가 없으면 세상도 없다.

번뇌를 비틀면 빛이 된다.

빛은 텅 빈 곳을 날아다니는 새다."　　　　　　　－초의 스님－

내면은 고요한 평화가 감돈다.

키발라 명상법

우선 몸의 자세를 다음과 같이 해 보아라.

① 등이 바닥에 닿게 누워서 다리를 약간 벌린다.

② 어깨에 긴장을 빼고 팔을 몸에 붙이지 말고 몸과 나란하게 쭉 뻗는다.

③ 손바닥이 위를 향하도록 놓는다.

위와 같은 신체의 자세에서 다음과 같은 정신의 자세를 따라가 본다.

① 숨을 천천히 들이마시면서, 허파 안에 자연의 맑은 산소가 풍부해지고 있다고 상상해 본다.

② 숨을 차분히 내쉬면서, 산소를 가득 빨아들인 스펀지 같은 허파가 다리에서 발가락 끝에 이르기까지 하반신 구석구석에 깨끗한 피를 분산시키고 있다고 상상해 본다.

③ 다시 숨을 들이마시면서, 복부기관의 피를 허파로 빨아들인다고 상상해 본다.

④ 숨을 천천히 내쉬면서, 활력이 넘치는 맑은 피가 간, 소화기, 생식기, 근육을 흥건히 적셔 주고 있다는 느낌을 가져 본다.

⑤ 끝으로 한 층 더 깊이 숨을 천천히 들이마시면서, 뇌의 피를 허파로 빨아들이고 고여 있는 생각들을 모조리 비워 허파로 보낸다.

⑥ 숨을 천천히 내쉬면서, 활력으로 가득 찬 맑은 피와 깨끗해진 생각을 뇌로 다시 보낸다고 느껴 본다.

일단 가만히 누워서 인체 속에서 일어나는 순환을 상상하며, 머릿속을 깨끗하게 비운다고 상상해 본다. 이렇게 함으로써 마음의 상처를 치유하고 여러분 자신 안에 자리하고 있는 순수한 인간성과 인자한 마음씨를 회복하는 거다.

기분 회복의 노하우

「내가 누구인지 말하는 것이 왜 두려운가」(양창순 지음, 현대문학)라는 책을 통해 안정적인 자기 기분 회복의 노하우에 관한 가르침을 얻은 바 있는데, 그 주요 내용은 다음과 같다.

어떤 사람은 자신이 다른 사람의 마음을 다 안다고 생각한다. 아니 착각한다. 더 나쁜 것은 그런 자신의 판단(=착각)이 절대적으로 옳다고 확신하는 것이다.

예를 들어, 길 가다가 어떤 사람이 웃었다고 하자. 그러면 '저 사람이 뭔가 우스운 일이 있는 모양이로군.' 하고 생각하는 것이 정상이다. 그러나 본인의 착각이 지나치면 '저 사람이 나를 비웃고 있군.'이라고 생각하게 된다. 그래서 불필요하게 마음의 상처를 입게 된다. 아무도 의도하지 않은 상처를 입고 혼자 괴로워하게 되는 것이다. 이런 감정은 분노를 끓어오르게 만들고 에너지를 소진시킨다.

패러다임(paradigm)이란, 우리가 세상을 '보는 방식'을 의미한다. 만약 여러분의 패러다임이 틀리고 낡은 것이라면 패러다임의 전환이 필요하다. 여러분이 세상을 인식하고 바라보는 관점이 잘못되었음에도 불구하고, 당신이 지금 행동하고 생각하는 바가 옳다고 굳게 믿고 있지는 않은가? 고정관념 말이다.

자기 자신을 돌아보아 '지레 짐작의 오류'에 빠져 있지는 않은지 점검해 볼 필요가 있다. 늘 말하지만 우리는 별로 화내지 않아도 될 만한 일에 불같이 분노가 이는 것을 경험할 때가 많다. 충분히 들어줄 수 있는 쉬운 부탁에도 인상을 찌푸리거나 작은 손해에도 민감하게 반응하며 제 것만 챙기려는 얌체족도 많다. 그러나 그런 사람일수록 주위에 친구가 없는 법이다. 정작 그 사람이 어렵고 힘들 때 도와줄 수 있는 사람이 얼마나 되겠는가?

하지만 진정 우리가 미워하는 대상은 그 사람보다 막상 내 안에 있는 경우가 더 많다. 나의 이기심이 첫째요, 나의 자존심이 둘째요, 나의 공명심(공을 세워 자기의 이름을 널리 드러내려는 마음)이 셋째일 것이다. 즉 원수는 저기 있는 어느 누구가 아니라, 내 마음속에 들어 있다는 것이다. 경쟁자를 미워하는 것도 나의 이기심에서 비롯됨을 알기에……

"원수를 사랑하세요. 그 원수의 화를 돋우기 위해서라도 그를 사랑해야 한다. 화내고 미워하는 감정은 그 자신의 피해로 돌아올 뿐이다."

용서는 잊는 것이 아니다.
기억하지 않는 것은 어려운 일이다. 기억하지 않는 것이 용서가 아니다. 기억하되 거기에 머무는 것이 아니라, 문제 해결을 위해 앞으로 나아가는 것이다. 물론 여기에는 자신과 남이 완벽하지 못한 사람이라는 사실을 이해하고 받아들이려는 노력도 포함된다. 용서만이 미움의 처방제이다.

용서란 우리가 그 사람을 다시 생각할 때 그가 잘되기를 바라는 마음에서 시작된다. 그러기 위해서는 먼저 그를 내 도움이 필요한 연약한 사람으로 보아야 한다. 용서한다고 그것이 사건이 일어나기 전의 생활로 돌아가는 것을 의미하지는 않는다. 우리는 상처와 용서 사이에 아무런 일도 일어나지 않은 것처럼 살 수는 없다. 단지 시간과 공간의 한계 내에서 새로운 관계를 맺어야 하는 것이다.

우선 자기 자신을 용서하고 죄책감에서 벗어나야 한다.
한편 어떤 사람은 다른 사람들에게 잘 보이기 위해 자기가 진짜 하고 싶은 말, 하고 싶은 행동도 다 참는다. 인정받기 위해 지나친 희생을 마다하지 않는 경우도 있다. 이들에게는 남의 평가가 이 세상에서 가장 중요하다.

그런데 실제로 남들은 내가 생각하는 것처럼 그렇게 나에게 관심을 갖지 않는다는 사실을 아는가? 우선 나부터라도 남의 일에 시시콜콜 관심을 갖고 있지 않은데……. 사람들이 남의 이야기를 하는 것은 진짜 그들에게 관심이 있어서가 아니다. 관심을 갖는 척하고 그들을 비난하고 이야깃거리로 삼으면서 사실은 자신의 불안이나 두려움, 분노 등의 감정을 잠시라도 잊으려고 하는 것뿐이다. 그러므로 만일 자신이 남의 평가에 민감하고 비난을 잘 견디지 못하는 타입이라면 그것이 얼마나 우스운 허상에 근거하고 있는지를 깨달을 필요가 있다. 또한 나에 관해 긍정적인 이미지를 가지려고 노력함이 필요하다. '자기 확신'을 갖게 될 때, 더 이상 남의 평가에 매달리지 않고 의연하게 살아갈 수 있을 것이다.

"일일학!(日日學) 일일신!(日日新)"

사람을 대할 때, 그를 인격체로서 존중해 주자. 우선, 타자의 얼굴을 존중해 주는 것이 인간존중이다. 우리 자신의 얼굴이란 나의 삶의 총체적인 역사가 묻어난다.

"바다보다 더 장대한 것은 하늘이고, 하늘보다 더 장대한 것은 사람의 마음이다."   - 레미제라블 written by 빅토르위고-

사람을 사람다운 삶으로 인도하는 것은 사람 간에 오가는 온화한 인정의 교감이다. 사람 간의 소박한 삶의 향기를……

"생각의 씨를 뿌리면 행동을 거둬들일 것이요,

행동의 씨를 뿌리면 습관을 거둬들일 것이요,

습관의 씨를 뿌리면 성격을 거둬들일 것이요

성격의 씨를 뿌리면 운명을 거둬들일 것이다."

사고의 전환이 행동을 바꾸고, 행동의 변신이 좋은 습관을 형성하고, 좋은 습관이 성격을 바꾸고, 그러한 성격이 운명을 규정 지을 것이다.

"인격은 결심할 때의 기분이 다 사라진 다음에도 그 결심을 따르려는 '자기 절제'이다."

8. 내려놓음의 미학

세상에는 채울 수 없는 운명의 것들이 있다고 한다. 식욕 · 성욕 · 수면욕이다. 이를 삼욕(三欲)이라 부른다. 돈욕 · 권력욕 · 스피드욕 · 소유욕 · 만능욕 · 초인(超人)욕……. 그러니 초연해지는 수밖에…….

"욕망이라는 이름의 전차를 타지 말고, 조용한 오솔길을 걷자!"

인정할 것은 인정해야지. 인간의 근본적인 욕구, 심리, 심성을 ……. 그리고 늘 얘기하지만 노력하는 수밖에 없다. 내 안에 자리하고 있는 양심에 따를 때 오히려 더 자유로울 수 있다는 것은 너무나 아이러니(Irony)가 아닐 수 없다. 이는 내 삶을 제대로 살아낸다는 것이며, 진정한 쾌락은 철저한 금욕에 의거하고 있다는 점을 숙지하고 있을 일이다.

절제인 것이다.

에피쿠로스학파(에피쿠로스의 학설을 신봉하는 철학의 한 학파이다. 스토아학파와 견줄 수 있는 헬레니즘시대의 양대 학파의 하나로, 간소한 생활 속에서 정신적인 쾌락을 추구함)와 같이 철저히 쾌락을 가치의 기준으로 내세웠던 자들이 종국에 도달한 지점은 아이러니하게도 '금욕(abstinence)'이었다. 나의 삶이 얼마 동안 질서 없이 혼란스러웠던 것은 바로 '금욕'이라는 단어를 경시했기 때문이다.

한편 인간의 理(도리, 이치)는 무엇으로 나타낼 수 있겠는가? 내 안의 양심·정신능력…… 그리고 금욕…… 이 세 가지가 하늘의 존귀한 코드와 통하는 인간의 존귀함의 증거이다. 그래서 금욕이 가장 도달해야 할 진정한 쾌락의 극점인 것이다. 사람됨의 희망은 금욕에 있다. 금욕인 것이다. 육체적 욕구·종족 보존에의 본능은 생물체 전반의 특성이지 인간 존귀함의 증거는 될 수 없지 않은가!

맹자에 따르면 군자가 누리는 한 가지 즐거움이 있다고 한다. 하늘을 우러러 부끄러움이 없고, 사람에 대하여 떳떳하고, 천지신명 앞에 맑은 마음으로 살아가는 즐거움 말이다. 그렇게 할 수 있는데도 하지 않는 것은 도덕적 태만이다. 하늘도 게으른 새끼는 구제해 주지 못한다고

"이 손을 보라!"　　　　　　　　　　　　　　　　　　－파브르－

"지금 나의 손은 어떤 손일까? 혹시 놀고먹기만 하는 게으른 손은 아닌가? 혹은 TV 리모컨만 누르거나 컴퓨터 게임의 마우스만 누르는 손은 아닌가? 공부하는 손, 일하는 손은 아름답다. 도전자의 손은 거칠고 투박한 데가 있는 법이다."

"냇물은 빠르면서 힘차게 계속 흐르고 있었다. 쉬지 않고 흐르는 냇물! 사람도 덕을 닦는 일을 게을리하지 않고 자신을 연마함에서 쉬지 않는다면 성현의 경지에 도달할 수 있을 것이다. 만일 냇물이 흐르는 것이 고단하다 하여 그 흐르기를 멈춘다면 냇물은 한곳에 고여 종내에는 썩어 들어갈 것이다."

자신을 동정할 기운이 조금이라도 남아 있다면 그 사람은 자신의 게으름을 이겨 낼 수 있는 사람이라는 것을 알고 있다. 사람은 열심히 갈고닦지 않으면 무용지물로 전락하고, 속물이 되기 쉽고, 추물(醜物)로 변질되고 만다. 그래서 "나는 '그릇'이다. 나 스스로 씻고

갈고닦지 않으면 정작 필요가 있을 때 제 용도로 쓰이지 못하게 되겠지." 이때 '용도'라는 말은 어떤 기능적 역할을 수행할 수 있는 기술을 갖추고 있음을 의미하는 것이 아니라, 사람이 사람다운 도덕적 됨됨이를 갖추고 있음을 가리키며, 사람다운 도덕적 됨됨이를 갖추어야 어떤 일을 하든 다른 사람에게 희망을 줄 수 있고 세상에 보탬이 될 수 있다는 말이다. 제아무리 간교한 머리를 가졌더라도 사람다운 도덕적 됨됨이를 갖추지 못한 자는 그 존재 의의가 크게 지속되지 못하리라. 우선 금이 가지 않은 온전한 그릇이 되어야 거기에 세상의 희망수(希望水)를 담을 수 있지 않겠는가?

참으로 무엇이 먼저인가를 깨달아야 할 때이다.

9. 깨어 있음

깨어 있을 때 느껴지는 청량감

혼자 있을 때 '지금 이 순간'을 깨어 있어야 한다. 그래서 언제나 동시에 '자기수양'이라는 것이 요청된다. '자기수양'은 바른 자세를 시작으로, 내 안에 '깨어 있음'을 불러오는 명상을 수반한다. 명상은 달리면서도 할 수 있고, 걸으면서 하는 명상도 좋은 명상 자세이다. 또한 책을 정성스럽게 읽는 것도 명상이요, 자신의 글을 인생노트에 정성스럽게 담는 것도 탁월한 명상이 된다. 내 안에 '깨어 있음'을 불러오면 차분하게 세상의 진리와 이치를 높은 곳에서 조용히 내려다보는 듯한 느낌이 든다.

요즘처럼 닳아져 가는 세상에서는 '질박함'이나 '수수함'이란 말 자체가 사라져 가고 있다. 현재의 우리들 삶이 질박과 수수함과는 너무나 거리가 먼 쪽으로 기울고 있기 때문일 것이다. 우리가 하루 세끼 먹는 음식만 하더라도 어른, 아이 가릴 것 없이 기름지고 걸쭉하고 느끼한 것만을 좋아하는 세태이므로, 담백하고 깔끔한 음식을 대하기가 어렵다. 이런 음식 문화 속에서 살아가노라면 학처럼 곱게 늙기 또한 불가능할 것이다. 몸에 걸치는 옷도 질박하고 수수한 모습을 이제는 찾아보기가 어려워지고 있다. 요란한 색상과 과장된 디자인, 그 안에서 움직이는 몸짓도 살갗도 그 위에 바르는 화장도 그런 이상에 걸맞게 따라갈 수밖에 없을 것이다.

이 방에서 나는 방석 한 장과 등잔 하나 말고는 아무것도 두지 않을 것이다. 이 안에서 나는 잔잔한 삶의 여백을 음미해 보고 싶다.

– 법정 스님, '오두막 편지' 중에서 –

'비움'의 철학이 갖는 또 다른 힘

법정 스님의 삶의 법식으로부터 '깨어 있음'이 갖는 청량감과 함께 '비움'의 철학을 발견하게 된다. '비움'의 철학은 또한 노자라는 사상가로부터 깨달음을 얻을 수 있는데, 다음의 글은 필자가 도올 김용옥 선생님의 'EBS 논술세대를 위한 철학교실' 26강을 공부하고 나서 쓴 글이다.

존재론(Ontology)이라는 학문은 '실제로 정말로 있는 것이 무엇인가'를 탐구하는 학문이다. 존재론은 서양 희랍에서 유래가 되었지, 동양에서는 존재론이 그리 각광을 받지 못했다. 동양에서 존재론이 발달하지 않았지만, 노자는 그 존재가 갖는 조건을 얘기했다. "모든 존재는 비어 있지 않으면 존재가 아니다."라고……. 예를 들어, 컵이 컵다우려면 빈 공간을 갖추고 있어야 한다. 방은 비어 있음이 있으므로 방인 것이다. 모든 존재는 이렇게 그 쓰임(用)에 존재성이 있다. 그렇다면 인간의 쓰임은 무엇인가? 인간이 인간다우려면 인간의 쓰임을 충실히 발현해야 할 것이다.

노자가 말한 虛('비움')는 단순히 공간개념이 아니라 기능적 잠재능력, 즉 가능성(potentiality)이다. 어떤 존재라도 그 기능을 충실히 발현하려면 반드시 허(虛)를 갖추어야 한다고 노자는 말한다. 그래야 그 존재다울 수 있으니 虛가 기능적 잠재능력을 동반하는 것이다. 사람이 음식으로 온몸이 가득차면 건강해지기는커녕 곧장 힘을 못 쓰고 드러누울 것이요, 욕심으로 가득 차 있으면 무슨 일이든 순조롭게 함이 없어 금수만도 못한 소인배가 될 것이니 '비움'을 받들어야 한다. 내 마음도 내 간도, 내 심장도, 내 몸도, 내 머리카락도 비어 있지 않으면 그것이 아닌 것이 된다.

무위(無爲)는 虛를 건실하게 하는 적극적인 행위이다. 넘침은 종말론(eschatology)의 상징이다.

노자는 말한다. "反者, 道之動"(반자, 도지동: 돌아감이 도의 움직임이다. – 노자 40장) (한편 필자는 여기서 '악마의 역설'이 떠올랐다. '악마의 역설'은 남에게 피해를 주고자 한 행동이 결국 나 자신에게 가장 큰 피해로 귀결되고 만다는 것을 가리킨다.)

인생을 넘치는 방향으로 가면 안 된다. 바람(want)이 너무 자극하면 일이 수포로 돌아가기 쉽다. 마음에 비움이 있어야 하는 것이다. 서양화와는 달리 동양화는 여백의 미가 있다. 너무 채우려고 애쓰는 것을 자연은 좋아하지 않는다. 理(세상의 도리)가 아니기 때문이다. 자연은 虛를 적절히 유지하려고 한다. 이러한 대자연의 원리에 순응하며 살아갈 줄 아는 인간이 되는 것이 아름다운 길이다. 이때 '아름답다'라는 용어도 흔히 꾸미고 치장함으로써 시각적 효과를 내는 교태로움이 아니라, 자연이 스스로 그러함으로써 갖게 되는 관조의 미(美)를 가리킨다.

강단에서 강의를 하거나, 발표를 하거나, TV에 출연하거나 무대 위에서 춤이나 장기자랑을 선보일 때…… 너무 힘이 들어가거나 너무 자신이 잘났다는 것을 자랑하게 된다면 그 의미가 퇴색되지 않던가? 관조된 비움이 갖는 아름다움! 그래서 대개 큰 지도자라면 무엇인가 엉뚱한 사람처럼 유머가 있는 사람이어야 사람이 따른다. 다른 사람이 들어올 여백을 갖추고 있기 때문이다. 반면에 유머가 없으면서 너무 세밀하고 똑똑해 보이려 하고 너무 성실한 듯이 보이려는 자에게는 사람이 따르지 않는다. 이러한 자는 자신이 빈틈이 없음을 자랑스럽게 여길지는 몰라도, 그 빈틈이 없기 때문에 크게 되지 못하거나 인복(人福)이 박한 것을 깨달아야 한다. 그래서 너무 똑똑해 보이려는 자일수록 어리석어 보이는 것은 노자의 反者, 道之動이 적용되기 때문이다. 춤을 출 때도 너무 멋있는 모습만 보이려 하기보다는 재미난 율동을 적절히 배합하여 관조된 비움의 시나위가 될 수 있도록 함이 더 높은 경지의 춤인 것이다.

빈 마음, 그것을 무심이라고 한다.
빈 마음이 곧 우리들의 본마음이다.
무엇인가 채워져 있으면 본마음이 아니다.
텅 비우고 있어야 거기에 울림이 있다.
울림이 있어야 삶이 신선하고 활기 있는 것이다.
- 법정 스님, '물소리 바람소리' 중에서 -

"모든 숙련은 무위(無爲: 애써 인위적으로 무언가를 하지 않음)적인 虛를 수반한다."
공부를 하는 것은 마음을 채우기 위해 하는 것이 아니다. 높은 공부의 경지에 이른 사람은 오히려 마음에 비움을 자유자재로 할 줄 아는 분이다. 노자는 자본주의 물질문명을 살아가는 현대인들이 놓치고 있는 부분을 그렇게 오래전에 이미 간파하고 있었던 것이며, 그러한 점을 적극적으로 관철시켰다.

문명의 발달이 자연의 虛를 파괴시킨다면 문명도 결국 파멸에 이를 것이다. 지금의 자본주의 물질문명의 조류가 심히 우려스러운 이유가 여기에 있다. 그러한 사회를 살아가는 자들이 하는 연애라는 것도 더 많이 채우려는 데만 골몰하다가 결국 쉽게 헤어져 버리고 虛로 돌아간다. 여백과 비움을 없애려는 연애는 암암리의 종속일 뿐이다. 문명은 자연이라는 생태학적 환경을 떠나서는 존속될 수 없다.

한편 노자의 관점에서 역도라는 운동은 최악의 운동일 것이다. 虛가 없기 때문이다. 내가 최대 100킬로그램을 들 수 있는데 100킬로그램을 든다면 꽉 채운 상태가 되어 곧 몸이 상해 넘어질 것이다. 100킬로그램을 들 수 있다면 50킬로그램만 들어도 虛가 있는 삶이 될 수 있다. 프로야구 선수들을 보면 나이에 비해 얼굴이 늙어 보인다. 동계 훈련 때 프로야구 선수들이 수행하는 훈련 양이 너무 지나쳐서 '비움'이 없기 때문이다. 그러한 상태로 매년 강도 높게 훈련을 하다 보면 몇 년까지는 최고의 기량을 선보이며 자신의 몸값을 올릴 수 있겠지만 몇 년 지나지 않아 몸에 부상이 잘 오고 몸의 기운이 일순간에 빠져나가서 어렵게 된다. 세계 격투계를 호령했던 미르코 크로캅이라는 크로아티아의 격투가도 나이가 서른다섯밖에 되지 않았는데 프라이드 시절에 비해 기량이 급격히 떨어졌다. 그가 했던 훈련이 자신의 몸의 능력을 넘쳤기 때문이다. 크로캅이 만일 노자의 '비움'의 철학에 진지하게 임했더라면 적절히 자신의 기량을 유지했을 것이다. 지금은 너무 늙어버린 크로캅의 모습이 팬의 한 사람으로서 안타까울 뿐이다.

너무 자신에 대해 우쭐거리거나 자만이 지나치면 虛가 없게 되니 내려갈 일만 남는다. 항시 나의 부족함을 인정하고 언제나 내 삶의 장르에서 '비움'을 갖추어야 나의 생기가 지속할 수 있다. 바로 겸허를 얘기하고 있는 것이다. 노자가 왜 겸허의 덕을 갖춘 물(水)을 덕의 으뜸으로 상징했는가를 알 수 있는 대목이다.

선생님이 학생들 앞에서 자기 자랑만 한다면 곧장 그 선생님의 가르침에는 생명력이 없게 되고 그의 강의를 듣는 학생은 남아 있지 않게 될 것이다. 너무 똑똑한 체를 하는 것은 사람을 떠나보내는 위태로운 처사이다. 그리고 수업 중에 가르치는 내용이 중요한 내용이라는 것을 너무 강조하지도 마라. 너무 강조할수록 그리 중요한 내용이 되지 않기 때문이다. 오늘날 자본주의 사회에서 보면, 주위의 부모라는 사람들이 집에서 아이를 기를 적에 너무 아이의 머리를 채우려고만 한다. 그래서 학원이나 과외를 아이에게 덮어씌운다. 필요한 학원은 다닐 필요도 있겠지만 채우는 만큼 비우려는 노력이 있었는가를 묻는 것이다. 학교에서 성적을 무조건 높은 점수로 받아와야 하는가? 다수의 다른 반 친구들이 청소를 안 할 때 청소를 하면 바보 같은 아이가 되는 것인가? 자기네 배만 불릴 생각으로 살아가고, 이러한 삶의 패턴을 자신의 아이가 따라 해도 괜찮은가?

독단에 사로잡혀 있으면 나를 비울 수 없다.
온갖 잡생각들로 머리를 채운다면 새로운 학문이나 사상을 체득하기 어렵다. 다른 사람의 말씀이나 사상, 학문을 받아들이는 것이 공부의 기본자세라면, 우선 생각을 말끔히 비우고(虛) 여백을 갖추어야 한다. 성관계에서 남자가 힘으로 여자를 윽박지르려 하면 할수록 여자의 기세는 올라갈 뿐이고, 반면에 남자는 오히려 맥을 추리지 못한다. 여자의 성 기관은 비어 있기 때문이다. 생명력이 오래가는 원리는 비움에 있지 채움에 있지 않다. 노자철학은 여성성(femininity)에 대한 예찬이 있다. 비움이라는 것은 약해 보이지만 알게 모르게 더욱 강함일 수 있다. 나를 낮춤으로써(비움으로써) 더 많은 포용력을 갖게 되지 않던가!

비움(Emptiness)을 둔다는 것은 가능태(Potentiality)를 갖춘다는 의미이다. 자연에 있어서도 자연의 가능성을 완전히 인위적으로 개발(채움)한다면 자연은 스스로 그러한 바의 특성을 상실해 가고 말 것이다. 서해안 갯벌을 간척지로 만드는 것에 반대하는 이유는 여기에 있다. 자연의 빈 상태(가능태)를 다 개발하면 인간과 문명은 설 자리를 잃는다. 노자철학은 선진시대에 이미 에콜로지(ecology)를 외치고 있었다.

한편 치열한 공부는 우리에게 虛의 여유로움을 준다. 역설적이다. 치열하게 공부를 하고 난 후에라야 마음에 여유로움이 있게 된다. '치열한'이라는 적극적인 움직임을 적용할 수 있는 영역 중 대표적인 분야가 학문 탐구 분야이다. 공부는 육체의 움직임과는 또 다른 것이다. 그래서 나라는 사람이 '치열한' 생애를 좋아하는 스타일이라면 다른 곳이 아닌 학문에 열정을 갖고 의지를 일으켜서 활기찬 학문 수양을 한다면 길하리라. 이 길이 진정으로 가야 할 길임을 알고 있다.

인터넷 기사와 같은 불필요한 쓰레기 정보가 우리들의 마음속을 꽉꽉 채우고 있지는 않은가? 인터넷이라는 것을 너무 가까이하지 마라. 인터넷은 우리들의 마음속 자연스러운 비움을 자꾸 채우려고만 하기 때문이다. 그리고 그 채움은 자본주의 사회에서 필히 돈 소비와 결부되어 있다.
"인간은 무엇이 되느냐가 중요한 것이 아니라, 어떻게 사느냐가 중요한 것이다."
- 연극배우 윤석화-

나를 비움으로써 더 큰 꿈을 가질 수 있게 되고, 이기적인 사람이 아니라 보다 이타적인 삶을 살아갈 수 있게 된다. 이타적인 삶의 특성은 필히 비움을 수반해야 하기 때문이다. 비우는 데 관심이 있으니 잃어버리는 것에 그리 연연해하지 않게 된다. 이것이 훌륭한 정신적 기운이자 정신적 승리법이다. 어차피 지금 갖고 있는 돈이라는 것은 내 것이 아니지 않은가! 봉사를 습관화하자! Devotion(헌신)이 있는 삶 속에서 우리들은 새로운 꿈을 꿀 수 있다. 꿈이 있는 한 절망하지 않게 된다. 비울수록 헌신하게 되고 헌신할수록 훌륭해지며 생기가 있게 된다. 다른 생명을 위해 줄수록 내가 사는 길이니…….
아…… 잠깐 어리석은 삶을 살았구나.

신발 상표에 '르까프'라는 것이 있다.
Citius 더 빠르게
Altius 더 높게
Fortius 더 세게
이 얼마나 어리석은 일인가…….
아! 비움의 철학이여! 아! 비움이여! 자유여! 해방이여! 존엄성이여! 생명이여! 하늘이여! 자연이여!
노자의 비움의 철학. 아! 이 얼마나 파워풀한 사상인가! 비우기 때문이다.

올바른 정신의 습관과 마음의 습관

'깨어 있음'은 생각을 되도록 줄이고 직관지(直觀知: 직관으로 사물을 인식하고 옳고 그름을 판단하는 능력. 감성적 직관에 의한 지가 아니라 전체를 직접 포착하는 예지적 직관에 의한 지를 이름)로써 세상의 이치를 전체적으로 조망하고, 생각을 할 때에도 '삭제해야 할 생각'을 자유자재로 제어할 수 있는 반열이다.

어떤 계속된 생각들로 머리에 열을 과도하게 내는 것보다는 머릿속의 생각을 비우고 내 몸 안의 차분하고 깊은 복식호흡과 내 몸 전체 기운의 흐름을 바라보는 자세가 좋다. 그러나 인간이 생각을 안 하고 살 수는 없는데, 그럼 생각을 할 때 어떤 것을 생각하면 좋겠는가?

생각을 할 때에는 '권장할 만한 생각'과 '삭제해야 할 생각'의 표준안을 세워서 하루 중에 대부분의 시간을 '권장할 만한 생각'을 위주로 생각하는 습관을 내 안에 자리 잡도록 하는 것이다. 인간의 마음과 정신도 몸 현상의 연장선이다.

태권도나 요가를 연습하면서 내 몸에 익숙하게 만들면 우리 몸은 그렇게 적응하게 되는 것과 같이 하루 중에 많은 시간을 어떤 마음가짐과 생각으로 지내는가에 따라서 마음의 습관과 정신의 습관이 내 몸에 자리 잡게 된다. 하루 중의 많은 시간을 노는 것을 생각하는 사람의 정신 습관은 '노는 것을 생각하는 것'이 되고, 직장에서 많은 시간을 다른 사람을 미워하거나 흉보는 것을 생각해 온 사람은 집에 돌아와 생각을 할 때면 무의식적으로 다른 사람을 미워하는 생각으로 자기 자신이 괴롭다. 내 안의 습관이 된 것이다.

생각의 이념형

삶을 제대로 살아가려면 몸자세의 습관, 감정이나 관조·명상 등 마음의 습관, 생각과 같은 정신의 습관을 바로 놓아야 한다. 그중에 정신의 습관을 바로 놓기 위해 필자는 '내 생각의 이념형'을 고안해야 했다. '권장할 만한 생각類'와 '삭제해야 할 생각類'를 나 스스로 정하고 하루 중의 생각하는 시간을 대체로 '권장할 만한 생각類'에 집중하는 것이다.

나에게 전혀 좋을 것 없는 잡생각을 그 원천에 있어서 제어한다는 것이 나의 삶의 왜곡으로 비추어질 수 있겠지만, 이는 언제나 방법론적인 접근임을 명시하며, 또한 좋지 않은 생각들은 분명히 나의 큰 포부나 역사적 인물됨을 방해하는 측면이 있다는 사실에 근거하는 것이다. 이러한 나의 일을 나는 '생각의 이념형 고안'이라고 표현한다. 좀 더 쉽게 말해 '생각하는 방식의 틀'을 만들어 이를 나의 습관으로 갖추는 일이다.

필자가 쓰고 있는 'ego(에고)'라는 용어는 내 안에서 욕설을 발산시키고, 안 좋은 기분을 더욱 난폭하게 조장시키고, 자신의 감각적인 욕구 충족을 보채고, 그래서 내 안의 참된 마음으로부터 자기 자신을 멀어지게 만드는 무엇을 가리킨다. 내면의 수양이 안 된 자일수록 ego에 자신을 내맡겨 버리는 천한 삶을 살게 된다. 반면에 '깨어 있는 자'나 그러한 내면의 힘을 부릴 줄 아는 자는 내 안의 ego를 감지하고서 절제와 겸손, '비움', 인격 수양의 시험무대로 삼을 줄 안다. '깨닫는 자'는 ego를 적절히 control(조절, 제어)할 수 있게 되며, 보다 높은 수준에서는 ego 자체를 아우름으로써 고귀한 됨됨이를 갖추게 된다. 가령 어떤 사람은 내 안의 성욕을 제거해 버리려고 아예 자신의 성기를 절단한다. 또 어떤 사람들은 도박을 좋아하는 자신을 극복해 보려고 자신의 오른손을 잘라 버리는 우둔한 방식을 택한다. 그리고서는 왼손으로 다시 도박의 장으로 들어간다. 보다 높은 수준에서 수양된 사람은 그 흉한 것 자체를 내 품 안에서 따뜻하게 감싸 안음으로써 자제(自制)와 중용(中庸)의 덕을 갖춘다.

그래서 내 안에 '삭제해야 할 생각'은 잘 안 하고, '권장할 만한 생각'들을 주로 하는 정신의 습관을 형성시켜서 집에서든 어디서든 참되고 바른 생각을 주로 하는 '높은 고지의 인격인'으로 거듭나는 것이다. '높은 고지의 인격인'은 또한 스스로 바라는 바 목표를 보다 원활하고 너그럽게 달성할 수 있는 소위 '성공한 사람'이기도 하다. 자신의 자손들을 '높은 고지의 성공한 인격인'으로 기르려면 우선 부모 먼저 이러한 유(類)의 인격을 갖추도록 노력해야 할 것이다. 노력하는 모습 그 자체가 훌륭한 덕(德)이기 때문이다.

※ 내 생각의 이념형 고안

① 긍정: 권장할 만한 생각
· 孝에 대한 생각
· 목표와 기획에 관한 생각
· 미래의 성공한 나를 생각함
· 인생을 보다 진실하게 살아갈 생각
· 내 자식에게 덕스러움을 가르칠 생각
· 다른 사람에게 참된 마음으로 도와줄 생각
· 나라를 위해 내가 할 수 있는 일에 대해 생각
· 가족이 평안하기 위해 내가 할 수 있는 일에 대한 생각 등.

② 부정: 삭제해야 할 생각
· 불안한 생각
· 다른 사람을 미워하는 생각
· 내가 해 줄 수 없는 일에 대한 생각
· 기분 나빴던 장면을 계속해서 생각
· 자질구레한(잘고 시시하여 대수롭지 않은) 생각 등.

특히 나쁘게 상상하기와 다른 사람을 안 좋게 평가하기, 그리고 기분 나빴던 사소한 일을 계속 생각하기. 이 세 가지가 인간 잡생각의 치졸한 형틀을 구성한다. 결국 돌이켜보면 사소한 일일 뿐.

진정으로 큰 인물로서의 존엄성을 구비하고자 한다면 다음과 같은 마음을 가져라.

"나쁘게 상상하지 마라!"

"안 좋게 평가하지 마라!"

"기분 나빴던 거 계속 생각하지 마라!"

생각은 의지와 노력으로 바꿀 수 있다.

환경의 자극에도 제한이 필요하다

칼 마르크스(Karl Heinrich Marx, 1818. 5. 5∼1883. 3. 14)의 사유 방식으로부터 기존 수양법의 허점을 만회하고자 한다. Marx의 사유방식에 따르면, 인간은 자유 의지를 가진 주체적 인격체가 아니라, 환경의 지배를 받는 피동적 존재이다. 내 안의 정신의 패턴이나 감정 태세의 변화 등을 나 자신이 마음먹는 대로 제어하지 못하고, 환경의 영향을 받아 거기에 시간 차를 두고 반응하면서 생각이나 감정의 변화가 일어난다는 것이다. 스스로를 주체적인 인간 類라고 믿고 싶지만 솔직하게 말하면 상당 부분 우리 인간은 주위 사람이나 환경에 반응하며 영향을 받는다. 내 몸의 氣와 다른 사람이나 환경의 氣가 다양한 조합을 이루기 때문일 수도 있다. 그렇다면 수양(또는 修身)을 할 때, 내 안만을 고찰하고 다듬는 것으로는 부족하다. 내 몸에 들어오는 외부 사람이나 환경의 자극(내 밖의 氣)을 제어할 필요성을 느끼게 되는 것이다.

보는 것, 듣는 것, 접촉하는 것을 잘 관리해야 한다는 말이다. 공자(孔子)도 누가 다른 사람을 헐뜯는 욕설을 듣고서 냇가에 가 자신의 귀를 손으로 씻었다고 하지 않았던가! 외부 자극을 적절히 차단시키는 적극적인 행위! 그런 외부의 자극들을 모두 제한 없이 받아들이면 나쁜 심성이 일어나서 흉한 일들이 벌어지지 않겠는가.

진정한 자기 수양을 위해 외부 자극들을 우리들이 진정으로 가야 할 길의 맥락과 같은 코드로 맞추도록 외부 자극들을 적절히 차단할 필요가 있다. 컴퓨터 메인 화면부터 시작해서 보고 듣고 접하는 모든 감각 체계에 들어오는 요소들을 관리해야 한다. 이러한 노력은 감수체계의 전면적인 개편을 시도하는 정당한 행위이다.

10. 왜 도덕적으로 살아야 하는가

왜 도덕적이어야 하는지 시원한 대답을 못 하다

지금까지 "왜 도덕적으로 살아야 하는가?"에 대해서 여러 사상가의 답변이 있어 왔다. 그 답변의 유형을 크게 분류해 보자면, 사람은 태어날 때부터 도덕적으로 살아가도록 되어 있기 때문에 '왜 도덕적으로 살아야 하는가'라는 질문 자체가 수정되어야 한다는 입장이 있다. 또 다른 입장으로서는, 도덕적으로 사는 것이 우리들에게 여러모로 좋은 결과나 즐거움을 주기 때문에 도덕적으로 살아야 한다는 목적론적 입장과 도덕적으로 사는 것 자체가 인간의 존엄성을 갖추는 일이라는 의무론적 입장이 있다. 그리고 사람이 원래 태어날 때부터 도덕성을 본성으로 갖추고 있으나 외적인 환경이나 욕심 등의 영향으로 불선(不善)해질 수 있으니 天(하늘)이 부여한바 인간 본연의 도덕성을 수양하는 것이 사람 된 도리를 다하는 온당한 처사라는 견해도 있고, 인간은 원래 태어날 때부터 자기 보존 욕구를 지닌 채 자기 자신의 이익만을 좇기 때문에 사회 질서를 위해 또는 사회 구성원으로 협력 관계를 유지하기 위해 도덕적으로 살아야 된다는 입장도 있다.

그러나 어느 누구도 "왜 도덕적으로 살아야 하는가?"에 대한 완전

무결한 대답을 하지는 못할 것이라 생각한다. 그 이유는 이 지구상에 '왜 도덕적으로 살아야 하는가'에 대해서 완벽하게 모든 사람들을 구속시킬 수 있는 논리가 존재하지 않기 때문이다. 단지 도덕적으로 살아야 하는 이유를 어느 정도 타당성 있게 설명했던 사람들이 많았을 뿐이다. 보다 쉽게 얘기해서, 도덕적으로 살고 안 살고는 개인 신념과 선택의 영역이지 절대적으로 따라야 하는 영역이 아니라는 얘기다.

그렇다고 필자가 도덕 상대주의에 치우쳐서 죄도 없는 무고한 사람을 살해하는 행위에 대해서 우리들이 관용을 베풀 필요가 있다는 식의 엉뚱한 주장을 하지는 않는다. 기초적인 상식을 갖춘 모든 사람들은 죄 없는 사람을 죽이는 짓은 '무조건' 나쁘며, 이러한 짓을 한 자를 법적으로 처벌해야 한다는 데 동의할 것이다. 이렇게 도덕의 영역 중에서도 인간으로서 해서는 안 되는 행태를 법적으로 제지하는 것이 마땅히 필요한 영역들이 있다. 이러한 영역은 도덕적 신념과 선택의 영역이 아니라 법적 규제의 영역이니, 카테고리 구분이 이루어져야 한다. "왜 도덕적으로 살아야 하는가?"라는 질문은 도덕의 법적 규제 영역까지 다루는 질문이 아니라, "(법적으로는 하자가 없는)비도덕적 삶을 살아서는 안 되는 이유가 무엇인가?"와 같은 질문인 것이다.

도덕적으로 살아야 하는 이유에 대한 결론

"적어도 나는 그렇게 사는 것이 옳다고 믿으니까.", "난 그게 좋다고 생각하니까.", "하늘이 나에게 부여한 진정한 길이라고 보니까"와 같은 개인의 견해를 얘기할 뿐이라고……. 개인 신념과 선택의 주제에 대해서 다른 사람에게 "어떠어떠하게 해라."라고 명령할 수는 없지 않은가? 마치 다른 사람에게 예수나 부처를 믿으라고 강요할 수 없는 것처럼 말이다.

나도 도덕적으로 사는 것이 옳다고 믿는다. 그리고 도덕적으로 행동했을 때 마음이 더 편안해지고 내 삶이 성실해지는 것 같다. 또한 주위 사람들은 도덕적인 사람을 더 좋아하는 것 같다. 도덕성을 갖추는 일이 하늘이 나라는 사람을 아끼도록 하는 진정한 길인 것 같고, 하늘이 나에게 부여한 사명이라고 굳게 믿는다. 도덕성에 대해서 다른 사람은 어떻게 생각하고 어떻게 믿고 있는지는 잘 모르겠다.

도덕적으로 살아야 하는 이유를 사주명리학에서 구하다

사주명리학을 공부해 본 바에 따르면, 도덕적으로 살지 않으면 현재 지금 살고 있는 사람은 얼마간의 이익이나 쾌락을 맛볼 수도 있겠지만 그 잘못된 업보의 영향을 그 사람의 자식이 고스란히 안고 불행한 삶을 살아가게 되어 있다는 것이다. 가령 아내가 임신하고 있을 때 남편이 다른 여자와 밖에서 바람을 피웠다면, 그렇게 태어난 딸이 독수공방의 신세가 된다거나 바람피우는 남자를 남편으로 맞이하여 불행하게 살거나 이혼하거나 하는 식 말이다. 그때 그 자신의 아버지와 같은 유형의 남자로 인하여…… 혹은 욕설과 폭력을 자주 썼던 부모 밑에서 난 자식이 주의력 결핍 과잉행동장애(attention deficit/hyperactivity disorder, ADHD)를 갖고 태어나는 경우라든가 하는 일 말이다. 상식적으로 생각해도 편법 쓰고 비리 저지르고 사기 치기를 밥 먹듯 했던 반도덕적인 자의 자식이 온전히 태어나 훌륭한 삶을 살아서 부모에게 효도하리라고 기대할 수 있겠는가? 필자가 사주명리학의 대가는 아닐지라도 부모가 어떻게 도덕적으로 살아왔는가에 따라 그 자식이 영향을 받게 된다는 것은 확실하다고 '믿는다.'

우리들을 절대 속이지 않는 3가지! 우리의 몸, 시간, 그리고 이 세상의 理!(이치, 도리)

그러니 "왜 도덕적으로 살아야 하는가?"

"장래에 태어날 당신의 자식을 사랑하고 싶다면 도덕적으로 사시는 게 옳으리라 봅니다."

도둑이라도 제 자식은 잘되기를 바라는 법이다.

사주명리학이 어떤 학문인가

사주명리학에 대한 얘기가 나왔으니 사주명리학이 어떻게 등장하게 된 학문인지를 잠깐 설명하면 다음과 같다. 사주학이 발전하게 된 동기는 농사에서 시작되는데, 농사를 잘 지어야 생존에 필수적인 식량을 얻게 되는 것이니 자연 절기의 일정한 변화 법칙을 파악하려 했을 것이다. 그래서 태양계와 달의 규칙적인 변화를 고려하여 천체 달력을 만들고 태양계를 기호로 만들기도 했을 것이다. 목성을 나무라 하고 화성을 불이라고 한 것 등이 그 예가 되겠다. 자연계를 기호로 표시하면 쉽게 머릿속으로 정리할 수 있는 장점이 있었을 것이다. 우주 자연의 변화 규칙을 파악하게 되면서 그에 따라 사람의 성격이나 건강 등도 태어난 날이 언제인가를 기준으로 비슷한 특징을 보인다는 점을 발견하게 되었다. 가령 목성이 강한 날에 태어난 사람은 인정이 많고 진취적이라든지, 화성이 강한 날에 태어난 사람은 화를 잘 내고 정이 많고 예의가 바르다와 같은 규칙성 말이다. 이러한 발견은 통계학적 기반을 둔 발견인 셈이다.

이러한 동양인들의 호기심과 의문이 수년을 흐르면서 점점 학문으로 체계화되고 통계적으로 더 높은 적중률을 갖게 되었다. 즉 우주 자연의 법칙과 인간 존재의 특성 간에 어떤 연관성이 있음을 수년을 거치면서 감지하게 되었고 이러한 규칙성을 보다 체계적이고 합리적으로 파악하고자 해서 오늘날 이른 학문이 바로 '사주명리학'인 것이다. 자연현상을 의인화하여 사람을 이해하기까지 얼마나 많은 세월이 소요되었겠는가! 사주학은 사람의 태어난 연·월·일·시를 분석하는 것으로 신체를 직접 분석한 것은 아니지만 우주 분석의 틀을 인체에 적용하여 성격과 건강, 직업, 재물, 결혼, 운의 흐름 등을 연구하는 학문이다. 인간이라는 생명체도 다른 동식물과 함께 거대한 우주 자연의 질서 아래에서 태어나는 것이며, 태어날 당시 우주 자연의 흐름과 특성의 영향을 받을 수밖에 없다.

사주는 운명결정론인가

사주란 사람이 태어날 때 갖게 되는 4가지 기둥, 즉 年주·月주·日주·時주를 뜻하며 각 기둥이 2문자씩으로 되어 있어 8문자가 되어 흔히 팔자라고도 하는데, 이를 통칭 '사주팔자'라고 하는 것이다. 쉽게 말해 태어날 당시의 연·월·일·시를 가리킨다. 어머니의 배 속에서 세상 밖으로 나와 첫 울음을 터뜨리는 바로 그 시점에 그 당시 시점의 우주 기운 양상이 반영되어 내 인생에 영향을 주게 된다.

물론 사주학이 운명론이나 절대론으로 왜곡되어서는 곤란하다. 사주가 우리들 생애에 영향을 주지만 같은 사주를 갖는 사람이 서로 다른 사회적 지위와 부와 도덕성을 갖는 까닭은 여러분 자신의 주체적 의지와 노력, 인내, 집안의 내력, 조상님 덕업(德業)의 정도, 환경, 부모의 자녀 양육 방식, 후천적 교육 양식 등의 수많은 요소들이 엮어졌기 때문이다. 사주가 전부라고 생각하면 많은 것을 잃을 수 있으니 조심하자! 생애에서 가장 중요한 것이면서 우리들이 마땅히 신뢰할 수 있는 것은 우리들 자신의 의지와 노력 그리고 인내일 뿐이다. 하늘이 우리들을 지켜보고 있다면, 하늘은 주체적인 인간을 가장 사랑하실 것이다. 우리 스스로의 기운으로 지금을 살아내자!

보통 생년월일시를 가지고 사주를 본다고 하는데, 사실 생년월일이라는 것 자체는 한 시점의 달력과 같다. 예를 들어 2004년 7월 31일을 사주 방식의 달력으로 써보면 갑신년(甲申年), 신미월(辛未月), 신해일(辛亥日)이라고 표현한다. 들어본 적이 있는 말이라서 전혀 낯선 내용은 아닐 것이다. 이러한 구체적인 설명을 하는 이유는 사주명리학이 단순한 미신 차원의 담론이 아니라 엄연히 경험적·통계학적 근거를 갖는 자연과학적 담론이라는 것을 독자에게 이해시키기 위함이다.

사람 분류의 탁월성

한의학에서 말하는 '사상체질'(태양인·태음인·소양인·소음인)이나 혈액형(A·B·O·AB형)으로 사람을 분류하고 판단하는 방법이 널리 받아들여지고 있다. 수천만의 사람을 네 가지 유형으로 분류하여 판단하니 매우 초보적이고 어쩌면 위험할 수도 있는 분류 형태가 아닌가? '나는 A형이니 소심해.'라고 생각하면서 자신의 소심한 행동을 고치려 하지 않고 오히려 A형의 매력이라고 정당화시키는 '자기 미신 상태'에 빠져 있지는 않는가? 소심하지 않을 수 있는 자신의 가능성을 애써 숨기려고 한 채.

반면에 사주명리학의 분류는 앞에서 이야기한 것들과는 비교할 수조차 없을 만큼 다양하고 정밀하다. 태어난 年이 60가지 변수, 태어난 月이 12개의 변수, 태어난 日만으로 구분해도 60가지요, 여기에 태어난 시간 12가지를 곱하면 총 51만 8,400가지의 삶의 변수가 나오게 된다. 이러한 사람 분류는 구체적이고 세련되어 있기 때문에 보다 섬세한 자기 자신에 대한 정보를 얻을 수 있게 된다. 혈액형이나 별자리, 사상체질로 사람을 분류하는 것은 사주명리학에 비길 바가 못 되는 것이다. 이렇게 인류를 51만 8,400가지나 되는 유형으로 세밀하게 나눈 학문은 존재하지 않았고, 따라서 인간을 가장 정교하게 이해하는 학문들 중의 하나가 사주명리학이라 본다. 사주명리학을 적절히만 활용한다면 직업·진로를 선택할 때나 나와 성격이 잘 맞는 배우자를 맞이할 때, 사업의 진퇴를 결정할 때 등에 유용하게 쓰일 수 있으리라 본다.

다시 강조하건대, 사주명리학은 절대 운명결정론이나 미신이나 종교가 아니다. 그리고 같은 사주라도 여러 요인들로 인하여 다른 생애를 살아가게 되어 있으니, 편견에 무릎을 꿇지 말고 여러분 자신이 주체적인 의지를 갖고 새로워질 수 있다는 것을 스스로 증명해 보여야 할 일이다. 우리들이 진정으로 믿을 것은 우리들 자신의 의지와 노력, 그리고 그 의지와 노력이 결집된 실력이라고……. 이제부터는 제발 시험에 붙게 해 달라고 엿 먹지 말자!

제5장 주체적 의지

1. 문명 앞에서 웃고 있는 슬픈 피에로

컴퓨터에 왜곡된 대학생활

대학 2학년 때 중고 컴퓨터를 사려고 했을 때, 마음 한구석에서 염려가 들었다. '컴퓨터가 생기면 내 생활이 너무 가벼워지거나 나의 학문을 게을리하지 않을까? 컴퓨터가 있으면 컴퓨터 게임도 하고 싶어질 텐데. 컴퓨터 게임에 빠져서 가야 할 길을 온전히 갈 수 없으면 어떡하지?' 실제로 그 당시 기숙사에서 보아 하니, 많은 남자 대학생들이 게임과 음란물, 인터넷 채팅 중독 등 컴퓨터 문명으로 인해 낮과 밤이 바뀌고 공부를 게을리하고 건전하지 못한 생활을 하고 있었다.

산골마을에서 농사일을 하며 어려운 학비를 보내 주시는 우리 부모님의 힘들어하는 모습이 눈앞에 어른거렸다.

문명과 마주 선 사람

오늘 나는 그동안 나와는 먼 문명이라고만 느껴졌던 컴퓨터 중고를 중고품 아저씨의 눈웃음에 반신반의하며 구입했다. 8월 말의 날씨는 장마를 연상케 하며 쓸데없이 비를 내리고 있었다. 마치 고향을 떠나 이제 다시 대학교로 갈 날을 앞두고 무슨 절정의 일이 일어나기를 ego(이때 말하는 'ego'는 충동적이고 동물적, 이기적인 감정 성향인 감각적이고 향락적인 욕구성을 가리킴)가 바라는 대로 조정되고 있는 나의 문명 앞에 선 어릿광대와 같이, 그렇게 내리는 비는 뭇사람들의 손가락질을 받으며 쓸데없이 내리고 있었다.

중고의 모양을 한 컴퓨터 앞에서 나는 또 그 '문명과 사람에 관한 이야기'를 해야 했다. 구입하려는 컴퓨터로 인해 내 인생이 또다시 절벽으로 떨어질 것 같은 두려움과 ego라는 놈이 좋아할 만한 욕심과 쾌락이 공존하며, 중고 컴퓨터를 집으로 가져왔을 때 온몸에서는 피가 급하게 흐르고 있었다. 컴퓨터로 이상한 짓을 하고 있을 내 모습을 상상하면서……. 내 안의 더러운 모습을 하고 있는 나 자신이 감지되고 있었다. 나는 문명 앞에 나를 지금까지 있게 해 준 우리 할머니와 부모님께 내 안에 잠시 머물러 있는 악한 기운의 가면을 들킬까 조심스러워졌다.

무거운 8월 말의 밤공기엔 나와 무엇을 향해 우는지도 모를 귀뚜라미가 가을이 오고 있음을 예견하고 있었다. 누군가 가을은 성숙의 계절이라고 하였던가. 나는 새로운 정수(精髓)로 나를 담았나.

이런 고철덩어리의 노예가 되어 정말 소중히 여겨야 할 존재들을 상실한다면 이는 결국 자기애의 상실, 자기 절망과 파괴만이 을씨년스럽게 겨울바람에 날릴 일이다. 문명은 나의 문화를 고양할 수 있음에 대한 도구 이상의 가치를 지니지 못한다.

2. 성 계약

"성 계약을 통하여 인류는 오늘날까지의 진보와 생존을 이룰 수 있었다." 수컷이 열심히 일하여 획득한 고기를 암컷에게 선물하면 암컷은 그에 대한 보답으로 성과 관련된 유쾌함을 서비스하는 메커니즘(mechanism)을 '성 계약'(Sex Contract)이라 하고, 이러한 계약을 통해 힘과 지혜가 뛰어난 수컷이 예쁜 암컷과 교배하여 우수한 유전자가 안정적으로 보존되는 가운데 엘리트의 진보가 있을 수 있게 된 것은 아닐까?

그렇다면 나는 매력적인 그녀의 몸매와 계약을 맺기 위해 무엇을 준비해야 할까? 또 그렇게 준비하는 데 얼마가 들까? 비굴한 계약을 맺지 않고 혼자 초연하게 살 수 있는 길을 찾아봐야 하지 않을까? 아니면 남들이 다 그렇게 하니까 나도 그 우중(愚衆)에 기생하는 인간류(類)나 되어 볼까? 그럼 내 안에 죄책감이나 부끄러움은 들지 않겠지. 나 혼자 한 게 아니니까.

진실함이란 있는 것인가?

3. 한여름 낮잠에서 깨다

이제 막 낮잠에서 깨고 일어나는 순간 나는 또다시 '시간을 쓸데없이 잠으로 허비하였구나!' 하는 생각에 나의 게으름에 대한 미운 감정이 내 안에서 일어났다. 더 큰 문제는 이러한 지겨운 경험이 한 번이 아니라 여러 번 반복되었는데도 불구하고 재연되고 있다는 점이다. 단순히 낮잠을 두 시간 잔 것이 어찌 그리도 나를 화나게 할 수 있는가? 아니다. 단순히 낮잠에 대한 평가가 아니라, 내 안에서 화의 감정을 부르는 나의 행위를 반복적으로 허용하고 있었기 때문이다. 이는 곧 내 삶에 대한 제어(Control)가 내 의향대로 자리 잡지 못하고 있다는 비주체적 양태에 대한 반감인 것이다. 이런 작은 부분에서도 내 삶의 주인공이지 못했다는 사실에서 비롯된 거부감이 여름날 낮잠을 깨고 일어난 순간 내 안에서 느꼈던 감정이었다.

4. 미신(迷信)은 죽었다

"도(道)는 만물을 낳고 이끌어 주지만 주인 행세를 하지 않는다."

이 세계의 운영원리는 신에 의해서 주조되었다기보다는 도(道)의 본성인 '자연(自然: 스스로 그러한바)'의 이치로 설명될 수 있다. 스스로 그러한바 道는 우리들을 이끌어 주고 성장시켜 주지만 주인 행세를 하지 않는 까닭에, 인간은 자신이 살아가는 세계에서 자기 결정권을 가지는 것이 되며, 따라서 인간은 자유이기에 고뇌하며 무언가를 느끼는 존재이다. 자연의 이치에 따른다면 우리들이 흔히 알고 있는 '천당'이나 '윤회'라는 것은 인간의 윤리적 요청에서, 인간의 이데아(Idea)에서 신화적으로 구성된 개념임이 틀림없다. 그러니 신에게 자신의 장래를 비는 것보다는 우주의 이치를 따라 그렇게 행할 수 있는 행동 – 지향적인 사람이 되는 것이 현명하다.

5. 미신을 깨뜨릴 승부사

운에 기대는 자나 시합에서 시간을 질질 *끄는* 자는 실력이 없는 자이다. 훌륭한 승부사는 상황이 자신에게 불리하게 작용할 때에도 그것을 받아들인 상태에서 결국은 자신의 의지와 노력으로 극복해 내는 사람이지, 결코 핑계를 만들려고 잔머리를 굴리지 않는다.

오직 자신의 노력으로 할 수 있는 영역만을 관리의 대상으로 삼아야 한다. 그 밖의 것은 상상(fiction)이거나 어찌하지 못하는 그 무엇이다.

우리는 잘 알지 못하는 부분에 대해서는 침묵할 필요가 있다.

6. 나만의 텔레비전

나의 작은 방 한 칸에 전자 텔레비전이 없는 것은 세상을 바로 보기 위함이요, 나 자신의 내면의 소리를 경청하고자 하기 때문이다.

그런데 우리들 자신이 보고 있는 책이 사람들이 바라보며 재미있어 하는 텔레비전이 될 수 있지 않을까? 텔레비전(television)의 어원은 다음과 같다. 'tele(멀리)' + 'vision(보다)'

나의 책은 나만의 television인 것이다. book television!

7. 의지적 존재

　나로 하여금 나 스스로를 소중하게 여겨지도록 하는 모습은 그동안 한 번도 실패하지 않았다는 사실이 아니라, 넘어질 때마다 다시 일어나려는 나 자신의 진실한 의지이다. 나의 진정한 경쟁 상대는 오직 지금의 나 자신이지 다른 누가 될 수 없다. 지금의 내 수준을 넘어서려는 눈물겨운 열정이 나의 존재가 살아 있음을 증명해 보일 것이다. 저돌적인 내 안의 열정은 내 생명 존엄성의 근원이요, 하늘이 이 문물을 버리지 아니함의 근거이다. 무엇을 얻었으면 다른 무엇을 내주어야 하고 무엇을 얻으려면 다른 무엇에 대한 미련을 남기지 말지니 하늘이 내게 부여한 명(命)이 무엇인지를 밝게 아는 것이 진정으로 살아 있음을 느끼게 할 것이다.

8. 자유로운 운명

일상생활에서 얼마간 공부를 게을리하고 있으면 문득 내 안에서 왠지 모를 불안감과 초조함을 느끼게 된다. 꼭 해야만 하는 것을 하지 않았을 때 느끼는 감정인 것 같다. 이 엄습하는 불안감의 근원처는 어디인가? 나에게 편안한 감정을 느끼도록 만드는 내부 호르몬의 부족인가? 아니면 공부를 게을리한 오늘날의 시간 허비에 대한 내 안의 깊은 반성 의지의 약동인가……. 그렇지 않으면 항상 대아(大我)로 가야 하는 존재의 숙명 앞에서 만나는 기본적인 초조함인가.

이러한 의문에 도달했을 때 뇌리에 떠오르는 사람, 장 폴 사르트르(Jean-Paul Sartre, 1905. 6. 21~1980. 4. 15).

"인간은 언제나 슬픈 존재이다. 왜냐하면 인간은 항상 선택의 순간을 맞이하고, 그 정중앙에 서서 스스로가 결정해야 하며, 그 결과에 대해서도 전적으로 자기 자신이 책임을 져야 하기 때문이다. 따라서 인간 존재는 언제나 고뇌하는 슬픔인 것이다. 이것이 인생의 본질이다."

-J. P. 사르트르-

여러분은 자유를 좋아하는가? J. P. 사르트르는 인간의 '자유'를 인간의 운명으로 바라보았다. 인간은 운명적으로 이 순간에도 무엇인가를 선택해야 하는 상황에 놓이게 되고, 여러 가지 중에 하나를 어쨌든 결정해야만 한다. 그냥 아무것도 안 하고 잠을 자는 것도 하나의 결정이라 할 수 있다. 그리고 잠을 자는 것을 결정하였다면, 그 잠에 따르는 결과에 대해서는 또한 자기 자신이 책임을 질 수밖에 없다. 시험 기간에 공부는 안 하고 잠을 잤다면 그 결과 성적이 낮게 나오는 것에 대해서 책임을 져야 하는 것이다. 언제나 매순간 우리 인간은 이렇게 자유라는 불안한 상태에서 리얼하게 살아가는 생명체인 것이다. 인간은 자유이므로 '살아 있는 생명'이고 따라서 운명적으로 고뇌하는 존재이다.

'자유로부터의 도피'란 이러한 스스로의 자유 의지에 따른 책임 부담을 지고 싶지 않아서 자유 상황을 회피하는 것이고 결국 이는 자신의 자유 의지를 스스로 포기하는 행동이다. 이렇게 나약한 자들의 '자유로부터의 도피'는 유행·타성·경향성에 질질 끌려가 결국 자조와 회의의 나락으로 굴러떨어질 것이다.

"나는 누구인가. 스스로 물으라.

자신의 속 얼굴이 드러나 보일 때까지

묻고 묻고 물어야 한다.

건성으로 묻지 말고 목소리 속의 목소리로

귓속의 귀에 대고 간절하게 물어야 한다.

해답은 그 물음 속에 있다."

– 법정 스님, '산에는 꽃이 피네'에서 –

많은 사람들이 평범하게 살아가기를 원한다. 그러나 이는 너무 나약하다. 삶은 언제나 선택의 순간을 맞이하고 나 자신이 선택하여 그 결과에 대해서 책임을 져야 한다. 따라서 인생은 쉼 없는 과정이며, 도전과 승부와 추억의 역사인 것이다. 삶에서 '평범함'이란 잠시 머무는 정거장일 뿐인 것이다.

항상 움직이는 열차와 같이…….

인간이 사랑스러운 것은 자기반성에 따른 자기 개혁과 보다 주체적으로 살아가려는 의지로써 자신의 문화를 성취함에 있을 것이다. 즉 자유 의지의 온전한 발휘와 그에 따른 책임을 모두 나의 것으로 쓸어안을 수 있을 때에 인간은 스스로의 존엄성(dignity)을 확보할 수 있는 것이다.

가을바람에 하늘거리는 갈대가 한 해가 지나고 또 한 해가 지나도

어느 이름 모를 작은 새의 그림자 곁에 서서

지금이 가을이며 다시금 겨울愛가 고대 로마제국의 전성기를 그리워할 것임을 내비치고 있는.

내가 만난 어린왕자는 모호한 인생으로 북적되는 도심 한복판에서

울며 태어난 날부터 죽음으로 떠나는 그날까지 울고 절규하며 신음하는

자신의 얼굴만을 덮을 호모 - 에고피엔스(Homo - egopience)를 연민해야 했다.

크나큰 역사의 수레바퀴 아래서, 텅 빈 뒤안길로 또한 그렇게 언제인가

자신 누군가의 삶을 다하며 다시 있을 현생인류의 교과서 제2장에 무의미하게 한 줄로 기록되겠지…….

알 수 없는 군중의 호모 - 에고피엔스(Homo - egopience)라는 이름으로…….

시간이여!

이 순간, 세상의 모든 시계가 멈추어 주길 바라오!

그래서 이 순간과 함께 '내일'이란 오지 않기를 바라오!

나의 가슴속에서 '순수'를 찾길 바라오!

하늘이여!

오, 하늘이여!

9. 자살을 위로하며

삶의 의미

괴로워라 괴로워라
이 내 마음
이 슬픔 여위어도
지금까지 살아온 정성 애달프니
어찌 하여
이 내 마음이 이리도 연약해졌단 말이더냐
이 내 한 몸 젊을 때는
영웅이 되고자 했던가만
이 불편한 몸 이끌고
세상 다 살아가기가
이리도 힘든 것은
누구에게 얘기할 데가 없구나
저기 저 하늘 높이 유유히 날아다니는
까치는 아는가

밤 11시를 넘고 있는 시간에 약간의 잡념들로 상업주의에 물든

'막장 인터넷 기사'를 본다. 그리고 나라는 사람이 본연의 인자한 마음씨를 잃지 않으려면 이 더러운 인터넷 기사 따위를 철저히 외면해야겠다고 오늘도 마음속에 다짐을 해 본다. 얄팍한 상업주의 · 도시의 물질 위주의 가공적 생태 · 효율성 · 파워주의 · 소외 · 강자독식 · 외형에의 치중 · 더러운 미디어의 세상 조작 · 이미지의 소비 · 소비되어 가는 인간성 · 편의점이 유행하는 세태 · 자신의 욕구 해소와 이익추구에만 신경 쓰는 껍데기들의 조형된 이야기 · 잘 팔리는 대중가요의 소음들…….

나는 이 거대해 보이는 껍데기 속에서
이제 우리 한민족의 진정한 위태로움이 우리 내부에서
바이러스처럼 퍼지는 그 말단의 역사를 상상케 된다네.
난세가 아닌가?
웬만히 자극적이고 쇼킹하며 돈이 되지 않는 사건은 꺼져줘야 되는?
우리의 젊은이들은 술병 안에서 음란물을 보며 광란의 파티를…….
술에 취해 비틀비틀 거리며 새벽 2시 가로등에 의지하며 집으로
돌아오는
병든 수캐처럼.
아, 이를 어찌한단 말인가.
분립된 사회.
너무 서로에 대해 멀어져 버린 죽은 시인의 사회.
정치인들은 자기들만의 만찬을 벌일 뿐이다.
분열, 착란 현상.
'살 수 있을까?'

대개 범인은 그저 자기 모양대로 살아가게 되고 자신의 이해관계와 배치되면 결국 사이가 멀어지는 것이 범인들의 모습이니, 철석같이 믿고 마음에 의지할 인간이 어디 하나라도 제대로 있는가? 그냥 그렇거니 하며 적당히 맞춰 가면서 각인이 이익을 취하는 꼴이란……. 지난날의 수많은 고마움도 오늘날의 자기보존 침해 하나로 무너지는 것이 세인들의 얄팍함이라. 불행한 건 과거의 미혹된 나도 예외가 아니었다는 것이다.

이 작은 한 몸 사라진들 세상이 눈 하나 깜짝할 손가.
우리 부모나 알아주리라.
아, 너무 나의 이익을 취하려 하지 마라.
인생 언제 죽을지 누가 알겠는가.

죽음 앞에 선 사람

눈이 와도 함박눈이 아니면 별 감정도 안 생기는 것은 인공 모조물(模造物) 속 인공화된 도시 속에서 나 아닌 다른 무엇인가에 편승해 가는 도시인의 정체성을 규정하는 조건이겠지……. 저기 저 가로수도 하나의 모조물이고 날아다니는 비둘기 몇 마리도 대도시에서 만들어 보낸 인공새일지도 몰라. 건전지가 다하면 곧 멈추어서 폐기될 날만 기다리는 시한부 인생. 인간들도 저 비둘기와 같이 시한부 인생을 평범하다고 가정된 너무 진솔하지 않은 방식으로 시간을 망각하려는 건 아닐까? 나의 삶에 사랑이 없게 된 건 누구의 책임인가. 나라는 인간도 다른 사람을 모방하여 좋아하는 여인이 있어야 하는 것은 아닐까? 그래야 나도 다른 사람처럼 '사람 같은 삶'이라고 우중(愚衆)들이 믿고 있는 틀 속에 진실을 망각한 채 행복한 척하며 살지는 않을까? 인공으로 규정된 그 '행복'을 얻는 대신 나는 또 무엇을 내주어야 할까.

자살이 한 인간의 정당한 선택권이 될 수 있을까? 불안한 나의 생애가 언제쯤 안정을 찾게 될까. 쉬기에는 이미 인생의 주사위가 던져졌고 나의 심장이 고동치고 있다. 언제인가 뒤돌아볼 때면 많이도 나이 먹고 있지는 않을까? 시간의 수레바퀴를 멈추고 찰나가 갖는 절대 진공 상태에서 팔·다리를 절단한 채 대자연과 하나가 되고 싶다. 느낌도 어떠한 존재도 없이 나의 두뇌 속 뉴런들도 시간의 정지와 함께 멈춰 버린…….

날개! 나에게 저 높은 하늘을 날 수 있는 날개가 주워진다면 내가 그리는 관념계의 진공 속을 유유히 날고 있을 것을.

그래도 다른 생명을 용서하고 사랑해야지.

생(生)에의 의지

나의 사유와 감정과는 별도로 내 생명의 근원은 살아가고자 하는데, 그 원초적인 생명의 자연성을 인위적인 생각과 건전하지 못한 마음가짐으로 마구 난도질해서야 되겠는가? 나의 생명이라고 마음대로 해 버려도 되는 정당한 권리가 우리들 자신에게 있는가 말이다. 지금 이 순간 우리들의 '나'가 오로지 나 스스로의 힘만으로 현존하고 있는 것인가? 우리의 조상님과 부모님과 천지자연의 이와 기(理氣)……. 그러나 인생을 지금 끝내기엔 무엇인가 해 볼 수 있는 여

지가 아직 남아 있다. 우리들 스스로가 해 볼 수 있는 것이 하나라
도 남아 있다면 아직 죽을 정도는 아닌 것이다.

살아가려는 것이 모든 생명의 본연성이지 않은가!

우리들 안의 '나'도 알지 못하는 사이에 어떻게든 살아가고 싶어
한다. 이러한 생명의 본연성을 일단 나부터 존중해 줘야 하지 않겠
는가?

제6장 자아 야망

1. 자기 생애 혁명을 꿈꾼 어느 가난한 돼지의 야망

영국 힐스보로 소재 농업연구소의 연구에 따르면, 야망에 불타는 돼지들은 남보다 스트레스도 많아 사는 것이 힘들며, 이런 삶의 자세는 상당 부분 어린 시절의 경험에서 형성된다고 BBC뉴스 인터넷판이 30일 보도했다. 연구진은 돼지들의 생활 모습을 카메라에 담아 연구한 결과, 돼지들이 제각기 다른 생존 자세와 전략을 추구한다는 사실을 발견해 냈다고 한다.

"돼지들도 사람처럼 정해진 서열을 인정하고 조용히 살려는 부류가 있는가 하면 계속 높은 서열로 올라가려고 애쓰는 부류가 있다. 후자는 당연히 심한 스트레스를 겪는다."

관찰결과에 따르면 평화를 사랑하는 돼지들은 대결 상황을 피하기 위해 배가 고픈 것을 참아가며 남들이 다 먹은 뒤까지 기다렸다가 식사를 하기도 한다. 그러나 야망에 불타는 돼지는 먹이가 도착하면 제일 먼저 많이 먹으려고 밀치고 꽥꽥거리는 등 소란을 피우는 것으로 나타났다. 놀라운 것은 이 부류가 반드시 몸집이 큰 것이 아니고 몸집은 작아도 공격성이 남다르다는 사실이다. 연구진은 공격적인 돼지의 야망 원인을 분석한 결과 편안한 환경에서 격려를 받으며 자란 돼지들은 공격성이 훨씬 적은 사회를 이끌어 나가는 반면 척박한 환경에서 자란 돼지들은 보다 공격적인 돼지로 성장한다고 밝혔다.

작은 산골 마을 어느 농부의 아들로 태어나서 그저 끼니를 굶지 아니하고 이렇게 한 사회의 직장인으로 살아가는 것만으로도 하늘에 감사하며 성실히 살아갈 일을……. 이렇게 생각하는 나는 대결 상황을 피하기 위해 배가 고픈 것을 참아가며 남들이 다 먹은 뒤까지 기다렸다가 식사를 하는 한국사회의 '평화를 사랑하는 돼지' 유형에 소속되는 것인가? 보다 공격적인 인간들이 자신의 야망을 실현시키기 좋은 세팅 포지션(setting position)을 자칭하면서? 자본주의의 더러운 피를 부지런히 수혈받고 있는 우리 사회의 언론이 만들어 낸 TV나 인터넷 포털사이트 이미지에 적당히 속아주면서.

"나 자신이 몹시 초라하고 부끄럽게 느껴질 때가 있다.

그것은 내가 가진 것보다 더 많은 것을 갖고 있는 사람 앞에 섰을 때는 결코 아니다.

나보다 훨씬 적게 가졌어도 그 단순함과 간소함 속에서 삶의 기쁨과 순수성을 잃지 않는 사람 앞에 섰을 때이다.

그때 나 자신이 몹시도 초라하고 가난하게 느껴져 되돌아보게 된다."

- 법정 스님, '산에는 꽃이 피네' 중에서 -

죽음의 단두대 위에 선다고 해도 나는 지금의 살아가는 방식인가를 스스로에게 물으며.

2. 대아성(大我性)의 서론

　소인은 자신의 말을 앞세우되 실천이 따르지 않거나 이런 듯 저런 듯 스스로가 혼잡스럽다. 반면에 대인은 말보다 행동으로 공명정대하게 자신의 말을 증명한다.

　생각도 몸의 현상이다. 따라서 생각하는 패턴이나 주제와 범위도 관습의 틀을 형성한다. 생각도 습관인 것이다.

　습관이란 자주 그렇게 해 봄으로써 저절로 그러한 경향성을 얻게 된 상태인데, 대인의 습관과 대인의 사고로써 습관을 형성하는 데 초점을 맞추어야 하리. 큰 그림을 구상할 줄 알아야 하리.

　누구에게 인정받고자 그리하는 것이 아니다.

　단지 그리하는 것이 나의 소명이므로 그리할 따름이다.

　나는 나 자신이 보이지 않는 곳에서 진정으로 가야 할 길에 서서 치밀하게 준비하는 사람이기를 원한다.

　치밀한 연습과 조직, 전략, 준비!

3. 학문(學問)하는 즐거움

학문하는 자는 고독을 음미할 줄 알아야 한다

* 학문하는 자가 갖추어야 할 자질
a. 호기심(curiosity)
b. 자존심(self - respect)
c. 고독을 즐길 줄 알아야(solitude)

공부하는 자는 고독을 음미하고 고독을 '나만의 깊이 있는 멋스러움'으로 알아야 한다. 학문은 고독을 수반하는 것이니 아무나 하는 일이 아니며, 따라서 고독은 나의 삶이 갖는 존귀함을 격상시키는 원동력인 것이다. 고독하고 나 홀로 차분히 무엇인가를 공부하고 탐구하던 그때가 행복하지 않았던가.

마음이 들뜨면 공부가 어려워

오늘날 자본주의 사회의 범인들은 '쾌락의 병(The bottle of pleasure)' 속에 갇혀 있는 듯하다. 화려하고 빨리 쾌감을 주는 미디어에 중독되어 산 속에서 피어나는 저 아름다운 봄의 움직임을 음미할 줄 모르고 책이 주는 경건한 아름다움을 향유할 줄 모른다.

들떠 있다.

공부가 어려운 것은…… 마음이 들떠 있으면 배우려는 내용이 내 몸에 받아들여지지 않기 때문이다. 이렇게 되면 책장을 펴도 의자에 하루 종일 앉아 있어도 별 소득이 없다. 마음이 들뜰 땐 운동을 한다거나 밀린 집 안 청소를 한다거나 설거지를 하는 것이 효과적이다. 음악도 틀지 않고 TV도 틀지 않고 공허한 시공간에서 아무 말 없이 설거지나 집 안 청소를 하는 것 자체가 훌륭한 수양이 된다. 혹시 여러분은 밥 먹을 때도 무언가 다른 것을 보고 들으면서 먹지는 않는가? 그래서 음식물이 갖는 기운(氣)을 몸 안으로 제대로 받아들이지 못하고 두뇌에서는 정보의 혼란으로 머리가 무거워지는 느낌을 받는다.

오늘날 자본주의 사회의 범인들은 정말이지 조용한 시공 속에서 미디어 없이 자신의 삶을 관조해 보는 것과 멀어지고 있다. 항상 음악을 들어야 하고 항상 영상을 봐야 하고 항상 인터넷이나 핸드폰에 접속해야 할 것만 같은……. 그렇게 하지 않으면 뭔가 허전해서 그 잠깐을 견디지 못하고서 말이다. 계속 째깍째깍 짧은 템포로 초가 지나가고 있음을 알려 주는 저 불안한 시계바늘처럼……. 그런데 왜 시계들은 저렇게 빠른 템포의 일률적인 초 시간 개념을 우리들에게 주입하는 것일까? 마치 방에 있는 의자에 앉아 깊이 있는 사유를 못하도록 방해하는 것과 같이 말이다. 30초마다 한 번씩 움직이는 초 시계바늘이나 5분마다 아니면 10분마다 한 번씩 여유롭게 움직이는 시계는 만들 생각이 별로 없나? 시계 파는 곳에 가면 있을 수도 있겠지만 말이다. 내 방에 있는 시계도 여러분과 같이 1초마다 '째깍째깍'거린다. 미친……. 나에게 1초마다 움직일 것을 비자발적으로 강요하는 것 같다. 인간의 몸과 마음과 정신의 움직임은 절대 1초 단위의 시간성을 갖지 않는다. 시계를 1초 단위로 만든 것은 인간 존재에 대한 불필요한 억압이 될 수 있다. 그래서 내 방 벽에 붙은 시계의 건전지가 당하고 있던 부당한 착취를 말소(抹消)시켜 버렸다.

우리들 자신의 삶과 내 안의 내면을 내려다보는 관조……. 차분하고 고요한 느낌……. 진정한 인간성의 회복!

수동적 집중과 능동적 집중

대학 다닐 시절, 서양철학 교수님께서 말씀하셨던 말이 어렴풋이 기억난다.

"……소원(疏遠)하기 때문에, 공부가 재미없다네. 그 책의 내용과 밀착되어야 한다네. 그래서 그러한 공부를 통해 지적 희열을 자주 체험해 봐야 하는데, 이로써 자기 확충을 도모할 수 있네. ……."

예전에 책을 일주일 이상 안 보고 인터넷 영상을 자주 보았을 때가 있었는데, 그러고는 다시 책에 담긴 문자들을 읽어내려니 문장들의 문맥을 파악하는 일이 서툴게 느껴졌고 문장들을 해석하는 데 시간이 더 오래 걸렸다. 영상을 볼 때 쓰는 두뇌와 책에 담긴 문자들을 볼 때 쓰는 두뇌의 영역이 다를 수 있다는 느낌을 받았던 것이다.

이와 관련된 뉴스가 있다.

"피엠피로 영화를 보거나 텔레비전을 보면서 그냥 멍하니 있으면 운동하고 계획하고 실행하는 뇌를 쓰지 않게 돼 그쪽 뇌 발달에 문제가 생긴다. 사람과 직접 소통하지 않고 휴대전화나 인터넷을 통해 소통하는 것도 결국 감정과 관련한 뇌의 영역이 발달하는 데 방해가 될 수 있다.”고 진혜경 국립서울병원 청소년정신과 과장님께서 말씀하셨다.

　“집중에는 수동적 집중과 능동적 집중이 있다. 일대일로 얘기를 할 때, 책을 볼 때, 직접 빈 공간에 문제를 풀 때는 능동적으로 집중하게 된다. 반면 컴퓨터나 텔레비전 등의 모니터를 보게 되면 능동적으로 집중할 때보다 에너지가 훨씬 적게 든다. 수동적 집중 상태에 익숙해지면 능동적인 집중이 필요한 일을 제대로 못 하게 된다.”

4. 신(新)으로 가는 길

　자신의 공(功)에 거(居)하지 말지니, 나비가 될 인물이 자신이 이룩했다고 자부하는 누에고치에 안주해 있다가 그대로 그 작은 누에고치에서 죽음(死)을 알겠는가? 자신의 누에고치를 뛰어넘어 푸른 하늘을 훨훨 날아다니는 나비가 되려면 그 지속적인 자기 갱신의 과정이 곧 나의 삶, 나의 이야기인 것을……. 삶이란 끊임없는 자기 갱신(更新)의 과정이지, 정체된(고정된) 양식이 아니다. 이것이 우리들 자신의 건전한 모습이다. 나 자신을 끊임없이 관리해 나가는 것이다.

5. 무슨 척하지 마라

무슨 척을 하지 마라.

실제로 잘나면 잘났지, 잘난 척을 하면 우스운 일이 된다.

거들먹거려서는 행위의 출발점을 잡지 못하게 된다. 출발점이 흔들리면 난항에 시달리지 않겠는가? 행동의 출발점을 잡으려면 우선 자신의 현재 모습을 있는 그대로 인정하는 것부터 시작해야 한다. 나의 단점과 현실 인정에서 출발점으로 삼아 이로부터 넘어서야 하는 것이다.

"나는 무엇을 할 수 있는 가능성이 있는 존재이다."와 "나는 무엇을 실제로 달성한 사람이다."는 차이가 큰데, 둘 사이의 차이를 가져오는 것은 정성스러운 자신의 희망하는 마음과 전략과 노력과 어렵고 어려워도 참고 또 참는 인내가 있었는가의 여부일 것이다. 일단 내 앞에 솔직해질 필요가 있다. 이러한 과정이 나를 보다 나다운 나로서 명료하게 만들 것이다.

참으로 성실하게 움직여라! 참으로 똑바로 움직여라!

6. 한 번에 한 가지 일만 하자

"아무리 사소한 일을 할 때라도 그 순간만큼은 온전히 그것만을 생각하고 집중해야 합니다."

이러한 삶의 방식이 맑게 깨어 있는 삶이며, 우리들이 희구했던 '제대로 된 삶'을 사는 방법이다. 인간은 한 번에 한 가지의 일만 할 수 있기 때문이다. 커피를 마시며 신문을 보고, 동시에 귀로는 음악을 듣고 있다고 이 세 가지 이상의 일을 동시에 처리하고 있는 것이 아니다. 시간을 0.0001초 단위로 끊어보면 결국 찰나마다 단 한 가지 일을 하고 있는 나 자신을 발견한다. 커피의 맛을 느낄 찰나에는 신문의 글자 정보가 안 들어오고, 신문 기사에 관심과 의식이 갈 땐 커피 잔을 손에 들고만 있는 것이지 마시고 있는 것은 아니며, 음악에 감흥되고 있는 찰나에는 커피를 소화하는 데 필요한 복식 호흡은 찰나적으로 멈춰 있으면서 신문 기사 내용은 기억되지 못한다. 3가지 일을 동시에 하고 있다고 자부하며 '나는 매우 시간을 효율적으로 활용하고 있는 뛰어난 사람이야'라고 생각할지도 모르지만, 이것은 착각일 뿐이다. 인간이 한 번에 한 가지 일만 할 수 있다는 말이 사실이라면, 가장 현명한 삶의 방식은 지금 진정으로 해야 할 일 한 가지에 몰두하고 집중해서 살아내는 방식일 것이 분명하다.

"한 번에 한 가지 일에만 집중해서 살아내는 삶의 경지에 도달하기 위해서는 피나는 노력이 필요하겠지요. 집중력도 연습입니다. 지금부터 생각을 하나로 모으는 연습을 일상 속에서 해나가시기를 바랍니다. 집중력은 생각을 분산시키는 것이 아니라, 정신을 하나로 결집시키는 것입니다. 그리고 그것은 부단한 훈련을 통해 충분히 증진시키고 발전시킬 수 있습니다. 우리가 해야 할 그날의 분량을 매일매일 일정한 시간에 규칙적으로 해결해 나갈 때, 집중력은 높아지며 그 일의 결과 또한 높은 성과로 나타날 수 있겠지요. 그리고 마음이 해이해지는 자신을 채찍질할 어떤 목표 의식과 매일의 규칙이 필요합니다. 그러나 우리는 좋아하는 일만 하며 살 수는 없습니다. 이왕 해야 할 일이라면 아예 마음을 비우고 생각을 바꿔 그 일을 좋아하는 것, 유익한 것이라 생각하는 것 등 스스로에게 필요한 것이라 생각하는 것입니다."

음식을 정성스럽게 정신을 모아 먹는 습관을 들인 사람은 공부할 때도 잘 집중한다.

"라이벌이 생기는 것을 두려워할 것이 아니라 그로 인해 자신이 발전할 수 있는 계기로 삼는 현명함이 필요합니다. 라이벌은 적이 아니라, 나에게 가장 도움이 되는 친구일 수가 있습니다. 그로 인해 노력하기만 한다면 말입니다. 집중력이 떨어질 때는 당신의 경쟁자를 떠올리시기 바랍니다. 당신이 핑계를 대고 있는 시간에도 당신의 라이벌은 최선을 다하고 있습니다."

"지금 하고 있는 일에 몰입하고, 몰두하고, 집중하세요. 그것이 당신을 자신의 삶의 주인공으로 만드는 첩경입니다."

모든 승부 상황에 있어 가장 안정적이면서도 진정한 승리를 가져다주는 방법은 정신을 바짝 차리고 나 자신의 노력에 집중하는 것

바로 그것이다.

ㄱ. 정신을 바짝 차린다.

ㄴ. 나의 노력에 집중한다.

ㄷ. 잡념을 파한다.

7. 그대의 생애에서 가장 중요한 일

인간의 생에서 가장 중요한 것은 나 자신의 목표 성취이다. 목표를 이루기 위해서는 체계적인 계획을 세워서 그에 따라 지속적으로 움직여 주는 것이다. 생각이 행동화되려면 마음속에 결단을 해야 한다. 결단을 내린다는 것은 다른 선택의 가능성을 잘라 버리고 진정 원하는 것으로 과감한 행동을 취하겠다는 것이다.

정말 중요한 사실은 자신의 운명을 결정하는 것은 주어진 환경이 아니라 자기 자신의 결단이라는 것이다. 더 좋은 결단을 내리는 방법은 결단을 많이 해 보는 것이다. 자주 결단을 내릴수록 나의 인생을 지배하고 있다는 것을 느끼게 될 것이다.

진정한 결단인가를 판단하는 기준은 행동이 뒤따르느냐 하는 것이다. 또한 목표 성취를 위해서는 긍정적인 자기 암시를 자주 하는 것이다.

자신감이란 "무엇인가를 해낼 수 있다."는 자기 능력에 절대적인 신뢰이다.

인간의 진정으로 멋있는 모습은 어려움을 극복하고 자기 자신을 끊임없이 개선해 나가서 나의 존재를 고양시키고 따뜻한 인간애를 발휘하는 모습일 것이리라.

8. 꿈이 있는 자신의 존엄성에 헌신하라

내가 나를 그릴 때 '나'이도록 바라는 나의 모습이 바로 다른 사람이 나를 바른 방향에서 좋게 바라보는 나이다. 가령 나 자신이 작은 성공에 우쭐대며 게을러지고 자만심에 도취되어 아무런 새로운 일도 하지 않으려 하는 모습을 경멸하고자 하여, 그러한 방향으로 나의 모습을 다듬어 갈 때 다른 사람들도 나를 진정으로 좋게 인정해 준다는 것이다. 나 자신이 변화를 전적으로 체득하면 다른 사람이 나를 대하는 태도도 변화시킬 수 있다.

진정한 승리를 하는 자는 아이러니하게도 진정으로 됨됨이를 온전히 갖춘 자여야 한다. 이러한 사유를 통해 우리들 자신에 대한 dignity(我 생명의 존엄성)를 교감한다.

이러한 dignity는 구체적인 전략과 노력과 인내의 덕을 담고 있다. 흔히 말하는 구체적인 실천이 없는 자존심(＝똥고집)과는 개념이 다르다. 생명의 존엄성은 그래서 적극적인 '위(爲: 하다)의 철학'과 만난다.

Dream!　　Dignity!　　Devotion!

꿈!　　我존엄성!　　헌신!

꿈이 있어야 한다.

그래야 구체적인 전략을 세우는 기운이 발동하고 노력하게 되며,

인내하게 된다. 이렇게 살면 나 자신에 대한 존엄성을 교감할 수 있게 된다. 그리고 더욱더 참된 일에 헌신하게 되며 바야흐로 호연지기로 큰일을 도모할 수 있게 되는 것이다.

기운이 센 자가 되어야 다른 생명을 도울 수 있다. 승리해야 한다. 전쟁에서 이겨야 한다.

마음이 발동하기 시작하면 그때부터 이미 전쟁은 시작된 것이고, 그 전쟁에서 최후의 승리자가 되어야 한다.

9. 도덕적 결단

도덕적 임팩트!

이때 쓰인 임팩트(impact)는 원래 사전적 의미로 충격, 강력한 영향을 뜻하나, 필자는 impact를 '내 안에 상향 의지의 기운을 일으키는 것 또는 그러한 방향으로의 힘 있는 결단'을 의미한다.

혹여 잘되기를 막연히 바라고 있진 않았는가? 자신에게 행운이 따르기를 빌면서 말이다. 아니면 부모님이나 다른 사람이 어려움에 빠진 자신을 도와줄 것을 은근히 기다리고 있지는 않았는가?

'왜 자네는 운이나 자네의 주체적 전략과 노력 이외의 것에 기대어 좋은 성과를 게으른 모습으로 기다리려 하는가?'

제어 · 조절(control)할 수 있는 영역은 오직 우리들 자신의 주체적 전략과 결단과 노력이다. 그리고 앞으로 나아가는 데에는 언제나 방해하는 자가 있기 마련이나 그것을 극복할 줄 아는 것 자체가 대장부의 능력이다.

여러분 자신이 진정으로 어떤 인물이기를 바라는가?

일전에 어떤 아이에게 "너의 장래 희망은 무엇이니?"라고 어른의 예의를 갖추어 물었다.

그 아이는 입꼬리를 떨어뜨리며 냉소적인 표정으로 이렇게 대답한다.

"전 장래 희망 같은 거 없는데요."

‘이런……’

아, 제발 보다 더 잘 살아가려는 여러분 자신의 생명 의지를 애써 마춰시키려 하지 마시게. 그건 자네 인생의 훼방꾼인 게으름에게 굴복당하는 짓이네. 이는 나 스스로의 자존심의 문제라네.

과거의 좋았던 모습을 따라갈 것이 아니라, 지금 여기에서 나의 관념체계에서 그리는 이데아 타입(idea type: 진정으로 바라는 최적화된 나의 탁월한 모습)을 지향점으로 삼고 새로운 주체적 자아의 心身(내 안의 옳은 의도와 바른 마음가짐과 올바른 몸의 자세)을 온전히 만들어 나가는 것이 주체인의 새로운 원동력이 실현되는 길인 것이다.

일단 지금 의자에 앉아 있는 폼부터 최적의 자세로 고치고, 걸을 때 당당하게 또박또박 걸어 다니고, 상대방에게 말할 때 남이 내 말을 잘 알아들을 수 있도록 또한 또박또박 설명하자. 몸의 자세가 바뀌면 마음가짐과 생각하는 패턴이 새로워지고 따라서 기존의 자기 자신을 넘어설 수 있다. 더 새로워진 강한 인간이 된다는 것은 자기 수양을 잘하는 사람이 된다는 것이며, 같은 뜻으로 도덕적 됨됨이를 확실히 갖춘 ‘제대로 된 사람’이 되는 것을 의미한다. 자신이 ‘제대로 된 사람’이라면 틀림없이 다른 사람이나 생명에게 인자한 마음을 베풀 줄 아는 마음의 여유가 있는 사람일 것이다.

우리들에도 제목이 있는 생애이기를.

10. 최적의 승리법식

가장 근원적인 승리법식은 '보이지 않을 때 승부를 거는 것'이다. 혼자 있는 시·공과 몸의 자세를 참되게 할 줄 아는 자만이 이러한 승리를 달성할 수 있다.

세상에서 가장 무서운 승부는 보이지 않을 때 이루어지는 승부이다.

보이지 않을 때 엄중하고 치밀하게 준비하고 또 준비해야 이길 수 있다.

또한 혼자 있는 시간을 참되게 임하는 삶이 바로 하늘이 좋아하는 삶의 방식이다.

'조용한 승리'

태풍이 몰아칠 때 커 보이던 나무는 쓰러지되, 연약해 보였던 갈대들은 자신의 몸을 바람에 맞게 뉘어서 부러지지 않고 잘 견디지 않던가! 조용한 것 같은 것이 오히려 더 힘 있고 효과적이며, 지속 가능하다.

11. 몰입

우리들이 진정으로 가야 할 길에서 나 자신의 목표 성취에의 '미친 몰입'

지금 이 글을 쓰고 있는 나도 내 책상에서 몰입하고 있다. 커튼 밖의 세상과 아주 멀리 떨어져서 마치 나 홀로 또 다른 세계에 와 있다는 느낌이랄까. 몰입으로 들어온 지금의 세계엔 시간이 멈춰 버린 것 같고 아무것도 먹지 않아도 배가 고프지 않을 것만 같은 '묘한 시공감(時空感)'이다.

이러한 세계에 들어올 줄 아는 자가 자신의 목표를 성취할 수 있는 자이다.

12. 지금 여기에

"지금을 제대로 살아간다면 당신은 과거도 미래도 바르게 살고 있다는 결론이 나옵니다. 톨스토이는 말합니다. 우리들이 과거에 괴로워했거나 자신의 미래를 헛되게 하는 것은 현재에 몰입하지 못했기 때문이라고……."

삶의 관심 대상은 현재여야 한다.

이와 관련하여 「내가 누구인지 말하는 것이 왜 두려운가」(양창순 지음, 현대문학)라는 책의 주요 내용을 다음과 같이 정리해 두었다.

미리 앞질러 염려한다면 불안감은 더욱 커질 수밖에 없다. 지금 바로 여기에 서 있어야 돼! 이 시간, 이 장소에 충실하는 것만이 우리의 삶을 튼튼하게 만든다. 정신적으로 건강하고 성숙한 삶을 살기 위해서 우리는 '지금 바로 여기에' 서 있어야 한다. 정말 우리 인간은 한 치 앞의 일을 모른다.

"계획은 미래에 관한 현재의 결정이다."

"인간에게 '여기 그리고 지금'을 제외하면 그 무엇도 존재하지 않는다." 과거는 이미 존재하지 않고 미래 역시 아직 존재하지 않는데도 불구하고 그 존재하지도 않는 시간을 위해 현재를 희생한다는 자체가 어불성설이라는 것이다.

과거와 화해한다.

과거는 바꿀 수 없는데 말이다. 그런데도 너무나 많은 사람들이 과거의 상처·좌책감·원망·분노·후회 등으로 인해 좌절하고 절망감을 느끼고 괴로워하며 살아간다. 과거는 단지 지나간 한 시절일 뿐이며 지금 발을 딛고 서 있는 공간과 시간은 현재라는 사실을 기억하자. 정신적으로 건강한 사람은 '지금 바로 여기에' 서 있는 나에 대해 분명한 자아인식을 가지고 있다. 그 자아 인식을 바탕으로 지금 이 시점을 충실히 살아감으로써 그는 좀 더 자유로운 인격적 성숙을 이룰 수 있는 것이다.

여러분이 '과거'라고 생각하는 것은 '마음'속에 저장된 '지금'에 대한 기억의 흔적이다. '과거'를 기억할 때, 여러분은 기억의 흔적을 재가동시켜 '지금'의 것으로 작동시키는 것이다.

'미래'는 '마음'의 투사물로, 상상적 '지금'이다. '미래'는 언제나 '지금'으로 올 수밖에 없다. '미래'에 대해 생각할 때도, 여러분은 그것을 '지금' 생각하고 있는 것이다.

그래서 '과거'와 '미래'는 그 자체로는 분명 실재하지 않는다. '과거'와 '미래'의 실재는 '지금'에게서 빌린 것이다.

그것을 깨닫는 순간, '마음'으로부터 '존재'로, '시간'으로부터 '지금'으로의 의식적 대전환이 일어난다. 만물이 살아 있음을 느끼게 되고, 존재하는 모든 것에게서 에너지가 내뿜어지고 있다는 것을 실감하게 되니, '지금 깨달은 현존으로서의 나'인 것이요, 고통의 소멸인 것이다.

찰나는 소중하다.

우리들의 선한 본연성, 가능성(potentiality)의 구현은 '찰나'라는 시간적 장(field)을 요구하기 때문이다. 시간이 많이 있을 때 생각해 보겠다고 하지 말고, '지금 이 순간'에 통찰해 보는 습관이 더 적극적인 삶의 양식인 것으로 알고 있다. 이러한 깨달음을 직관지(直觀知: 직관으로 사물을 인식하고 옳고 그름을 판단하는 능력. 감성적 직관에 의한 지가 아니라 전체를 직접 포착하는 예지적 직관에 의한 지를 이름)라고 했던가.

"삶은 소유물이 아니라 순간순간의 있음이다. 영원한 것이 어디 있는가.

모두가 한때일 뿐, 그러나 그 한때를 최선을 다해 최대한으로 살

수 있어야 한다.

삶은 놀라운 신비요, 아름다움이다.”

- 법정 스님, ‘버리고 떠나기’ 중에서 -

한편 탐욕의 반대는 무욕(無慾)이 아니라 ‘만족’이다.

만족한다면 어떤 것을 소유하는가, 아닌가는 문제가 안 된다. ‘지금’ 갖고 있는 작은 것에 감사할 줄 알아야…….

13. 목표 성취에의 정당한 욕구

하루 중 대부분의 시간을 목표에 대해 생각하라

인간은 좋은 평가를 받고자 하는 방향으로 자신을 내던져 간다. 좋은 평가는 성공에 대한 반응이므로 성공이 곧 목표이고, 그 외의 모든 것은 주석(註釋)이다. 성공의 한순간은 실패의 수년을 보상한다.

「목표 그 성취의 기술」의 저자 브라이언 트레이시에 따르면, 어떤 계획도 무계획보다는 낫다고 한다. '그냥 어떻게 되겠지' 하는 생각은 최악의 결과를 낳는다.

"우리는 대부분의 시간 동안 생각하는 그대로 된다. 성공하는 사람은 평소에 대부분의 시간 동안 자신이 진정으로 원하는 것과 그것을 얻을 수 있는 방법에 전념한다. 반면에 낙오자들은 평소에 쓸데없는 상상을 덧붙여 걱정하고 남을 탓하는 데 시간을 허비한다. 목표가 삶의 변화 방향을 통제해 준다. 목표가 있으면 자기 스스로 삶의 변화를 결정하고 통제할 수 있다는 확신이 생긴다. 목표를 향해 나아갈 때 진정한 행복을 느낀다."

– 브라이언 트레이시, 「목표 그 성취의 기술」 –

「목표 그 성취의 기술」의 저자 브라이언 트레이시는 탁월한 성과를 내기 원하는 직장인들에게 다음과 같이 조언하였다.

행복감은 어디에서 오는 것인가

"행복이란 어떤 가치 있는 목표의 점진적인 실현이다."

– 나이팅게일 –

나아가 행복감이란 지속적이고 안정적인 여유가 있는 자신의 삶 전반에 대한 자기 평가에 기초하는 감정태이다. 이러한 행복감은 세계를 조망해 볼 수 있고, 자신의 삶을 주도할 수 있을 때 성취할 수 있다. 목표를 진취적으로 성취해 나갈수록 내 인생의 자기 control faculty(자기 삶을 자유자재로 조절할 줄 아는 능력)가 향상된다. 이것이 본래적 실존의 삶이 되는 기반이다.

'본래성'은 나를 '나'이도록 하는 바의 자성(自性)을 가리키고, 여기서 말하는 '실존'의 뜻은 정신을 하나로 모으고, 나의 올바른 기획 아래 확고한 의지를 가지고 진정으로 해야 할 일에 매진하는 삶의 방식으로써 과거의 미숙했던 나를 넘어서고 거듭거듭 자기 갱신(更新)을 도모하려는 삶의 진정한 모습을 의미한다. 달리 말해 주체적인 '나'로서 지금을 살아가고 있는 내 존재 상황을 표현해 주는 단어이다. 이러한 삶이 나 자신의 문화 성취를 가능케 하고 가장 숭고된 삶이며, 따라서 가장 의미 있는 삶이라고 본다.

존재 성취에의 욕구

세계를 조망하면서 자신의 삶을 주도할 수 있으려면 자신의 목표 성취에의 욕구를 충족시키고 경제적인 토대(경제적인 토대를 맹자는 '항산(恒産)'이라 하였다. 그것은 살아갈 수 있는 일정한 재산이나 생업을 뜻함)를 구축해야 한다.

목표 성취에의 욕구 충족을 통한 경제적 토대 구축으로 문화 향유가 가능해지고 행복감을 갖고서 자아 관조·세계 관조를 하게 된다. 이러한 맥락에서 추구하는 욕구가 '존재 성취에의 욕구'이다.

'나'의 삶을 이끄는 원동력은 '존재 성취에의 욕구'이다. 인간의 나약함·불완전함을 넘어서고 '특별한 나'로 존재하려는 욕구를 가리킨다. 이러한 인생 구도의 현현, 즉 존재 양상이 '주체적 실존'이다. 그래서 삶은 쉼 없는 과정인 것이다.

너 자신을 완벽하게 믿어라

자신의 잠재 능력을 확고하게 신뢰할 수 있어야 한다. 애매모호하게 '나는 할 수도 있는 사람일 거야'의 어법이 되어서는 항상 죽는 날까지 그렇게 우유부단의 상태를 벗어나질 못한다. 더 멀리 더 높이 갈 수 있는 것도 자기 한계를 스스로 설정해 버리면 정해 놓은 선을 넘어서지 못한다. 너무 새로워지거나 너무 강해진 자기 자신을 받아들이기엔 용기가 부족해서인가? 아니면 지금의 소위 평범한 삶이 주는 안도감과 게으른 안락에 취해서인가? 아니면 좀 더

근사한 정당화 논리로 우리 사회의 만연된 부정의 시스템 때문에 노력해도 할 수 없게 되어 있다고 '평균 통계적인 사고'를 해서인가?

'평균 통계적인 사고'로는 세상의 다양성과 신선함과 자기 혁명을 담아낼 수 없다. 왜냐하면 '평균 통계적인 사고'를 하는 사람은 언제나 대다수 군중들이 보여주는 보기 흔한, 그래서 익숙한 삶의 양상만을 좇으려 하기 때문이다. 여기서 어떻게 특별한 내면의 기운을 찾을 수 있겠는가?

"내가 할 수 있을까 하고 의문을 가지면 그 일은 할 수 없어요. 나는 할 수 있다고 믿고 철저히 승부하면 그 일을 쟁취하게 되지요."

-WWE 슈퍼스타를 원하는 어느 아마추어 레슬러-

헌신과 희생을 먼저 구하라

성공을 하려면 그에 맞는 정당한 대가를 치러야 한다.

"성공의 비밀: ㄱ. 원하는 바를 정확히 알아야

ㄴ. 그것을 성취하기 위해 치러야 할 대가를 결정한 다음 열심히 그 대가를 치러야 한다.

-H. L. 헌트-

원하는 건 잘 아는데, 그걸 쉽게 얻으려 하거나 원하는 것을 얻기 위해 필연적으로 따라오는 대가를 고통스럽다 여기며 회피하려고 하지 않았던가……. 그러나 대가를 지불하지 않고 공짜로 얻을 수 있는 건 이 세상에 없다. 나의 미래에 대한 예측은 현재의 노력에 의거해야 한다.

"모든 사람에게는 어려움이 다 있기 마련이다. 그러한 때에 마음가짐을 어떻게 가지는가에 따라 인생의 각도 차가 나는 것이다. 활기차게 살아가기를……." - 나의 마음이 혼란 상황에 있을 때, 우리 아버지의 말씀을 교감하다.

세상에 공짜는 없다. 우리들의 노력과 인내는 긍정적인 답변을 해 주리라. 또한 그것이 참으로 사실이다. 준비된 마음으로 다가섬을 기다리자.

긍정적인 감정

성공과 행복을 방해하는 최대의 적은 부정적인 감정들이다. 걱정, 자기 연민, 열등감, 분노와 같은 감정들…….

"열등감을 느끼는 것은 자신이 그것에 동의했기 때문이다."

- 엘리너 루스벨트-

"나는 결코 원한을 품지 않는다. 원한을 품고 있으면 그것은 광란의 춤을 춰대니까."

- 버디 해킷-

이러한 부정적인 감정들의 요인을 머릿속에서 확인하고 제거하는 순간 그 부정적인 감정들은 자연스럽게 정화된다. 되도록 그 요인을 외부나 타인 탓으로 돌리지 마라. 긍정적인 감정(행복, 사랑, 열정, 의지 등)을 갖고서 내 생애의 주체적 행위자가 되어야 한다. 그렇게 하려면 결단하는 힘을 배워야 한다. 내 마음 안에서 '나는 어떻게 할 것이고, 해야만 한다'라는 결단! 갈림길에서 겪는 고뇌나 갈등은 내 안의 마음을 결단하는 것으로써 극복할 수 있다.

참고로 내 몸과 내 체력에 대한 자신감을 끌어올리는 것이 콤플렉스를 해소하는 좋은 방법이 된다. 콤플렉스에 대한 부담감에서부터 벗어나는 방법 중, 좋은 전략이 내 몸에 대한 자신감을 획득하는 것이라는 것을 오늘 운동장 트랙을 달리면서 깨달았다. 또한 이러한 자신감은 계속적인 노력으로부터 나오는 것이다.

모든 것은 우리 자신들의 책임

'진정한 나다운 삶을 사는 사람들'은 문제의 원인을 외부에서 찾는 것이 아니라, 자신 내부에서 찾는다. 왜냐하면 우리는 외부를 바꾸는 것보다 나의 삶을 개혁하는 일이 더 용이하기 때문이다. 나라는 사람이 사랑스러운 중요한 이유는 나 자신의 변화 가능성에 있다. 이는 나의 기본자세, 삶의 자세에서부터 시작된다.

다음의 글은 웨스트민스터 대성당의 지하 묘지에 있는 한 영국 성공회 주교의 무덤 앞에 적혀 있는 글이다.

내가 젊고 자유로워서 상상력에 한계가 없을 때, 나는 세상을 변화시키겠다고 꿈을 가졌다. 좀 더 나이가 들고 지혜를 얻었을 때 나는 세상이 변하지 않으리라는 걸 알았다. 그래서 내 시야를 약간 좁혀 내가 살고 있는 나라를 변화시키겠다고 결심했다.
그러나 그것 역시 불가능한 일이었다.
황혼의 나이가 되었을 때 나는 마지막 시도로, 나와 가장 가까운 내 가족을 변화시키겠다고 마음을 정했다.
그러나 아무도 달라지지 않았다.
이제 죽음을 맞이하기 위해 누운 자리에서 나는 문득 깨닫는다.
만일 내가 내 자신을 먼저 변화시켰더라면, 그것을 보고 내 가족이 변화되었을 것을……
또한 그것에 용기를 얻어 내 나라를 더 좋은 곳으로 바꿀 수 있었을 것을……
그리고 누가 아는가, 세상까지도 변화되었을지……

어떤 불만족스러운 문제 양상의 원인을 외적인 곳에 귀착시키지 마라. 그것은 나의 게으름에 대한 어설픈 변명 따위에 지나지 않는다. 모든 양상의 해결책은 우리들 자신이 보다 부지런해지는 데 있다. 부지런하게 움직여라. 현우(賢愚)의 차이는 자기 변혁 여부에 달렸다. 해가 지는 것은 영혼을 쉬게 하라고 지는 것이요, 해가 뜨는 것은 깨어나 활동하라고 뜨는 것이다. 이것이 자연의 질서이다.

> 지금은 가을이어서
> 한여름 내내 푸르던 잎사귀들이
> 하나둘 내일을 기약하며 마지막 빛깔을 떨어뜨린다.
> 그동안 땀에 자란 벼들이 그 정성에 고개를 숙이고
> 뒤뜰에는 여남은 홍시만이 성숙의 한 해를 알린다.
> 지금은 가을이어서
> 낙엽이 나풀거리는 벤치에 앉아
> 작은 손에 젊은 베르테르의 편지를 읽으며
> 나는 한 페이지씩 커가는 것인가
> 이 가을에……
> 이 가을에 나는 한 페이지씩 커가는 것인가…….

인간의 두뇌가 갖는 주의 집중 및 기억능력 체계(working memory)는 한정되어 있어서 정보관리가 필요하다. 걱정과 대중매체 TV나 컴퓨터 게임 그리고 잡생각은 인간의 working memory를 잠식시켜서 주의집중과 기억에 방해를 준다. 이렇게 보면 취업을 하기 전인 대학교 때 여자와 사귀는 것이나 여러 친구들과 모임을 갖고 수다를 떠는 것은 실제로 기억과 주의집중에 방해가 되어 목표 성취를 더욱 어렵게 만드는 일이 된다. 왜냐하면 인간의 working memory는 제한되어 있는데, 여자(또는 남자) 생각이나 기타 학업에 불필요한 자극이 나의 단기기억 용량을 침해하여 정작 기억되어야 할 정보가 기억되지 못하는 어리석음을 범하게 되기 때문이다. 정보 관리의 요점은 '내 말을 아끼는 것'이다.

섬광과도 같은 순간의 깨달음!(이를 불교 용어로 돈오(頓悟)라고 부름) 나에게 있을 결과들이 모두 내 책임이라는 것!

책임을 남에게 떠넘기거나 자신의 게으름과 의지박약을 정당화해서는 진정한 인생의 주인공이 될 수 없다. 앞으로 나에게 무슨 일이 일어나든…… 모두 내 책임이다. 따라서 나 자신이 변하지 않는 한 다른 어떤 것도 변하지 않을 것이다.

새로운 습관

"日新 日日新 又日新."

(날로 새로워지려거든 하루하루를 새롭게 하고 또 매일매일을 새롭게 해야 한다.)

"너의 생각에 주의해라. 생각은 말이 되기 때문이다.

너의 말에 주의해라. 말은 행동이 되기 때문이다.

너의 행동에 주의해라. 행동은 습관이 되기 때문이다.

너의 습관에 주의해라. 습관은 너의 성격이 되기 때문이다.

너의 성격에 주의해라. 성격은 너의 운명이 되기 때문이다."

지금은 성실하는 것밖에 다른 도리가 없다. 만일 결승점을 앞두고 한 발만 더 가면 도달할 것을 그 마지막 한 발이 게을러서 그러한 영광을 얻지 못한다면 이 얼마나 한심하고 비참한 모양새인가…….
지금 성공의 꼭대기에 선 자와 서지 못한 자, 겨우 종이 한 장 차이라면 포기하기엔 너무 아깝다고 생각되지 않는가? 딱 종이 한 장만 큼만 더 안간힘을 써보는 게 더 낫지 않을까?

계속적인 점들의 집합이 훌륭한 선을 그리게 된다. 퇴계 이황 선생님은 우리들에게 경(敬)을 가르친다. 경(敬)이란 '엄숙하고 차분한 자세로 항상 옳은 일에 몰두함'이며, 이는 선한 본성을 실현시키는 조건이다. 경(敬)은 또한 지(知)와 행(行), 내(內)·외(外)에 일관되는 기본 조건이기도 하다. 경(敬)을 제대로 하려면 우선 내 마음가짐에서 성의(誠意: 뜻을 정성스럽게 함)를 해야 한다. 성의(誠意)하려면 먼저 자신을 속이지 아니하는 것부터 출발해야 한다. 이러한 과정을 다른 말로 정심(正心), 즉 본체인 마음을 바른 위치(우리들 자신이 진정으로 가야 할 길)에 두도록 하는 것이라 부른다.

목표 성취에의 의지

나 자신을 속이지 아니하고, 참된 마음으로 항상 옳은 일을 차분한 자세로 몰두한다면 목표가 보다 현실적인 결실로 잡힐 것이다. 목표를 이룰 때 그냥 '무대뽀로 하면 된다' 식으로는 지속성이나 구체적 행동성이 떨어지기 마련이기 때문에 보다 구체적인 목표 그 성취의 방법을 다시 브라이언 트레이시께 여쭈어 보면 다음과 같다.

두 줄 박스 안의 목록:

1. 잠재능력을 깨워라
2. 내 손에 달려 있다
3. 가장 완벽한 삶을 그려보라
4. 마음속 열망을 발견하라
5. 꿈의 목록을 작성하라
6. 핵심 목표 하나를 정하라
7. 되고 싶은 모습대로 행동하라
8. 정확한 진단이 치료의 절반이다
9. 자기 분야에서 최고가 되어라
10. 독수리가 되려면 독수리 떼와 함께
11. 종이 위에서 생각하라
12. 중요한 목표부터 하나씩
13. 성공한 모습을 항상 떠올려라
14. 자신의 노래를 끝까지 불러라
15. 날마다 무언가를 하라
16. 마지막 1분까지 포기하지 마라

― 브라이언 트레이시, 「목표, 그 성취의 기술」 목차 중에서 ―

날마다 무언가를 하라
How was your weekend or weekdays?
(당신의 주말은 어떠했습니까?)
그런데 이 질문의 대답이 의외로 비슷하다.
Nothing Special(뭐 그리 특별한 거 없었습니다.)
아마 리더들이 가장 싫어하는 대답이 아닐까 싶다. 왜 우리는 그 하루를 그냥 흘려보내는 걸까? 스스로에게 만족스럽지도 않은 24시간이 쌓여 한 달, 일 년 그리고 우리의 인생이 되고 만다. 기억에 남을 일도 만족스럽지도 않을 인생 말이다. 우리에게 주어진 공평한 것은 시간뿐이다. 부자도 가난한 자도 천재도 바보도 하루는 24시간이다. 문제는 그 시간을 사람마다 다르게 사용하고 다른 결과를 낸다는 것 누군가는 그 24시간 동안 여러 가지를 한다. 세상이 말하는 성공한 사람들은 철저하게 행동 지향적이다. 그들은 실패한 사람들보다 더 바삐 움직이고 더 많이 노력하고 더 열심히 노력한다. 행동하면 에너지가 생긴다. 뉴턴의 관성의 원리처럼 일단 움직이기 시작하면 더 많은 행동을 할 수 있다. 물론 목표도 없이 무조건 움직이기만 해서는 곤란하지만 그렇다고 자리에 앉아서 무엇인가 새로운 변화가 오기를 기다리는 것이야말로 정말 한심한……
독수리가 되려면 독수리들과 함께하라. 언젠가는 비상하리라는 막연한 기대만을 가져서는 안 된다. 노력하고 또 노력하자. 꿈의 목록을 작성하라.
자신이 진정으로 원하는 것이 무엇인지 깨달아라. 그때부터 당신은 나비를 쫓아다니는 일을 그만두고 금을 캐러 다니기 시작할 것이다.

― 윌리엄 몰턴 마스든 ―

적어도 지금 나에게는 가장 중요한 문제이다. 저번 주 스터디의 주제는 'What is your Goal of this year(올해 여러분의 목표는 무엇인가)'였다. 여러 가지 다양한 이야기들이 많이 나왔다. 그런데 그 목표는 결국 무엇을 하기 위한 목표인가? 그 목표의 최종 결과물은 무엇인가라는 질문에 대답하는 사람들은 없었다. 결국 우리는 1~2년의 목표가 있을 뿐 그것으로 이루고 싶은 꿈이 없다. 초등학생 때 이야기였던 교사나 간호사가 이제는 더 이상 꿈이 될 수는 없다. 내가 진정 원하는 것이 무엇인지를 알지 못한 채 떠나는 항해를 이제는 잠시 멈춰야 할 시기인 것 같다.

― 브라이언 트레이시 ―

목표를 세우는 법칙

"ㄱ. 기한을 정하지 않은 목표는 총알 없는 총이다.

기한 없는 목표는 탁상공론이다. 기한이 없으면 일을 실행시켜 주는 에너지도 발생하지 않는다. 당신 삶을 불발탄으로 만들지 않으려면 기한을 정해야 한다.

ㄴ. 독수리가 되고 싶다면 독수리 떼와 함께 날아라.

늘 교류하는 '준거집단'의 선택이 목표달성을 좌우한다. 닭 무리에 섞여 있으면서 독수리를 꿈꾸기가 어렵지 않겠는가? 목표에 걸맞은 사람들과 교류하라.

ㄷ. 목표는 긍정문, 현재시제, 1인칭으로 세우는 것이다.

잠재의식은 긍정적인 명령처리와 현재시제에 잘 반응한다.

예) "나는 올해 9월 30일 이전에 ○○자격 1급을 취득한다."

ㄹ. 목표는 간결해야 한다.

ㅁ. 성공한 모습을 머릿속에 그리며 살아라.

육체는 신경 에너지의 명령에 따라 움직인다. 마음속에 성공을 그리는 행위는 자신의 중앙 컴퓨터에 성공을 프로그래밍하는 것과 같은 효과를 발휘한다.

ㅂ. 마무리 5%가 성공을 좌우한다.

많은 사람들이 95%까지는 열심히 일하다가 막판에 목표 달성을 포기한다. 포기하는 것도 유혹이다. 마지막 5%가 남았을 때 다가오는 포기의 유혹을 이겨내라.

ㅅ. 잘못을 인정하라. 그래야 문제를 통제할 수 있다.

나 자신이 변하지 않는 한 아무것도 변하지 않는다. 삶에 대한 책임이 전적으로 나에게 있다는 사실을 인정하는 순간 우리는 비로소 목표의 주인이 될 수 있다. 인정하지 않으면 행동도 할 수 없다.

ㅇ. 목표 달성을 위한 대가를 두려워하지 마라.

성공은 반드시 대가를 요구한다. 성공한 다음 대가를 치르면 된다는 생각을 버려라. 성공으로 가는 엘리베이터는 그때그때 대가를 치러야 움직인다."

- 브라이언 트레이시, 「목표, 그 성취의 기술」 中에서 -

우리들 인생의 성공

우리들의 모든 단련은 반복이라는 인내의 덕을 필요로 한다.

성공은 나의 목표 성취에 따른 행복감으로 세계를 관조(觀照: 고요한 마음으로 사물이나 현상을 관찰하거나 비추어 봄. 지혜로 모든 사물의 참모습과 나아가 영원히 변하지 않는 진리를 비추어 봄)해 보면서 나다운 삶을 나 스스로 영위함이라고 본다. 해야 할 일을 '일'이 아니라, '재미있는 놀이'라고 여긴다면, 나는 또한 재미있게 목표 성취를 할 수 있고, 재미있게 평생을 나답게 영위할 수 있게 된다. 게으른 천재는 노력하는 자를 따라올 수 없고, 노력하는 자는 신명나게 즐기는 자를 따라올 수 없다. 학문(學問: 배우고 묻고 또 배우고 묻고 하는 정신의 교감)하는 것이 나의 삶을 즐기는 방식이요, 책이 나만의 재미난 텔레비전인 것이다. 나에게 이미 재미난 텔레비전이 있는데 굳이 내 방에 위성TV를 달 필요는 없다.

인생은 아주 긴 마라톤 경주!

우리들 내면에 가능성이 있다면 삶은 희망적이다.

"There's all answering in myself(모든 해답은 내 안에 있다)."

실패를 두려워하지 마라. 오히려 시도조차 하지 않아 사라져 버리는 그 수많은 기회들에 대해 '마음 씀'이 필요하지 않을까?

제2부

한국 사회에서 살아가고 있을 어느 군중

1. 어느 도시인의 우수(憂愁) 예찬

해맑게 뛰어노는 동네 아이들의 함성과 저녁노을과 함께 집으로 돌아오시는 부모님들의 경운기 소리와 익어가는 동네 회관 감나무에 대롱대롱 달려 있는 어엿한 홍시의 맛깔스러움과 오늘밤에도 금빛의 별들이 우리들의 하늘에서 말을 달리듯 끝없이 펼쳐지겠지!

이렇게 자란 어린 날의 나의 마음에서 조용해진 고향 마을 회관의 가로등을 보았다. 그 많던 아이들의 뛰어노는 소리도 없고 마을 회관에 있던 감나무는 바닥 콘크리트칠로 사라지고 없었다. 이것이 이번 추석 고향을 등지고 온 나의 마음속에 스쳐 지나가는 고향의 풍경이다. 늙어 가는 할머니의 기운과 함께 나의 어릴 적 고향의 추억도 낯선 도시들의 보이지 않는 속도감에 서서히 어렴풋이 망각되어 가고 있는 듯하다.

밤하늘의 별 대신 거리의 화려한 광고판의 불빛이 방 안으로 스며드는데 이 적적한 밤에 나는 인터넷 기사에 의지나 해 볼까.

온갖 인터넷 기사라거나 도시에서 쏟아져 나오는 광고와 얄팍한 대중가요들과 옷을 입은 것 같지 않은 웬 여자 사진이 시멘트 바닥에 깔려서 걸어가는 사람들의 발길에 차이는……

아, 자본주의의 거대 거미줄.

TV에 돈 받고 나오는 저자들의 웃음 하나의 가격은 얼마일까? 이

런 거대 거미줄 아래에서 태어나서 살아가고 있는 지금의 아이들, 그
리고 어른들.

그러나 세상을 너무 부정적으로 보기엔 이 세상의 희망 요소들이 아
깝다. 그리고 세월이 흘러도 인간은 사랑을 나누고 싶은 생명이라고

"난세가 영웅을 만든다."

2. 실용주의에 갇힌 효율적인 한국인들

오늘날 과학주의·실용주의 사회에서 지금의 자신을 있게 해 준 자신의 부모님의 노고에도 불구하고, 자식이 다른 부유한 부모와 자신의 가난한 부모가 자식에게 해 준 양을 물리적으로 계산하여 만약, 자신의 부모가 타 부모보다 '결과적으로' 해 준 양이 적으면 자신이 현재까지 존재하게 된 생명의 연원을 망각하고서 오만의 제국을 달리게 된다. 과학주의·실용주의 only(유일) 사상이 가져다주는 우리들의 난센스…… 씁쓸함……. 그렇다면 내 자식은 다른 집 자식에 비해 얼마나 더 효용을 가져다주는 인간인가를 따져야 하지는 않을까?

영화 '말아톤'에 등장하는 초원이라는 장애 아이는 오늘날 우리들의 과학주의·실용주의 세태에서…… 구역질나는 요즘 세상의 얕은 계산적 머리들……. 아서라, 세상 사람들아! 자네도 언제 사고당할지 모르고 언제 어떤 병으로 병원 갈지 모를 일인데 사람을 너무 그런 식으로 구별 짓지 마라. 오늘날 가장 시급한 것은 우리들 가슴속에 꺼져가는 인간애·생명애를 되살리는 일…….

정말 중요한 건 눈에 보이지 않는 법이라고…….

과학주의 자체가 그렇게 큰 문제로 인식되지는 않을 것이다. 다만 과학주의가 갖는 약점은 단지 눈에 보이는 것만, 숫자로 계산될 수 있는 것만, 그래서 객관적인 수치로 측량할 수 있는 것만이 '실재'한다고 '믿고 있다는 것'이다. 그럼 孝는 객관적인 수치로 측정할 수 있는 건가? 성실함이라는 것도 실상 그 보이지 않는 마음가짐이 얼마나 참되고 굳건한 의지를 갖추려고 노력하는가에 달려 있지, 눈에 보이는 점수 따위가 아닐 것이다. 우리 사회가 보다 민주적인 사회·논리적인 사회로 가기 위해 어느 정도 과학주의의 관점이 필요한 것은 인정하나, 요즘 보면 과학주의·실용주의가 온 세상을 뒤덮은 느낌이다. 거기다 얄팍한 자본주의의 첨예화까지…….

그 이면의 가치 있는 것을 바라볼 수 없게 되니 인간성은 파편화되어 갔다. 그러면서 우리 사회 이곳저곳에서 정말 말할 수 없이 괴이하고 이상한 일들이 연속적으로 터지고 있다. 이제는 쇼킹이라고 받아들일 우리들의 감정도 굳어져서 웬만한 일에는 별 느낌을 받지 못한다. 우리들의 마취된 느낌을 일깨우고 돈을 벌려면 더 자극적이고 더 충격적인 뭔가를 상품으로 내놓아야 한다. 더 야하게, 더 자극적이게, 더 충격적이게, 더 이상하게, 더 비정상적이게, 더 악랄하게, 더 화려하게, 더 잔인하게, 더 빠르게, 더 혼란스럽게, 더 미치도록, 더…… 더…… 더…… 그래야 과학적으로 돈을 더 빨리 더 많이 벌 수 있고, 따라서 그렇게 하는 것이 더 실용적이기 때문이다.

너무나 실용적일 것을 강조하다가 너무나 많은 것을 잃어가고 있는 한국 사회의 현주소……. 더 실용적이려면 동료 간에 더욱 경쟁을 붙여야만 한다. 그리고 그 경쟁에서 진 자는 퇴출되어야만 한다. 단지 그렇게 하는 것이 더 실용적, 다른 말로 더 효율적이기 때문이다.

여기에 인간애나 동료애를 기대하는 것이 오히려 난센스이다. 옆에 있는 놈을 죽여야 내가 살도록 되어 있는 아주 효율적이고 아주 자극적인 우리 사회의 시스템…….

이토록 실용적인 하늘 아래에서 우리들의 사람다운 인간성은 존속
할 수 있는가?

3. 사이버스페이스에서 내 안의 죽어가는 시인을 구해 주오

그냥 문명의 조류에 편승하겠다는 생각은 곧 자기 성찰의 요소가 없는 감각 기관·기분에 의존하는 삶을 살겠다는 것인데, 이는 금수와 다르다고 할 수 없다. 인간은 식욕, 수면욕, 성욕과 같은 감각적이고 육체적인 쾌락에 가까운 삶을 살수록 추해지고 졸렬해지기 마련이다. 사이버 문명이 고안해 낸 가상공간(cyber space)에 빠져 버렸을 때, 자기 자신의 내면에 있는 '창조적 아티스트'와 '인간애(人間愛)', '생명 존중의 마음'을 감지할 수 없는 상황에 놓이게 되는 경험을 한 번쯤 해 보았을 것이다. 나를 잃어 가는 경험을……. 또한, 가상공간에 있으면 부모님에 대한 관심도 급격히 줄어든다. 사이버 공간에서 누구인지도 모르는 익명의 어느 개체와 히죽되면서 말이다.

깁슨의 말처럼 사이버스페이스는 마땅히 창조적이고 주체적이어야 할 정신이 자신의 자율성과 창의성을 빼앗기고 일종의 환각 상태에 빠져 있는, 인공으로 조작된 하나의 감옥과도 같다고 말할 수 있다. 우리는 감성과 열정과 사랑을 지닌 내 안의 시인을 잊어서는 아니 된다. 그것이 우리의 가장 소중한 Identity(정체성)이기에……. 여러분 자신이 돈과 향락만 바라는 인간류(類)로 전락해 있다면 여러분 안에서 여러분 자신의 시인이 비명을 지르며 죽어가고 있는 것이다.

중요한 건 "네가 거기에 있다는 것! 생명과 존재가 있다는 것!"

이대로 머문다면 우리들은 저 사이버 문명의 큰 조류에 우리들의 고유한 자아를 넘겨주어야 할지도 모른다.

4. 우리들의 어느 결혼식

어느 결혼식에 가보았다. 빗방울이 하나둘씩 내리다 그친 후인지라 선명해진 초록빛 나뭇잎과 회색으로 터치된 하늘의 풍경이 한 줄 도로 위를 배경으로 두었다. 세계 해석의 초점은 나로부터 시작되는 것이기에 직장 동료의 화려할 것만 같은 웨딩드레스보다는 서울이라는 거대한 세계에 대한 어릴 적부터의 동경과 그러한 곳에 위치한 웨딩홀의 분위기와 그러한 곳을 찾는 상류 사회의 모습을 체험하고 싶었던 것이 나의 관심사였다.

건물의 구조며 잠시 잠깐의 주인공들이 입은 드레스며, 원형 식탁에서 각 개인에게 배당된 접시와 그 위에 자리한 덜 익은 스테이크 한 조각……. 한국 사회에서 이루어지는 결혼식의 형태는 온갖 서구의 것을 모방하는 것에 그치고 있었다. 별로 새로울 것도 없는 어떤 한 사나이와 그에게 기대어 있는 또 어떤 여자의 부자연스러운 웃음에서 자신들이 속한 가문의 위세가 갖는 영향력을 어필하려 한다는 착각을 하고 있었다. 그리고 그들의 하객으로 온 남녀 쌍들은 '우리 부부도 좀 괜찮소'라는 부분을 부각시키려는 듯 거만한 웃음으로 나의 소화기관을 거북하게 하고 있었다. '내가 나중에 결혼할 때를 두고 봐라'라며 더 큰 기대감으로 평범한 사람들보다 조금 더 낫게 생긴 나의 얼굴을 뻔뻔하게 들고 있는 나 자신도 역시나 위와 같은 군중들의 줄기 속 그 어딘가에서 그렇게 '나 이외의 나'를 껍데기로 치장하며 불분명하게 따라가고 있다는 생각이 들었다.

오늘날 너무 식상해 보이는 샹들리에 아래로 신랑 신부의 이름이 새겨진 얼음 조각이 서서히 녹고 있었다.

눈에 익숙한 어느 도시로 귀가하며 안도를 한다. 얼마간 돈에 대한 자신감을 잃으면서…….

제멋대로 생겨먹은 월세 방에 들어와 나는 다음과 같은 극본을 쓰게 되었다.

(중략)

용주: (N) 식당에서 저녁을 먹고 밖에 나와, 정태는 리포트를 쓴다며 빠지고 나와 명학이가 남았다.
용주: 명학아! 순대집에 가서 푸짐한 순대에 소주 한잔 어때?
이명학: (다소 간사한 어조로) 어, 좋지. 대신 니가 주선했으니 니가 쏘는 거다?
용주: 그럼…….(N) 순대집에 가자는 말을 하기 전에 내가 돈을 내려고 했었는데, 그것을 밖으로 미리 공표해 버림으로써 자신의 심리적인 안정을 마련해 놓는 이명학의 치밀함이 나의 신경을 거슬리게 하고 있었다.

순대집 아줌마: 어서 오세요.
용주: 아줌마! 여기 순대 3,000원 어치 하고 소주 1병만 주세요.
이명학: ……
순대집 아줌마: (흥겨운 어조로) 예~예!
용주: (N) 내가 일반성을 벗어나서 소주를 1병만 시킨 것은 명학이 나에게 준 불쾌감에 대한 공격성의 표현이었다.
이명학: 나 기숙사 나가 버릴까 봐.
용주: 왜? (N) 나는 자신이 불편한 상태에 놓여 있을 때 학문에 대한 것이나 심각한 주제에 대해서 얘기하는 이명학의 속성을 알고 있었다. 그런 동작들은 손상된 자존심의 회복을 위한 것이었다.
이명학: 오늘 기숙사를 오면서 생각했지. 멀리서 바라본 기숙사생들의 전경은 마치 정사각형의 정형화된 작은 공간들 속에서 매일같이 자신들의 알을 착취당하는 닭의 무리들의 모습을 하고 있더군. 그것은 내게 보이지 않는 감옥을 의미하지.
용주: 그래도 학교 기숙사는 우리들과 같은 프롤레타리아를 위한 안식처가 아니니?
이명학: 안식처? 감옥 속의 좌수들로 살아가는 이 상태가 무슨 안식처라는 거야? 난, 쥐꼬리만 한 공간이라도 내가 주도할 수 있는 방을 갖고 싶다구.

(흥분된 어조로) 봬! 기숙사 안에서는 모든 행동들이 규제받잖아? 술을 먹다가도 밤 11시면
　　　　　　점오를 위해 충실히 달려가야 하는 우리들은 언제나 피동적으로 사육되는
　　　　　　가축들과 다르지 않단 말이야.
용주: ……(N) 그의 일방적인 주장을 거부할 기운이 내겐 없었다.

(중략)

용주: (N) 내가 머무는 기숙사 414호실까지 난, 계단을 오를 때마다 생각하는 것은 나의
　　　다리가 피곤할 만큼 계단이 높고 폭이 좁아서 '비인간적'으로 만들어졌다는 것이다.
　　　거기다가 재수 없는 숫자 '4'자가 두 개나 붙은 '414호실'로 향해야 된다는 찝찝한
　　　느낌이 나를 은근히 고통스럽게 만든다는 것이다.
E. 방 안의 시끄러운 최신 힙합 음악 소리가 들린다.
룸메이트: 이제 오니?
용주: 윤철아, 소리 좀 줄여. 다른 사람에게 피해 주잖아.
룸메이트: 무슨 소리가 크다고 그래. 나는 나의 문화를 주체적으로 향유할 권리가 있다~,
　　　　　이 말씀이야.
용주: 너의 문화를 주체적으로 향유하고 있다구?
룸메이트: 그래. 주체적으로…….
용주: 최신 힙합 음악을 침대에 벌러덩 누워서 듣는 것이 무슨 주체적인 거야? 그 음악은
　　　현대의 상업주의가 제조한 상품에 지나지 않는다구. 그렇다면 넌 제조된 상품을 무의
　　　식적으로 소비하는 소비자에 불과하지 않니?
룸메이트: 그…… 그렇겠지. 그렇지만 너같이 골치 아프게 산다면 나는 단 하루도 못 살
　　　　　거야. 그렇지 않아?
E. 이때 기숙사 사감의 방송소리가 방 안의 스피커를 통해 들려온다(*방송내용: 사생
여러분! 잠시 후 11시에 점호를 할 예정이오니, 방 안에서 대기해 주시기 바랍니다. 샤워실
에 있는 사생이나 독서실에서 공부하고 있는 사생들도 죄송하지만 방 안에서 대기해 주시기
바랍니다.*).
룸메이트: 뭐야? 샤워실에 있는 놈이나 독서실에서 열심히 공부하고 있는 놈들까지 다 복도
　　　　　에 집합하라니……. 이거 완전히 똘아이적이구만.

용주: (N) 나는 나태한 모습을 하고 늘어선 졸병들의 행렬에 동참함으로써 흐트러짐이 없는
　　　기마대를 형성해야 했다. 사감의 존재는 나로 하여금 일제시대의 훈련소에 와 있다는
　　　착각을 일으키고 있었다. 한 사생이 돌아가며 종이 한 장씩을 분주하게 나누어준다.
　　　종이 위에는 큰 글씨로 '**1. 사실 내 음주행위 절대금지 2. 사실 내 흡연 절대금
　　　지 3. 현관 앞 명찰표기 잘하기**'라고 쓰여 있었다.
(독백) 이런 젠장! 여기가 무슨 유치원인 줄 아나? 대학생과 같은 지성인들에게 이런 기초적
　　　인 규칙 따위를 주입시키다니 말이야.
기숙사 사감: 김준형이 아직 안 들어왔나?
사생 1: 예…… 예…… 무슨 일이 생겼나 봅니다.
기숙사 사감: 일은 무슨 일이야. 또 술 퍼먹다가 제 집도 못 찾아서 그런 거지. 오면 전해.
　　　　　　　벌점 3점이라고 말이야.
사생 2: 사감 선생님! 병욱이가 급성 맹장으로 지금 병원에 실려 갔다고 연락 왔습니다.

기숙사 사감: 뭐? 정병욱이가 급성 맹장으로 병원엘 가? 그런 거짓말이 나에게 통하리라
　　　　　　 예상했나? 정병욱이한테 벌점 3점이라고 전해.
용주: (N) 유태인 학살…… 오늘날까지 지속되고 있는 듯한……. 나는 나의 앞을 천천히
　　　지나가는 사람에 대한 저항의 표시로, 받아든 종이의 아무런 내용도 적혀 있지
　　　않은 뒷면을 아주 열심히 읽는 척을 했다. 백지상태! 어쩌면 나는 나의 의식과
　　　감정의 백지상태를 희구하고 있는지도 모를 일이었다.

기숙사 사감: 저기 끝에까지 내 말이 들려요?
많은 기숙사생들: (큰 소리로) 예!
기숙사 사감: 요즘 사생 여러분들이 질서를 너무나 어기고 있어요. 한마디로 개판이 되고
　　　　　　 있다 그 말입니다. 지금 나누어 준 종이에 쓰인 것을 지키도록 노력해 주세
　　　　　　 요. 그리고 그 종이를 각자 방 문 앞에 붙이도록 하세요. 알겠습니까?
많은 기숙사생들: (큰 소리로) 예! 수고하셨습니다.
용주: (N) 많은 기숙사생들의 이 자동화된 반응에 화가 치밀어 올랐다. 자신들이 지금 모범
　　　적으로 사육되고 있다는 느낌을 받지 못하는 어리석은 군중들을 보고서 남은 것은 그
　　　들에 대한 나의 안타까운 연민이었다.

〈서울역〉

E. 영주·안동으로 떠나는 무궁화 열차가 오고 있다는 서울역의 방송소리가 들려온다.
〈기차 안〉
용주: (독백) 자유는 문명의 산물인가? (N) 나는 북적거리는 사람들 틈에서, 머릿속으로 나
　　　의 고향을 그려본다.
≪에코≫
창밖으로 여기저기 가로수가 고요한 밤을 수놓는 은은한 열차 안의 소파에서 나는 조
용히 내가 있던 추억의 고향을 그려본다./ 온갖 조물주들은 서로 건강하게 잘 자라자
는 나와의 약속을 지켜, 지금 나는 가을의 낭만이 부르는 향연에 있다./ 언덕 너머에
는 고개를 다소곳이 숙인 갈대들이 가을바람에 겨워하고, 풀숲의 귀뚜라미는 무엇이
그리도 서러운지 밤마다 저녁 이슬에 애달프구나./ 밤하늘의 성근별에 어린 시절이 생
각나 고향친구와 늘 푸른 나무 아래에서 이런저런 옛날이야기가 강바람을 타고 돈다.

용주: (N) 고향 생각을 할 때면 언제나 우리 할머니의 얼굴이 떠오른다. 내가 집을 떠나 대
　　　학교를 갈 때마다 "먹을 거 못 먹으면서 또 얼마나 고생하며 학교를 다닐꼬." 하며
　　　할머니는 눈물을 흘렸었다. 할머니의 눈물이 나의 가슴을 서글프게 하는 여기는, 창밖
　　　으로 드문드문 가로수가 깊은 밤을 수놓는 열차 안. 나는 어느덧 어깨를 늘어뜨리며
　　　현실로 복귀해야 했다.
E. 풍기에 다다랐음을 알리는 열차 안의 방송소리가 들린다.
용주: 명학아, 일어나. 풍기야.
이명학: (잠에서 막 깨면서) 어…… 뭐…… 벌써 풍기야.
용주: 추석날 많이 먹고 살 좀 쪄라.
이명학: 그래. 너도 추석 잘 보내고…… 아참, 언제 서울로 돌아올 거니?
용주: (힘없는 어조로) 어…… 일요일에…….

이명학: 야, 잘됐네! 나도 일요일날 기차에 오를까 했는데……. 역시 우린 뭔가 통하는 게
　　　　있단 말씀이야.
용주: (N) '현대의 회의주의자'라는 이명학이를 올 때 또다시 만나야 한다는 중압감이 나의
　　　　내장을 거북하게 하고 있었다. 그를 만날 때마다 내 삶의 부분들이 의미를 상실한 채,
　　　　너덜너덜 떨어져 나갈 것만 같았기 때문이다.
(독백) 이번 추석 때 있을, 나의 추억거리도 이 녀석을 만나면 모두 무의미해질지도 몰라.
(N) 나는 기차에 다시 오르는 시점을 다른 날로 수정하고 싶다는 강한 욕구를 느끼고 있었다.

E. 영주에 다다랐음을 알리는 열차 안의 방송소리가 들려온다. 기차가 멈춘다.
〈지금 시각: 깊은 밤〉
용주: (N) 대합실에 나와, 자식들을 희망적인 눈망울로 기다리는 뭇 아버지와 어머니들이 보
　　　　인다. 저 많은 부모들 틈으로 우리 아버지도 나의 모습을 기다리고 계실 일이었다.
용주 아버지: (큰 소리로 부른다) 용주야…… 용주야! 여기다…… 여기.
용주: 어, 아버지!
용주 아버지: (경북 사투리로) 야~, 용주 이놈이 안 보는 사이에 살이 이렇게 빠졌네.
용주: 힘든데 뭐하러 여기까지 나오셨어요.
용주 아버지: 우리 가족의 등불, 박용주가 온다는데 아버지가 되어 가지고 마중도 못나오겠나.
용주: (독백) 내가 우리 가족의 등불? (N) 우리 가족의 등불이라면 나는 더 이상 고뇌하면
　　　　서 살아서는 안 되었다. 가족의 기대에 부응하려면 고뇌할 시간이 내겐 주어질 수 없
　　　　었기 때문이다. 생각이 여기에 미치자, 나는 나의 심장 쪽의 가벼운 통증이 느껴졌다.
　　　　마치 가족의 운명이 나에게 전적으로 내맡겨지고 있다는 느낌 때문이었다.
용주 아버지: 용주야, 어서 타라.
용주: 예…… 예 아버지.

E. 용주 아버지의 트럭이 도로를 달리고 있는 소리가 난다.
용주 아버지: 그동안, 공부 잘했나? 공부하기 힘들제?
용주: 공부는 잘하고 있어요. 이번 학기도 장학금 탈 수 있을 것 같아요. 대학교 3학년이
　　　　되니까, 이제 자신감도 붙고요. (N) 이렇게 말하는 편이 아버지를 안정시키는 길이라
　　　　는 생각이 들었다. 중병에 걸린 환자에게 병을 의도적으로 숨겨야 하는 종합 병원의
　　　　의사와 같이…….
용주 아버지: 선생님은 문제없이 될 수 있겠제?
용주: 그럼요. 노력만 한다면 되겠죠. (N) 내가 간접화법으로 나의 장래를 얘기한 것은 항상
　　　　미래를 위해 지금 이 순간의 자유와 권리를 박탈당하고 있는 불안한 군중들에 동조하
　　　　고 싶지 않았기 때문이었다.
용주 아버지: 암, 그래야지. 사나이는 자고로 한 번 칼을 뽑았으면 무라도 잘라야 한단 말씀
　　　　　　　이야.
용주: (독백)(다소 흥분된 어조로) 사나이! 그 사나이로 태어나면, 대가리가 깨지는 한이 있
　　　　더라도 칼을 뽑았다가 다시 호주머니에 넣어서도 안 되고, 한평생 3번만 울어야 한다
　　　　는 것인가? 그런 암묵적인 강압은 누가 만들었다는 거야…… 씨…….

E. 용주네 트럭이 집 앞마당에 멈추는 소리
E'. 농촌에 다다랐을 때 귀뚜라미 소리 · 바람소리 · 가축들의 소리 등이 들려온다.

용주 어머니: (경북 사투리로, 반갑게) 아이고, 이게 누구로? 용주 아니라.
용주: 엄마, 그동안 잘 지냈는가? 농사는 잘되고?
용주 어머니: 엄마사 잘 있째. 농사는 올해 비가 많이 와서 잘될는지 모르겠다.
용주: (N) 농사가 잘될지도 모르면서, 6개월 동안이나 얼굴을 못 본 나를 이렇게 어제 만난
    사람인 양 반갑게 반겨주는 어머니……. 언제 어디에서도 나를 그리워해 줄 이분이
    나의 곁을 떠나면, 나는 혼자 이 차가운 세상을 살아낼 수 있을까?
용주 할머니: 용주 이제 오나?
용주: 할매, 그동안 편하셨는가?
용주 할머니: 내사 죽지 못해 사는 거지 뭐. 그래, 학교 하느라고 힘이 많이 들었째?
용주: 아니…… 그냥 그럭저럭 살았지 뭐.
용주 어머니: 용주 배고플 텐데, 냉장고에 있는 포도라도 먹어라.
용주: (N) 냉장고 문을 열어 보았다. 추석인데 먹을 거라곤 옆집에서 준 포도 몇 송이와 뒷
    밭에서 딴 삶은 밤이 한쪽 귀서리가 찌부러진 냄비에 담겨 있는 광경이, 잠들어 있던
    나의 프롤레타리아 관념을 들쑤셔 놓고 있었고, 가난함에서 오는 비애감은 우리 가족
    에 대한 동정으로 발을 옮기고 있었다. 나는 포도를 먹지 않고 할머니와 같이 잠을
    자야 했다. 내가 몇 송이밖에 없는 포도를 먹는다면, 내가 먹은 만큼 우리 가족이 먹
    을 식량이 줄어들 거라는 기초적인 경제 상식에서 비롯된 행동이었다.

E. 할머니의 꿈에서부터 나오는 겁에 질린 잠꼬대가 들린다.
용주 할머니: (겁에 질린 목소리로) 어…… 어…… 가끼이 오지마…… 가끼이 오지마…….
용주: (외치는 소리로) 할매! 할매!
용주 할머니: 요…… 용주야, 나…… 나 좀 살려라. 나 좀 살려.
용주: 할매, 무서운 꿈 꿨어?
용주 할머니: 이…… 웬 범들이 사방에서 달겨들어서…… 아이고…… 내가 이제 죽을 때
    가 되었어. (갑자기 헛소리를 한다) 여…… 여기가 어디노? 여기에 내가 왜
    와 있어? 난 저 쪽으로 가야돼. 저쪽으로…… 저쪽으로 날 보내줘…….
용주: 할매, 정신 차례! 여기는 집인데 어딜 간다고 그래. (N) 할머니는 너무나 노쇠해지셨다.
    고등학교 때 내가 그렇게 못 할 짓을 했는데도 나를 끝까지 떠나지 않으셨던 우리 가
    련한 할머니. (독백) 아! 그 강인했던 우리 할머니가 이렇게 평생토록 일만 하시다가
    세상을 떠나시는구나! 평생 자식과 손자들을 위해서 일만 하시다가……. 어쩌면 할머
    니의 갑작스러운 말은 삶의 마지막 절벽에 서서, 평범한 갈매기 떼를 이탈하고자 했던
    조나단이 되고 싶었던 것은 아닐까? (N) 할머니의 이탈은 나로 하여금 말 못 할 죄책
    감을 불러일으키고 있었다.

용주: (N) 거대 사회의 부속품으로 하루, 하루 마지못해서 살아가는 평범한 이방인들의 의욕
    없는 피곤함이 내가 본 고향의 풍경이었다. 나는 선생님이 되어야 한다는 의무감을
    안은 채, 차례를 지내고 고향을 떠나야 했다.
E. 기차 안에서 나는, 기차 지나가는 소리가 들려온다.
(독백) 내년이 되면 나는 또 나의 Identity를 망각한 채, 국가시험에 미쳐 가야 할 테지?
E. 기차 지나가는 소리가 강하게 스친다.

<대학교로 돌아와서>

용주: (N) 사범대 강의실을 향해 길을 가고 있는데, 문득 대학교 1학년 때 영어 회화 동아
    리에서 꽤나 알고 지내던 졸업한 혜영 선배와 마주치게 되었다. 그녀는 어느 불성실
    해 보이는 남자와 함께 길을 걸어가고 있었다.
용주: (기어 들어가는 소리로) 아…… 안녕하세요…….
(N) 3년이라는 시간은 어떤 사람을 잊도록 할 만큼 긴 세월일까? 나를 분명히 보고도 그냥
지나치는 그녀의 행동은 나로부터 또 어느 형틀에 비인간적으로 주조된 로봇을 보고 있다는
차가운 감정을 일으키고 있었다.
(독백) 나와 분명히 눈이 마주쳤는데…… 어떻게 그냥 지나칠 수가 있지? ……그녀의 눈동
    자가 나를 인식하고 있었는데…….
(N) 나는 그녀가 1년 전까지 사범대학 국어교육과를 다니고 있었음을 알았기에 국어교육과
에 다니는 친구 진호에게 찾아가 혜영 선배에 관해 물어보기로 마음먹었다.

용주: 진호야, 오랜만이다. 점심 먹었어?
진호: 어, 웬일이냐? 니가 여기까지 찾아오구.
용주: 얘는…… 난 뭐 찾아오면 안 되니? 궁금한 것이 있어서…….
진호: 궁금한 거? 그거 뭔데?
용주: 너, 혜영 선배라고 알지?
진호: 응, 그 선배가 왜?
용주: 요즘 그 선배 어떻게 살고 있니? 그 선배 너무 예뻐서 작업 들어가 볼까 해서 말이
    지…….
(N) 내가 이런 거짓말을 한 이유는 그녀에 대한 나의 의구심을 파헤치기 위해서였다.
진호: 용주 너, 공부만 하는 줄 알았더니. 속으론 한 여인을 사모했다 이거지…… 하하……
    그런데 이거 어쩌지? 소문에 의하면 혜영 선배…… 작년에 교사임용시험에 떨어져서
    완전히 사람이 이상하게 돼 버렸데. 대학 다닐 때 그렇게 활달하고 밝았던 사람이 시
    험에 떨어지자, 주위의 모든 사람들을 못 본 체하면서 날건달같이 생긴 남자와 동거
    한다지 뭐야. 시험이 인간들을 작살내는 거지 뭐…….
용주: 그랬었구나…….
(독백) 나 또한 도덕 선생님이 되기 위해 '대학'이라는 굴레에 들어와 있지 않은가. 내가 내
    년에 4학년이 되어 임용시험을 칠 때도 그 '시험'이라는 것이 나의 정체성을 송두리
    째 바꾸어 놓을 것인가……. 시시포스가 거대한 바위를 고지로 향해 굴려야 하는 운
    명에 처했듯이 나를 포함한 현대인들은 시험과 경쟁이라는 바위를 권력과 부를 향해
    맹목적으로 굴려야 하는 숙명적 존재들…… 그렇다면 나는 부자유를 타파하고 이런
    쇠사슬에 묶이는 것보다 오히려 어릴 적의 아무것도 모르고 무지개의 끝을 따라갔던
    순수한 산골 소년으로 돌아가야 하지 않을까? …….
(N) 진호와 헤어지고 난 후, 나는 대형 감옥에서 육중한 바위들을 이고 가는 죽음의 행렬을 따
라 '사회주의 경제비판'이라는 수업이 있는 이데올로기 강의실을 향해 힘없이 걸어가야 했다.

(중략)

E. 사범대학 강의실에서, 학생들의 떠드는 소리

ㄴ 여교수: (교탁을 두드리며⋯⋯) 재! 조용, 조용히 하세요. 출석부터 불러보죠. 강보현. ('예' 소리가 각각 들려온다) ⋯⋯심순이! 오~어 순이라는 이름을 보니까 왠지 정이 가네요. 어디 순이 씨 손 한번 들어볼까?

심순이: 예, 여기 있어요.

ㄴ 여교수: 역시 얼굴이 참 순하게 생겼네요. 제가 이 학교에서 7년 동안 강의해 본 결과, 이렇게 이름과 그 사람은 밀접한 관련이 있다는 점을 발견했어요. 그래서 이름을 보면 그 사람의 성격이나 관상을 집어낼 수 있죠.

많은 학생들: (야유조로) 에~이, 그런 게 어디 있어요.

ㄴ 여교수: 에~이가 아니에요. 예를 들어 내가 아는 여자 후배의 이름이 김미정인데, 나이 서른이 되도록 시집을 못 가고 있어요. 그래서 내가 너의 이름이 '미정'이라서 남자를 정하지 못하고 있는 것이라고 하니까, 자신도 그렇게 생각한대요. 문화인류학을 한 사람의 눈에는 그런 것이 보입니다.

용주: (비꼬는 투로) 교수님! 그럼 문화인류학은 '점쟁이 학'입니까? (N) 나는 어떤 한 사람의 이름을 어떠하다고 규정지음으로써 자신을 신의 반열에 앉히는 여교수의 오만함을 일깨워주고 싶었다.

많은 학생들: (히죽거리는 웃음소리)

ㄴ 여교수: 하하⋯⋯ 학생이 저를 비꼬고 있군요. 문화인류학은 현지조사 등의 방법을 통한 질적 연구를 수행하는 인간 이해의 학이라고 할 수 있어요.

용주: (반항적인 어조로) 그럼, 교수님이 현재 하시는 연구는 무엇입니까?

ㄴ 여교수: 당돌한 학생이군요. 저는 용기 있는 학생을 좋아한답니다. 요즘 저는 개고기를 먹고 난 후, 일주일 이내에 교통사고가 발생할 수 있는 확률이나 가능성을 연구하고 있어요.

많은 학생들: (의아해하는 목소리로 웅성거린다.)

ㄴ 여교수: 다소 생소한 소리여서 놀라는군요. 돼지는 식용으로 죽음을 당할 때 웃는 얼굴을 하기 때문에 돼지고기는 먹어도 좋지만, 개는 죽을 때 아주 고통스러운 표정으로 죽기 때문에, 그런 개의 안 좋은 파장이 개고기를 먹은 사람에게 영향을 주어서 개처럼 비틀비틀 운전하다가 교통사고를 내는 것이지요.

많은 학생들: (웃음)하하하⋯⋯

학생 2: (웃긴 어조로) 교수님! 그럼 개고기를 먹으면 개새끼가 된다는 말씀이신지요?

많은 학생들: (박장대소)우 ~ 하하하하⋯⋯ 개새끼래⋯⋯

용주: (독백) 국가로부터 연구비를 받아가며 공부한다는 사람이 기껏해야 개고기와 교통사고의 관련성을 연구하고 있으니⋯⋯.

(N) 뇌의 뒤틀림! 나는 이러한 역한 냄새에 접하게 되었을 때 언제나 정확하게 울리는 자명종 시계의 정직함에 따라 나의 두 손으로 머리를 움켜쥐어야 했다. 나는 어느 광신도의 이야기가 나의 뇌를 점령해 버리기 전에, 이 유독가스실을 지친 다리를 이끌고 탈출해야 했다.

(N) 밖으로 나와, 나는 깨질 것만 같은 머리를 식히기 위해 학교 주변의 도로를 걸었다. 음울한 날씨 탓인가⋯⋯ 고개를 숙이고 걸어가는 나의 시선으로, 웬 미친 창녀가 옷을 벗고 유혹의 손짓을 건네는 광고카드가 을씨년스레 들어왔다.

(독백 – 흥분된 어조로) 이런 망할 놈의 세상이 있나! 나의 고개를 숙이지도 못하게 만들잖아. 사회가 나의 눈과 귀의 자연권을 완전히 박탈해 버리고 있어.

(N) 고개를 들어 하늘을 봤다. 마치 거대한 거미줄처럼 전기선이 놓여 있고, 그 틈으로 전봇대 위에 놓인 CCTV가 나의 일거수일투족을 감시하고 있었다. 나는 마치 어느 원형 감옥에서 항구적인 자기 감시 체제에 들어와 있다는 자기 연민의 감정이 생겼다. 다시 고개를 숙여 바닥에 놓인 창녀의 모습을 보았다. 눈가에 생긴 음산한 기운과 너무나 많은 남자들이 만져서 닳아버린 젖가슴과 엉덩이…… 창녀야말로 공공장소에서 시도 때도 없이 이용만 당하는 공중 전화기와 무엇이 다른가?

(독백 - 흥분된 어조로) 자신의 온몸이 상품으로 활용되는 창녀들이 인간인가? 내가 만약 여
                      자로 태어나서 창녀가 될 운명에 놓여 있다면 나는 그 자리에서 혀
                      를 깨물어 이 세상을 경멸해야 했을 거야!
(N) 나는 얼마간의 답답함을 간직한 채, 운동장 근처에 놓인 긴 벤치에 앉아 숨을 깊이 들이쉬어야 했다.

E. 전화벨 소리가 울린다.
용주: 여보세요?
용주 어머니: 용주야, 나다. 내일 모레가 그 임용고산가 뭔가 하는 거 친다며?
용주: 예.
용주 어머니: 이 어미가 따라가 줄까?
용주: 제가 무슨 초등학생인 줄 아세요? 저 혼자 가도 괜찮아요.
용주 아버지: 여보, 전화기 이러 좀 줘봐. 용주야! 시험은 붙을 수 있겠째?
용주: 그거야 해 봐야 하지요. 미리 단정 지을 수 있나요.
용주 아버지: 너는 어릴 적부터 학원 한 번 안 가고도 반에서 항상 5등 안에 들었잖냐. 이
            번 시험에서도 우리는 너만 믿는다. 알겠째?
용주: (N) 나는 이럴 때면, 내가 부모에 의해 시험 성적을 잘 내기 위해서 존재하는 성적
       기계와 같다는 섭섭한 감정을 떠올릴 수밖에 없었다.

E. 같은 과, 동기들의 웅성거리는 소리가 들린다.
동기 1: 야, 우리 과의 17명이 교사임용시험에 도전했는데, 고작 5명만 붙었잖아.
이명학: 어디 보자. 붙은 사람이…… 나하고 오봉찬 · 신혜진 · 김만호 그리고 박용주. (매우
        기쁜 어조로) 야~, 용주야! 우리 같이 붙었다 임마! 이게 꿈이냐 생시냐?
용주: 하하…… 명학이 너는 붙을 줄 알았어. 이제 새로운 세계로 나아가게 되었구나.
이명학: 이건 프롤레타리아의 혁명이 아니겠니? 우리가 그동안 얼마나 돈에 찌들면서 살아
        왔냐구? 안 그래?
동기 2: 야, 떨어진 우리들 앞에서 그렇게 좋아하기야?
이명학: 어…… 어, ㅁ 안해. 용주야! 우리 어디 가서 승리의 축배라도 들자.
용주: (N) 우리 부모님의 간절한 소원이라도 들었을까? 하늘은 나에게 도덕 선생님이라는
       지위를 부여하셨다. 임용시험을 위해 병든 수캐마냥 헐떡거리며 살아온 대학 4년의
       시간이 주마등처럼 나의 뇌리를 스치고 있었고, 나와는 별개의 것이라고 믿어 왔던
       '승리와 환희'라는 선물이 주어지게 되었다.

〈글의 후반부 시작〉
(이제부터 박용주는 고등학교 도덕 선생님의 역할을 맡는다. 그리고 주인공은 박인우로 바뀐다.)

(중략)

인우: (용주의 말이 계속 한 귀로 어렴풋이 들리면서 독백)
(이때의 용주가 하는, 인우의 한 귀로 어렴풋이 들리는 말: "과거 면죄부를 판매했던 중세 기독교인들은 자신들 집단의 재정 수입을 늘리기 위해 그런 짓을 했고, 반면에 기도하는 행위는 음모를 은폐시키기 위한 것에 불과했습니다……") 그렇다면 나를 포함한 현대인들은 현혹의 사각지대에서 살아가고 있는 것인가? 어디를 뛰쳐 가도 니코틴 냄새가 자욱한 실험실의 유리상자 속에서, 바닥에 놓인 달콤한 치즈를 맹목적으로 주워 먹으며 살아가는 들쥐들의 모습들을 하고서? ……
(흥분된 어조를 띠며) 내…… 내가 조작된 환경 속에서 누군가로부터 세뇌당하며 살아가는 들쥐들 중의 하나라구? …… 그리고 그 숭고한 것처럼 보였던 기도하는 행위가 어떤 더러움을 숨기기 위한 겸손스러운 연극에 불과했다? …….

E. 토요일 오후, 텅 빈 교실에서 인우의 절규하는 목소리가 들려온다.
「인우의 절규하는 목소리의 내용: 오 나여! 오 생명이여! 수없이 던지는 이 의문! 믿음 없는 자들의 장사진과 바보들로 넘쳐흐르는 도시! / 아름다움을 어디서 찾을까? 오 나여! 오 생명이여! / 대답은 한 가지, 네가 거기에 있다는 것! 생명과 존재가 있다는 것! / 화려한 연극은 계속되고 너 또한 한 편의 시가 된다는 것! 자네들의 시는 어떤 것이 될까? / 오 나여! 오 생명이여!」
용주: 인우야! 지금 혼자서 뭐하는 거니?
인우: 아…… 선생님, 아직도 학교에 남아 계셨어요? 저는 지금 저의 야성을 지르고 있어요.
용주: 인우는 시를 참 좋아하는가 보다?
인우: 그럼요. 시는 진실하기 때문이죠.
용주: 그렇다면 넌, 시인이 되고 싶니?
인우: 네, 저는 현대인들이 보지 못하는 것을 보여주기 위해 시인이 되어야 해요. 그들의 우둔한 망막과 수정체를 뒤집어 버리고 싶거든요.
인우: 너의 Profile에는 장래희망이 '정형외과 의사'라고 쓰여 있더구나.
인우: (열정적인 어조로) 그건 부모라는 작자의 욕심이 만들어 낸 허구에요. 저는 깊이 있는 삶을 살고 싶어요. 저의 생명의 정수를 빨아들이고 싶다구요. 그래서 내가 죽음을 맞이하게 될 때, 나는 후회 없이 살았노라고 크게 외치고 싶어요.
용주: 넌 집도 잘사는데, 그렇게 고뇌하면서 살 필요가 있다고 생각하니? 일반인처럼 평범하게만 살면 장래가 보장되는데 말이야.
인우: 인간은 빵만으로 살 수 없죠. 만약 제가 부모에게 의존하면서 거대한 군중들의 무리와 같이 살아간다면, 저는 울면서 태어난 날부터 죽음으로 떠나는 그날까지 울고 절규하며 신음하는 저의 얼굴만을 덮을 겁니다.
용주: 나도 너와 같이 혈기가 왕성할 때에는, 세상을 바꾸어 놓겠다고 마음먹었었지. 우리들의 이상은 어쩌면 이루어지기 어려울 때가 있는 것 같아. (N) 나는 인우가 청년 때의 나와 같은 생각을 하고 있다는 것과 내가 지금 평범한 무리의 편에 서서, 인우에게 우리 사회의 무기력한 관습을 심어주고 있는 것 같아 안타까운 마음이 들었다.
인우: (흥분된 어조로) 만약 그렇게 생각하신다면, 선생님도 감옥 속에서 양복에 넥타이를 숨이 막히도록 묶은, 그저 평범한 양 떼들과 하나도 다르지 않아요.

(중략)

용주: 반장! 박인우는 왜 안 보이나?
E. 반 학생들의 웅성거리는 소리
반장: 서…… 선생님. 인우가 요 며칠 사이에 학교를 안 나오고 있어요. 소문으론 정신병에
　　　걸려 병원에 갔다는 말도 있고……. 죽고 싶다는 말을 했다고 해요.
용주: (놀라며) 뭐…… 뭐라구? 박인우 책상 서랍 뒤져봐!
반장: 예…… 예.
E. 책상 서랍 뒤지는 소리
반장: 서…… 선생님! 책상 서랍 속에 종이 한 장이 남아 있어요.
용주: 그…… 그래. 이리 줘봐.
≪에코 ― 종이에 쓰인 인우의 글 내용≫
나는 어느 그 시인을 날개도 없이 절벽 아래로 밀어냈던 소설가 이상의 시나리오를 경멸해
야 했다……. ……미친개들이 나에게서 칼을 빼앗으며 나를 위협했다. 순간, 나는 나 자신
을 가리키고 있는 칼날을 향해 몸을 내던져야 했다. 방아쇠가 당겨졌다. "탕…… 탕……
탕……" 나의 숨은 서서히 멈추어 가고 있었다…….
"나…… 나의 주…… 죽음……이 다른 사…… 사람의 사…… 삶을 바꿀…… 수
이……있을까? ……."

용주: 이…… 이런 전쟁!

(중략)

E. 서울 시내의 시끄러운 자동차 소리 등이 들려온다.
인우: (독백) 그동안 나는 위선으로 얼룩진 모피를 입고 있었다. 나의 진정한 나는 진실의
　　　향연을 울렸고, 그 나를 부르는 소리는 나를 한없이 힘차게 떨어지는 폭포수 아래로
　　　침몰시켰다. 그러나 나는 지금 이 순간, 더욱 나다운 나로 태어나야 한다. 위선으로부
　　　터의 도피를 갈망하는 어느 가난한 시인이…… 세상이여! …… 안녕…….
E. 아파트 옥상에서 떨어지면서 인우는 죽음의 공포에 소리를 지른다.

E'. 병원 응급차의 사이렌 소리와 많은 시민들이 모여들어서 웅성거리는 소리
인우의 같은 반 학생들: (매우 놀라며) 이…… 인우가…… 인우가…… 주…… 죽었어…….

용주: (N) 인우는 결국 탈옥을 위해 죽음을 선택해야 했다. 그의 피범벅이 된 시체는 왜 더
　　　일찍 인우의 자살을 알아채지 못했는가 하는 깊은 죄책감을 나에게 안겨 주고 있었다.
　　　(독백) 자신의 신념을 지키기 위해 당당하게 독배를 마셔야 했던 젊은 시인! **(흐느껴 운다.)**
　　　아…… 가엾은 생명이여! 너의 열정이 한 마리의 작은 새가 되어 날아갔구나……
　　　인우야…… 인우야……

≪에코 - 인우가 했던 말이 흐른다≫
인우: (열정적인 어조로) 그건 부모라는 작자의 욕심이 만들어 낸 허구에요……. 저는 깊이
있는 삶을 살고 싶어요. 저의 생명의 정수를 빨아들이고 싶다구요. 그래서 내가 죽음
을 맞이하게 될 때, 나는 후회 없이 살았노라고 크게 외치고 싶어요……. ……인간
은 빵만으로 살 수 없죠. 만약 제가 부모에게 의존하면서 거대한 군중들의 무리와 같
이 살아간다면, 저는 울면서 태어난 날부터 죽음으로 떠나는 그날까지 울고 절규하며
신음하는 저의 얼굴만을 덮을 겁니다…….
용주: (N) 인우의 장례를 치르고, 나는 나의 아내와 세 살 난 딸을 부양해야 한다는 의무감
에서, 다시 일상으로 돌아와야 했다. 교단에 서서 바라보이는 인우의 빈자리는 화강암
에 새겨진 시퍼런 칼자국과 같이, 나로 하여금 나의 심장에 시시포스의 바위를 이고
살아야 할 것이라는 부정적인 암시를 주고 있었다.

(독백 - 숙연한 어조로) 이것이 나의 운명이라면, 나의 삶의 일부분으로 받아들여야 하지 않
을까? …….
(N) (담담한 어조로) 나는 또 여기서, 부자유와 자유 사이에서 방황하는 인간 스스로의 운명
을 송두리째 나의 것으로 받아들일 수밖에 없었다. 그리고…… 나는 또 내일을 준비해야 했
다…….

M. 엔딩

'단 한 번뿐인 우리의 삶을 가치 있게 살 수 있는 방법은 물질이
아니라, 바른 정신을 찾는 것이다. 추억, 사랑, 따뜻한 마음, 성숙, 감
사와 같은 정신적 가치를'이라고 스스로를 위로하면서…….

5. 대의(大義)

　한산섬 이순신 장군 유적지를 가 보았고, 그곳에서 안내원이 다음과 같은 이순신 장군의 시들을 읽어 주셨다.

　깊은 바다에 가을 빛 저물었는데
　찬바람에 놀란 기러기 높이 떴구나.
　가슴에 근심 가득 잠 못 드는 밤
　새벽달이 활과 칼을 비추네.

　충무공 이순신 장군님을 떠올리며 문득 드는 생각……
　'이 나라와 백성을 구제하기 위해…… 나는 어떻게 해야 할까?'

6. 이북에 놓인 사나이

이북의 사람들

길을 따라 난 이북의 중학교들이 시야에 들어왔다. 북한 어린아이의 몸짓만 한 창문이 한 교실에 하나씩 놓여 있는 듯했고 그런 교실들이 일렬로 늘어서 있었으며 낡아 보이지만 아늑한 정향이 묻어나는 기와지붕들이 눈을 맞아 살포시 겨울을 덮었다. 춥디추운 이북의 겨울 기후와 같이 북측 군인들의 몸과 얼굴은 매우 굳어보였다. 저 군인은 아마도 주변 30㎞ 내에서 생을 살아가고 있을 일이고 소학교에서 뛰어노는 아이들도 황량한 벌판으로 고요한 이 마을을 삶이 다하는 날까지 살아갈 일이겠지……. 그런가 하면 우리네 인간 또한 지구라는 테두리 안에서 그 언제인가 흔적도 없이 한 줄의 먼지가 되어 강바람에 날릴 일이겠지…….

남측 최전방 군부대에서 DMZ를 지나 버스로 십여 분만 가니 이북의 군인들을 만날 수 있었다. 남한에서 북한으로 가는 시간이 경기도 포천에서 남한의 설악산 가는 것보다 더 쉽고 빠르다니! 이렇게 쉬운 일을 우리는 얼마나 오랜 세월로 그려왔던가……. 녹슨 이북의 철조망과 아무도 다니지 않아 보이는 허허벌판에는 어린 시절에 가졌던 동경이 노니는지도 모를 일이었다. 초등학교 저학년 시절에 살아가던 옛 풍경들이 밀레니엄시대에도 현존하고 있다는 현실에 애수의 눈망울로 흐느낀다. 아직도 이북에서는 누런 소가 이끄는 수레가 흙길을 거닐고 장갑도 끼지 않은 채 동네 아이들이 얼어 버린 논바닥에서 판자 스케이트를 신나게 타고 있었으며, 집과 집들이 성글게 동네를 배회하고 있었다.

'저들이 부자유와 인간의 정다움을 바꾸었다면 우리는 자유와 문명의 해악을 바꾼 것은 아닐까?' 체제가 부자유로워 민중들이 자신의 자유가 억압받고 있다는 것을 느끼지 못한다면 이는 오히려 '질서 있는 자유 사회'가 되는 것일지도 모른다.

한편 모란봉 식당 앞에서 아이젠(눈 쌓인 산을 등산할 때 미끄러지지 않도록 신발 밑에 붙이는 장비)을 푸는 데 검은색 성근 목도리에 우리 아버지가 겨울날 소에게 먹이를 줄 때 입던 재질의 검은 점퍼를 입고 있던 어떤 아저씨가 나에게 말을 건넨다.

"정상까지 갔다오셨습네까?" 이북 사람이다.

스물다섯의 나이에 황량한 DMZ 벌판을 지나 나와 얼굴을 마주보며 이북사람과 대화를 나누고 있는 나 자신이 내게 괴리감을 줄 정도로 지금 이 순간이 믿어지지 않을 정도였다.

"자주와 주체적인 정신이 우리의 삶에서 생명과도 같지 않았어요? 다른 나라와 외교를 할 때에도 자주적인 관계가 되어야 하듯이요……. 북측 사람들이 강직한 면이 있지 않았어요? ……."

여러 말 중 기억에 남는 북측 민간인의 애기다.

정치적인 애기가 오가는 것이 두려워 나는 그냥 이북 민간인의 말을 들어주는 입장을 하고 있었다. 먹고살기도 힘겨워하는 실정에 자기 나라가 으뜸임을 자부하고 싶어하는 사람이나 하고 싶은 말을 제대로 못 하고 뒤돌아 와야 했던 사람이나 모두 엇갈린 운명이 갖는 쓸쓸함을 남길 뿐이었다.

이남의 사람들

이북을 떠나 나는 남한의 나라는 사람이 살고 있는 J 빌라에 도착하고 그동안 욕구 해소가 되지 못한 음식들을 개새끼처럼 먹어대며 인터넷을 켰다. 17살 된 고등학생이 아르바이트를 하다가 노트북 살 돈을 마련하기 위해 어눌하게 보이는 30대 후반 아저씨를 산으로 유인하여 철근으로 머리를 박살내고 피해자의 얼굴을 수십 차례 가격하여 뭉갰다는 기사가 나의 눈에 들어왔다. 어느 쓸모없는 17살 된 개가 자신의 액세서리를 위해 자신보다 연세가 많은 병신을 철근으로 찔러댔다? 남들이 누구인지 알아볼 수 없도록? 이를 이북사람이 들었다면 어떤 반응을 할 것인지…….

어느 소설이 아니라 현재 한국이라는 나라가 정신과 가치와 생명의 존귀성을 상실해 가고 있다는 현주소일 것이다. 모든 이리들에 의한 이리들의 투쟁 상태! 어쩌면 중간에서 제3의 중립국을 선택해야 할지도 모른다. 아니…… 아니다. 어느 한 면만 보고 너무 예민하게 반응한 것뿐일지도 모른다. 돈만 있으면 다 되는 세상이 자본주의의 가장 큰 병이리라.

7. 젊은 불만

기간제 아르바이트

점심식사 시간에 같은 부서원 네 명과 함께 가까운 식당에서 조촐하게 회식을 했다. 그중 한 분은 기간제로 한 달간 중3 영어를 담당하게 된 선생님…… 아니, '기간제 아르바이트생'이었다. 기존에 계시던 정규 영어선생님께서 허리가 안 좋아 한 달간 병가를 쓰게 되어 대신 한 달을 메워주러 오신 것이다. 서울의 유명 대학교를 졸업하고 거대 은행에서 근무하다가 영어가 재미있고 선생님이 되고 싶어서 영어교과로 임용고시를 준비 중이라고 하셨다. 그런데 막상 직접 한 달간 중학교에서 영어를 가르쳐 보니 '영어선생님이 되어야 하나? 영어선생님이 되어서 행복한 삶을 살아갈 수 있을까?' 하는 의문을 갖게 되었다고 말씀하신다. 외국에서 살다가 온 학생들은 영어를 선생님보다 더 잘하는 것 같고, 그 밖의 학생들과 너무 실력 차이가 많이 난다. 더 중요한 건 학생들이 영어라는 교과를 너무 냉소적으로 임한다는 것이다. 그런 태도를 갖는 대다수의 학생들을 데리고 수업을 계속 전개해 나가기가 버겁게 느껴진다는 것이다. 또한 보다 현실적인 내용은 잘 알다시피 요즘 교사임용시험 경쟁률이 너무 높다는 것이다.

"제가 뭘 해야 될지 모르겠어요. 마땅히 취업할 곳도 없고 취업도 안 되고…… 올해 임용시험에 떨어져서 많이 방황했었어요. 이제 결혼할 나이도 되었는데 저의 미래가 정말이지 너무 불투명한 거예요." 기간제 여선생님의 말이다.

"선생님은 똑똑하시니까 꼭 임용시험에 합격하실 거예요. 계속 공부해서 내년에는 좋은 소식 들려주세요." 부장선생님이 말한 격려였다.

막막한 미래

2010년 1월 20일자 News에 따르면, 집값이 오르면서 최근 10년 사이에 결혼 비용이 두 배로 늘어난 것으로 나타났다. 결혼정보회사 ○○ 부설 한국결혼문화연구소는 지난해 결혼식을 올린 전국의 신혼부부 356쌍을 조사한 결과, 결혼비용이 1억 7,200여만 원으로 계산됐다고 밝혔다.

'돈이 별로 없는 내가 결혼할 권리가 있는 걸까……. 돈 없으면 사랑한다는 말도 잘 못 할 것 같은? 결혼하는 것이 부담스럽게 느껴진다. 결국 돈 없는 사람은 돈 없는 사랑과 결혼할 것이고, 돈 많은 자는 또한 그런 사랑만을 골라 결혼할 것이며, 나머지 많은 사람들은 결혼을 하지 못한 채 살아가게 될 것이다. 그리고…… 이제 아이가 태어나면…… 어떻게 하지?'

이러한 생각이 드는 순간, 앨 고어(Al Gore)가 출연했던 영화 '불편한 진실(Inconvenient truth)'의 한 장면이 뇌리를 스쳐 지나갔다. 지구온난화의 확산으로 인해 북극의 빙하가 녹아 북극곰이 얼음을 찾으려 방황하다가 한 조각의 얼음을 겨우 찾아낸다. 광활한 대해수

(大海水)에서 겨우 찾았던 한 조각의 얼음판은 유감스럽게도 북극곰이 의지하기에 너무 얇았다. 조그마한 의지처가 세 갈래로 부서졌다. 그리고 북극곰은 끝도 보이지 않는 북극의 바다를 헤엄치다가 더 이상 움직일 수 없을 정도로 힘이 다 빠지면 물에 서서히 가라앉을 것이다. 누구의 동정도 없이 조용히 사라질 것이다. 너무 조용하게……너무 간편하게…….

강해져야 한다

점심 식사를 끝내고 담소를 나누다가 학교 교무실로 돌아오는 복도에서 학교 엘리베이터 공사를 하시는 공사장 인부를 보게 되었다. 머리에 흰 머리를 얹은 그 마흔 후반의 아저씨가 이 추운 12월 겨울 날씨에 저 무거운 벽돌지게를 지고 계단을 오르내리셨다. '저분에게도 사랑하는 아내와 아이들이 있겠지?'

'아…… 내 일을 귀하게 여기며 참된 마음으로 부지런히 제대로 일하는 일꾼이 되어야겠소. 내 안의 이 부끄러운 감정이란…….'

그런데 나보다 처지가 어려운 사람을 보고 이렇게 용기를 얻는 간사하고 비겁한 나의 모습에서 dissatisfaction(불만)을 일으킨다.

그리고 다시금 마음을 새긴다.

강해져야 한다.

아량이나 선의를 베푸는 것은 승리자의 몫이지 처량한 자가 할 일이 되지 못한다.

일단 내가 잘되고 내가 승리해야 다른 사람을 도울 수 있다.

'진정한 내'가 이겨야 한다.

그러므로 '나'는 단지 나가 아니라, 구원의 보편자 類이다.

이러한 인물은 큰 仁의 광명을 세상에 펼치기 위해 '방법론적 이기주의'를 채택할 줄 아는 사람이며, 민족과 조국을 위해 정정당당하게 희생할 각오가 되어 있는 사람인 것이지, 단순히 자신의 지속적인 조잡한 이기적인 행태를 마음속에서 정당화하려는 하찮은 간신배가 아니다.

적어도 하찮은 인간이 되진 말자!

8. 시시포스의 바위를 짊어진 희망

적체된 한국사회의 정체성

최근 교직원 채용을 마친 서강대학교. 채용전형에 참여한 이 학교 교직원 김 모 과장은 높은 경쟁률과 지원자들의 면면을 보면서 벌려진 입을 다물 수 없었다고 한다. 세 명 모집에 지원자 수만 1,500여 명이 모였으니, 500 대 1이 넘는 경쟁률이다. 지원자들의 '스펙'도 화려했다고 한다. 명문대 졸업예정자, 석사 출신 지원자뿐 아니라 국내 굴지의 대기업에 재직 중인 사람도 수두룩했다. 서류전형에서는 10명 남짓한 토익 만점자가 탈락하기도 했다. 실제 합격자 세 명은 모두 삼성과 현대 등 대기업 출신이었다. 대학 교직원은 최근 구직자들 사이에서 '신이 내린 직장'으로 불리며 큰 인기를 끌고 있다고 한다. 연봉도 일반 기업에 비해 떨어지지 않으며 정년도 보장되는 데다 노동 강도도 세지 않다는 인식 때문이다. 지원자 A 씨는 "대기업에서 일을 했지만 잦은 야근과 높은 업무 강도를 견디기 힘들었다."면서 "좀 더 여유 있는 직장을 찾다가 교직원을 택하게 됐다."고 말했다.

이러한 얘기가 오늘날 대한민국 사회가 갖는 난제 중 하나이다. 우리나라의 모든 부모들은 자기 자식만은 편안하게 책상에 앉아 펜으로 괜찮은 월급 받으며 살아가기를 희망한다. 거기다 배우는 일을 가치 있게 여겨온 유교 문화나 한국 특유의 교육 열풍 문화의 영향으로 대학을 졸업하고 취업이 잘 안 되는 상황이라 대학원에 진학하여 석·박사 학위를 따는 사람들이 많다.

일단 많이 배우면 뭔가 될 수 있을 거라는 그 막연한 기대 속에서. 그렇게 석·박사 학위까지 받은 사람들이 대학교 행정직원 뽑는데 고개를 내밀고 있는 모양이란……. 대학교 행정직원의 일은 고등학교를 졸업한 기본적인 상식을 가진 자라면 능히 할 수 있는 일들이지, 굳이 석·박사 학위를 가진 자들이 할 일은 아니지 않은가! 단지 대학교 교직원의 일이 보수도 괜찮고 정년이 보장되는 데다, 그리 힘든 일도 아니니까 3명 모집에 무려 1,500명이 지원서를 제출한 것이다. 그 결과 3명은 아주 행복하게 대학교 교직원이 되었겠지만 나머지 1,497명은 또 다른 곳을 막연히 찾아봐야 한다.

불투명한 시시포스의 바위

불투명한 미래라는 시시포스의 바위를 산꼭대기까지 올렸다가 아래로 굴러떨어져 다시 올리기를 반복해야 할 것 같은 한국의 자녀들! 취업이 된다고 해도 언제 또 나와야 할지 모른다.

필자가 사범대학을 다니던 시절에 떠올렸던 일이다. '임용시험에 떨어지면 나는 뭐하며 살아가지? 우리 부모님은 평범한 농부인데……. 부모 밑에서 농사나 같이 할까……. 그래. 이렇게 불안한 도시인으로서 인간의 본연성을 어지럽히며 살기보다는 순박하게 자연의 섭리에 순응하며 살아가는 농부의 삶이 더 아름답지 않겠는가……. 그런데 임용시험을 포기하고 돌아온 아들을 우리 부모님은

웃으며 받아주실까?'

그러나 이러한 낭만적인 상상은 현실과 멀리 떨어져 있기 마련이다. 농촌에서 농사지으며 자급자족하는 삶이 쉬울 것 같은가? 어린 시절부터 보아온 농사라는 일은 무한 반복의 육체노동이며 농촌이라는 장소는 혼자서는 생존하기 힘든 곳이다. 개인만의 영역을 추구하고 마음속에서 이웃과 단절선을 긋고 있는 오늘날 도시인들이 제대로 살아가기 어려운 곳이다. 왜냐하면 그러한 도시인들의 이념과 배치되는 공동체주의가 농촌이라는 곳의 주요 이데올로기이기 때문이다. 물론 지금의 농촌은 어느 정도 Ideology shift(이념 전환)가 이루어지고 있다.

농촌 사회가 변하고 있다

농촌에서 어린 시절을 보낼 때만 해도 먹을 것이 있으면 이웃집과 나눠먹고, 우리 집 밭에서 기른 감자를 이웃집에 돈을 받지 않고 그냥 주곤 했었고, 동네 사람들이 함께 모여 단오제도 지내고…… 설날이면 동네 아이들이 한자리에 모여 동네 어르신들을 찾아뵈면서 세배를 하고…….

그런데 시간이 지나면서 자본주의 물질문명이 농촌 마을에 침투하면서부터 이제 아이들도 자기 집에서 전자 게임을 하며 혼자 놀고, 동네 어른들도 집에서 스카이 라이프로 TV나 영화를 시청하며 혼자 여가를 지내는 시간들이 늘어났다. 마을 단오제는 유명무실해지고 이웃과 함께 돕고 나누는 일들이 현저히 줄어들었다. 설날이면 그냥 자기 집에서 1박 2일로 간단하게 끝내고 헤어진다.

　도대체 왜 이렇게 변했나……. 지난날 어린 시절의 그 정겹던 나의 고향 마을이…… 농촌에 빚을 지지 않은 농가가 없다지만, 최소한 지금의 마을 사람들이 가진 돈이 10년 전보다는 더 많을 것인데 오히려 가난했던 시절보다 마음의 여유는 더 없다. 상대적 빈곤감이 가져다준 초조함인가?

　TV에 나오는 드라마를 보면 너무나 호화로운 생활 장면들을 목격할 수 있다. 요즘의 드라마는 가난한 자들의 이야기가 잘 나오지 않는다. 러브스토리를 전개할 때 주인공이 너무 가난하면 드라마 전개가 어렵게 된다. 그 가난한 주인공은 연애에만 집중할 수 없기 때문이다. 하루 세끼를 걱정하고 월세 밀린 것을 염려하고 자신의 실직 상태를 고민하는 등 생존 그 자체를 불안하게 느끼는 자들이 무슨 연애에만 그리 신경을 쓸 수 있겠는가. TV 드라마에 나오는 그림 같은 연애란 가진 자들에게나 실현 가능한 형상이다. 이러한 TV나 미디어의 형상들이 대다수 평범한 사람들에게는 상대적 빈곤감 내지 박탈감으로 다가오는 것이다.

　순박했던 산골 마을에 개인주의, 자본주의, 이기주의 이데올로기가 황소개구리처럼 입을 벌리고 얄팍한 인간의 말초신경을 토해내고 있을 일이다. 이제는 무미건조해진 산골 마을의 순박했던 사람들…… 그리고 그 산골마을에 어린 아이는 보이지 않고 어르신들의 하얀 머리털과 같이 동네가 조용하게 늙어가고 있었다. 농촌에 있는 거의 모든 부모들은 자기 자식만큼은 농사일하지 않기를 고대하면서…….

9. 우리다운 것을 잃어가고 있어

　오늘날 서양의 합리성이라 이름 짓는 그 무미건조하기 이를 데 없는 사상의 한계를 깨닫는다. 서양인의 개인주의는 구체적으로 말해서 '개인 안위주의'의 다른 명명에 불과하며, 합리주의라는 거창한 이름은 결국 '자기 이해득실에 관한 계산적 선별주의'에 지나지 않는다. 이따위 얼빠진 허무맹랑한 사상을 채용하려고 우중들은 지금도 서양을 외치며 "한국은 너무 합리적이지 못해. 서양에서는 안 그러는 데 말이야."라고 볼멘소리를 내뿜는다. 우리 민족이면서 우리 민족의 얼을 무시하고서 서양의 그 무미건조하고 단순하기 이를 데 없는 계산적 선별주의를 맥없이 따라가려고만 한다.

　우리 민족의 얼 앞에서 조국의 망조를 염려하고 계실 우리 조상님들의 모습이 퍼뜩인다.

　아…… 이 답답함이야 누구에게 말할 수 있겠는가…….

10. 돈만 바라는 그대들의 전도된 사회

비정규직의 절규

2009년 2학기를 앞두고 있던 대학가에는 한차례 칼바람이 불었다고 한다. 수많은 대학 강사들이 일순간 거리로 내몰리게 된 것이었다. 지난 6월 교육과학기술부가 내놓은 통계에 의하면, 통계에 응한 112개 대학에서 1,219명의 강사가 해직되었다고 한다. 다음은 현재 대학 강사로 재직 중인 분의 말이다.

"비정규직이라 갑자기 새로운 분들이 오시면 저는 언제든 제 강의가 다른 분에게 넘어갈 수 있습니다. 또 갑자기 체계가 바뀌어서 제 강의가 필요 없어지면 다음 학기에는 제 강의가 사라질 수도 있습니다. 객원교수라곤 하지만 2년을 연속으로 일하면 정규직으로 전환하는 법령 때문에 4학기를 연속으로 강의할 수 없습니다. 또 학기가 끝나면 제 강의를 들은 학생들로부터 강의 평가를 받게 되는데, 그 강의 평가가 80점 아래로 떨어지면 재계약 대상에서 제외됩니다. 제가 맡고 있는 강의는 학부 수업 2개와 대학원 수업 1개, 총 3개입니다. 한 주에 8시간 강의하는데, 수업 준비만으로도 한 주가 다 가 버립니다. 3과목 정도 강의하면 생활비 이외에 책 사보고 주말에 영화 두 편 정도 보는 정도입니다. 물론 저축은 하지 못하고, 옷 사는 것은 꿈도 꾸지 못하죠. 이런 상황에서 제가 강의 한두 개 정도만 하고 남은 시간에 글도 쓰고 혼자서 공부하겠다고 한다면, 그렇게 1~2년은 버틸 수 있겠지만……."

대학 강사분들은 학교에 오면 잠깐 앉아서 강의준비나 글을 볼 수 있는 공간이 부족하다고 한다. 강사 휴게실이 있는데 실제로 거기는 소파 몇 개 놓고 잠깐 쉬어가게 하는 곳이라서 강의준비를 할 수는 없다. 월요일은 강의 끝나고 저녁 강의까지 빈 시간인데, 지금은 학교 근처 커피숍을 전전하며 거기서 책을 본다든지 강의 준비를 한다고 들었다.

가치가 전도된 한국 사회에서 생존하기

"대학 1학년 수업의 경우, 수업 분위기를 위해 학생들을 훈계하면서 수업을 잘 이끌고 싶은데, 이 순간 이런 생각이 듭니다. 만약 학생들에게 충고를 줬다가 이 학생들이 나에 대한 강의 평가를 다 빵점 주면……. 다음 학기에 강의 못 맡게 되는데…… 어떡하지……."

적당한 선에서 학생들의 비위를 맞춰 주면서 강의를 끝내야 한다. 더 가르쳐 주고 싶지만 더 가르쳐 주면 학생들이 피곤해하며 강의평가 점수를 낮게 줄까 봐 적당히 하고 쌈박한 것만 골라 가르쳐야 한다. 학생들과 진정으로 교감하며 수업하는 건 어려워 보인다. 이제 내년부터 중고등학교에서도 이러한 교사평가가 이루어진다고 한다. 학생이 선생님을 평가한다는 것이다. 진정으로 가르치다 보면 때론 학생들이 공부하기 어려운 것도 가르쳐야 하고, 학생들의 잘못된 습관도 바로잡아 줘야 할 것인데……. 그럼 인기가 떨어지는 건 아닐까? 그래서 불안해…… 학생들의 입맛을 잘 맞춰 주지 못한 불량 인조인간으로 낙인찍히면.

이러한 모습들이 실용주의가 득세하고 있는 상업화된 사회가 갖는 병리이다. 효율성, 경쟁, 무미건조함, 비인간화, 즉시성, 얄팍함, 계산, 모든 것을 돈으로 환산.

한편 2009년 모 대학 시간당 강사료가 평균 43,800원이라고 한다. 한 주에 3개의 강의, 9시간 수업을 한다고 할 때, 한 달에 약 150~160만 원을 버는 셈이다. 물론 강의를 준비하는 시간이나 방학 때 강의가 없다는 점을 고려하면…… 그리고 다음 학기에 강의를 이어서 할 수 있을지가 보장되지 않는다는 그 적막감과 압박…….

인터뷰했던 대학 강사는 해외 유학까지 다녀온 사람이라는데…… 그럼 박사학위 딸 때까지 공부를 10년 정도는 했을 것이 아닌가……. 공부를 10년 정도 하고 월급 150~160만 원을 불안정적으로 받고 있다는 말인데……. 그리고 10년 정도 일하다가 마흔 살 정도 되면 다른 직업 찾아봐야 할 건데…… 만일 100살까지 심장이 살아 있다면 어떻게 살아남지? 지금의 대학 강사들의 지위가 불안정한 것은 그네들의 머리가 둔해서일까? 아니면 운이 없어서일까? 그렇지 않다면 기성세대들이 이미 들어갈 자리를 다 차지하고 있어서일까……. 공부는 오늘날 신세대 대학 강사들이 더 열심히 했을 것도 같은데……. 흔히 말하는 스펙(직장을 구할 때나 입시를 치를 때 요구되는 학벌·학점·토익 점수 등의 평가요소)도 더 많이 쌓고 말이다.

지금의 한국사회를 살아가는 상당수의 대학생들은 졸업을 해도 취업을 못 하고 있다. 그런데도 결혼해서 일단 애는 많이 낳으라고 한다. 애를 낳아서 취업도 안 되는데…… 그리고 우리나라 부모들은 자기 아이만은 편안하게 책상에 앉아서 안정적으로 월급 받으며 부유하게 살기를 희망하고 있는데…….

그래서 청년들이 (좋은 자리를 선점한 기성세대인) 부모의 백에 의존해 있는…… 자기 부모가 잘살면 자기 자신도 잘사는 걸로 착각하고 어깨에 힘주고 다니는 어떤 자들……. 취업하기 어려워 실의에 빠져 있는 한국의 청년들 틈으로 부모가 사준 비싼 자동차를 타고 다니며 옆자리에는 다시 그 남자의 부모 백을 흠모하여 안락한 데이트를 즐기고 있는 미천한 여친……. 그 사람들은 자기 내면의 수양에는 별 관심 없다. 단지 옷을 섹시하게 입고 자기 몸매를 S라인으로 보이게 하고 자기 얼굴을 섹시하게 성형하는 데만 관심이 있다. 돈 많은 부모를 가지고 있는 이 남자의 아내가 되어 드넓은 자기 저택에서 자신의 유전자를 보존해 줄 아이를 낳고 안락한 삶을 즐기고 있을 자기 자신의 미래를 기대하며……. 이 남자를 진실하게 사랑하고 있는가는 그리 중요치 않다. 왜냐하면 중요한 것은 이 남자로 하여금 자신이 진실하게 사랑하고 있는 것으로 인식하게 만들면 과제를 수행한 것이기 때문이다. 오늘날과 같은 세태에 살아남는 혹은 기생하는 괜찮은 방법이다.

자본주의적 유인에 유린당한 어떤 당신들

노골적인 자본주의 상술 사회로 쓰러지고 있을 우리들의 한국 사회를 염려해 보며, 필자가 도올 김용옥 선생님의 'EBS 논술세대를 위한 철학교실' 22강을 공부하고 나서 쓴 글을 다음과 같이 싣는다.

현대 자본주의 사회는 우리들을 경쟁의 사회로 몰아넣었다. 그래서 쟁(爭)의 사회가 되었다. 무엇이 본질인지도 모른 채 말이다. 그 경쟁체제의 유지를 위해 필수적인 장치가 있다. 그것이 capitalistic incentive (자본주의 활성화를 위한 모든 유혹장치)이다. 이러한 자본주의 체제가 우리들을 도둑놈으로 만드는 것은 아닐까? 돈만 벌자는 집착! 이는 인간의 인간다움에서 멀어지는 불행의 방향이 아닐는지…….

국민의 에너지를 모두 효율적 상품생산에만 소진시키면, 그 사회는 잘살게 되는 것이 아니라 오히려 붕괴될 수 있다. 자본 효율성만 내세운다면 가진 자들의 향락 사회로 전락하게 되며, 못 가진 자들은 모종의 소외감과 자기 멸시감으로 패배자로 기생하게 된다. 얼굴에 미소를 잃으면서 말이다. 아이러니하게도 그 가진 자들의 삶 자체도 형편없이 인간다움으로부터 왜곡된 유위(有爲)적인 삶에 불과하게 된다는 점이다. 그러다가 시간이 되면 무의미하게 죽고 마는……. 우리들은 가치의 기준을 근원적으로 옳은 방향으로 선회해야 할 시기에 왔다. 돈을 더 많이 갖는 데 삶의 목표를 세울 것이 아니라, 보다 인간다운 삶을 위해 노력해 가는 길을 택하고, 사람으로서 갖는 삶의 여유와 도덕과 아름다움을 추구하는 데로 삶의 주요 관심이 놓여야 진정으로 의의가 있는 영혼의 순결한 빛으로 거듭날 수 있는 것이다. 여기서 혹자는 영혼의 순결한 빛으로 현세의 삶을 마감하는 것이 그리도 중요한가라는 물음을 할 수 있다.

아름답고 차분하게 죽기 위해 지금의 생활을 인간답게 해야 하는 것은 아닐까? 그러한 삶 자체가 예술이기도 할 것이다. 그리고 그렇게 하는 것이 인간이 부여받은 이(理)의 발현이라 보며, 이(理)를 발현하는 자가 하늘의 자연스러운 질서에 동행할 일이다. 이것이 인간이 누릴 수 있는 최고의 경지…….

직관이다! 과학자나 수학자가 수학공식이나 과학적 실험과 관찰로 새로운 이론이나 자연 세계의 법칙을 발견한다고 생각하는가? 자신의 상상이나 직관을 수학 공식으로 표현하거나 자신의 관념을 실험과 관찰로 명료화하는 행동에 불과하지 않을까? 인간에게 있어서 직관이 갖는 중요성을 실증주의라는 시대의 왜곡된 사상에 의해서 망각하고 있다. 과학적 실증주의가 갖는 문제점은 실제로 증명할 수 있는 것만을 얘기하자고 또, 얘기할 수 있다고 하면서 정작 실증주의만이 옳다는 생각은 직관에 의거해 있다는 것과 실증주의가 실제로 사건이나 현상의 부분만을 검증할 수 있음에도 불구하고 모든 현상에 적용해야 하는 그 인식적 틀로 받아들여져야 한다고 믿어 버려서 실증적이지 못하게 되었다는 점이다.

"경쟁은 인성을 피폐시킨다."

"不見可慾(불견가욕)" 욕심낼 만한 것을 보여주지 마라. 그렇지 않으면 민심이 심란하게 되니…….

그렇게 자본주의에 혹하는 자들만 있는 사회는 자멸하게 되어 있다. 그렇게 유치하게 살아가는 족속들만 있게 되니 말이다. 자본주의 체제에 물든 자는 자기 생각이 없이 미디어나 일반화된 편견이 그 자리를 대신하게 된다.

진정한 인간성을 회복하려면 우선 TV, 인터넷이라는 미디어로부터 자극 제한을 감행해야 할 것이다. 그리고 그 자본주의 상술 체제에 사로잡힌 광신도들과 거리를 둘 필요가 있다. 남들을 따라하는 '따라쟁이' 껍데기의 삶은 그리 유쾌한 일이 아니지 않은가? 또한 ○○ 대형 마트 등에서 소비하는 것을 최소한의 필요 수준으로 낮추어야 한다. 이러한 자본주의 상술의 장에 우리들 자신의 얼굴을 노출하는 것도 되도록 삼갈 필요가 있다. 우리들이 세상을 보다 잘 알기 위해 뉴스를 본다고 하지만 그럴수록 세상을 더 모르게 되는 위험이 있는 것은 아이러니다.

"경쟁을 안 해도 될 정도의 진정한 실력과 자질을 갖추어야 쟁(쟁: 싸움)하지 않을 수 있다."　　　　　　　　　　　　　　　　－ 노자 －

월등하면 구차하게 싸울 필요가 없지 않은가……. 노자 사상이 이래도 게으름을 조장하는 사상인가?

아직도 20 대 80

21세기가 되고 앨빈 토플러가 말한 제3의 물결이 몰아친 최첨단 정보 기술 사회가 되었는데도 우리들은 아직도 생존 그 자체에 골몰하고 있다. 나는 지금 하루 삼시 세끼를 챙겨먹기도 버거운데 미래학자들은 최첨단 생명공학의 시대, 우주 과학 시대를 선전한다. 나는 지금 당장 외출할 마땅한 옷도 변변찮은데 말이다.

그럼 나는 '20 대 80의 사회'에서 그 80% 부류에 속한 최첨단 정보 기술 사회의 거지인가? 한국보건사회연구원 박순일 연구위원도 "전통적 양극화론은 금융소득으로 인해 극소수 부유층이 생겨나고 중산층이 빈곤층으로 전락하는 모델이었지만 최근 우리 사회에서는 상위로 편입되는 계층은 별로 나타나지 않으면서 하향식으로만 가는 양상이 나타나고 있는 것 같다."고 우려했다. 국가가 앞장서 구제대책을 세워야 하지만 특히 중산층 붕괴와 연봉제 실시에 따라 화이트칼라 계층에서도 양극화의 조짐은 사라지지 않고 있다. 이런 양극화 현상을 극단적으로 이르는 말이 '20 대 80의 사회'이다.

소득으로 따져서 상위 20%만 부유층으로 편입되고 그렇지 못한 80%는 빈곤층으로 전락하고 말 것이라는 이 불길한 시나리오! 국가가 나서서 빈곤층 대책을 마련해야 할 것이고, 더욱 중요한 것은 앞으로도 점점 개인주의화할 수밖에 없는 한국 사회의 직장인들이 어떤 자세로 다가올 사회에 대처하는지의 문제다. 경쟁이냐 도태냐, 도약이냐 안주냐, 외길에서의 선택을 강요받을 이 시대의 직장인들은 이런 문제에 대해 한 번도 예습을 해 본 적이 없기 때문이다.

그런데 문제는 그런 거지들이 대다수가 되고 있는 한국사회라는 점이다. 상위 몇 %의 졸부들이 한국사회의 자본을 점점 더 독점해 가고 있는…… 편향된 사회. 다른 세계에 살고 있는 사람들…… 동정이 없는 사회…….

"ALL ANIMALS ARE EQUAL BUT SOME ANIMALS ARE MORE EQUAL THAN OTHERS(동물들은 모두 평등하다. 하지만 어떤 동물들은 다른 동물들보다 더욱 평등하다)."

- 조지 오웰, '동물농장' 중에서 -

돈의 노예

창밖에선 지금 11월의 겨울비가 음울하게 내리고 있다. 이 모습이 현재의 우리 사회가 밟고 있는 잘못된 행로를 암시하는 듯해서 그 을씨년스러운 창밖의 광경을 보지 않기 위해 난 창가의 커튼을 쳤다. 그리고 나는 혼자이며, 내가 있는 작은 방 한 칸은 보일러를 아끼기 위해 차가운 상태다. 내 방 한 구석에 놓인 중고 TV에서는 성형 수술한 연예인이 비싼 집에서 비싼 옷만 입고 눈물을 흘리고 있는 왜곡된 드라마가 흘러나오고 있다. 저 돈 많은 연기자가 흘리고 있는 눈물 한 방울은 또 얼마일까? 또한 저 눈물은 무엇을 위한 수단으로 쓰이고 있는가……. TV를 보고 있는 수많은 사람들로부터 동정심을 유발하여 자신의 몸값을 높이기 위해? 평민이 따라 하기에는 너무 비싼 삶의 양식인 것 같다.

TV에 나오는 연기자의 연기처럼 한국사회가 지금 연기자들의 쇼로 뒤범벅이 되고 있는 것은 아닐까? 그 연기가 너무 진짜처럼 느껴지도록 만들어서 무엇이 실제이고 무엇이 이미지인지도 헷갈리게 하는 사회…… 다른 나라들도 상태가 이러한가?

인터넷 기사들의 제목 자체도 매우 자극적이다. 클릭을 하게 만들어야 하기 때문이며, 그 클릭과 함께 광고가 컴퓨터 화면에 나타나도록 함으로써 어떤 식으로든 돈을 더 벌어야 하기 때문이다. 우매한 민중들의 정신과 마음까지 교란시키는 데도 책임감이 없다.

돈만 벌면 그만이니까.

11. 정의로운 경쟁

경쟁이란 자연스러운 일

경쟁이란 사람들이 자신의 욕망을 충족시키기 위해 서로 노력하는 과정이다. 이때 말하는 자신의 욕망은 나를 나답게 하는 지향적인 힘이며, 욕망이 없는 삶은 죽은 삶이다. 왜냐하면 거기에는 아무런 움직임이 없기 때문이다. 그리고 그 욕망의 대상이 교차하는 지점에서 경쟁은 필연적으로 일어나게 되어 있다. '필연적'이므로 또한 자연스럽다. 이러한 욕망과 경쟁은 문명 진보의 원동력이다. 이것이 인간의 본능이다.

중요한 것은 인간의 본능인 경쟁 자체를 하지 못하게 하는 일이 아니라, 경쟁을 공정한 규칙(rule)에 따라 정정당당하게 할 수 있도록 우리 사회의 시스템을 정의롭게 구축해 나가야 한다는 것이다. 절차나 과정이 부정부패(不淨腐敗)하다면 그 결과에 대해 어떻게 우리들이 신뢰를 보낼 수 있겠는가 말이다.

존 롤스의 정의론

「정의론」의 저자 존 롤스(John Rawls, 1921년 2월 21일－2002년 11월 24일)에 따르면 정의로운 사회란 첫째, 각 사람은 다른 모든 사람의 자유와 양립할 수 있는 평등한 기본적 자유를 최대한 누릴 수 있는 사회이다. <제1원칙＝평등한 자유의 극대화> 모든 사람은 침해되어서는 안 될 기본권을 지니고 있으며, 따라서 공평한 대우를 받아야 한다. 이는 기본적인 권리와 의무의 할당에 있어 평등을 요구하는 것이다.

둘째, 사회적, 경제적 불평등은 최소 수혜자에게 최대의 이익을 보장하되, 후세를 위한 절약의 원칙에 위배되지 않도록 조정되고, 또 그 불평등의 계기가 되는 지위는 공정한 기회 균등의 원칙에 따라 모든 사람에게 개방되는 사회이다.

사회적, 경제적 불평등, 예를 들면 재산과 권력의 불평등을 허용하되 그것이 모든 사람, 그중에서도 특히 사회의 최소 수혜자에게 그 불평등을 보상할 만한 이득을 가져오는 경우에만 정당한 것임을 내세우는 것이다.

특히, 이 둘째 원칙은 이른바 '차등의 원칙'이라 불리는 것으로써, 천부적으로나 사회적으로 가장 혜택 받지 못한 계층을 비롯한 모든 사람들에게 인간다운 생활을 위한 최소한의 조건이 보장되어야 한다는 것과, 일단 그 조건이 충족된 다음에는 각자의 능력이나 업적에 따른 차등 분배가 이루어져야 한다는 것을 천명한 것이다.

차등적 처우는 그것이 최소 수혜자를 위시한 사회 전반에 가져올 이득 때문에 정당화되고 있다는 점이다. 다시 말하면 불평등은 보다 불리한 자들의 처지를 향상시키는 데 기여한다는 사회적 유용성에 의해서만 정당화될 수 있다.

한편 정의의 원칙은 우연과 행운을 배제하기 위한 것이 되어야 한다. 그에 의하면, 기회 균등의 원칙은 동일한 능력이나 재능을 가지고 동일한 노력을 할 경우에 같은 분야에서의 동일한 성공을 보장하기 위한 원리이다. 기회 균등을 보장하기 위해 사회는 높은 상속세를 부과하고 광범위한 의무 교육과 의료 보험을 실시해야 하며, 모든 형태의 차별 대우를 폐지해야 한다. 이러한 기회 균등의 원칙이 성공적으로 작동하는 정도에 따라 사회적 분배는 능력, 재능, 노력 등에 의거한 업적이나 공적에 비례하게 될 것이다.

정의의 여신

정의 (혹은 법)의 여신은 오른쪽엔 칼을, 왼쪽엔 저울(천평칭: 가운데 세운 줏대의 가로장 양끝에 저울판을 달고, 한쪽에는 달 물건을, 다른 한쪽에는 추를 놓아서 평평하게 함으로써 물건의 무게를 다는 저울)을 들고 있는 것으로 묘사되고 있다. 저울은 엄정한 정의의 기준을 상징하고, 칼은 그러한 기준에 의거한 판정에 따라 정의가 실현되기 위해서는 힘이 있어야 함을 의미한다. 그래서 플라톤도 정의사회가 되기 위해서는 정의의 기준을 아는 지혜와 실현의 능력을 갖춘 힘을 겸비한 철인왕(哲人王, Philosopher King)이 요구된다고 했다. 그런데 정의의 여신은 이외에도 눈이 먼 맹인으로 묘사되고 있다. 이는 정의와 불의의 판정에 있어 사사로움을 떠나 공평성을 유지해야 한다는 상징이다.

12. 호연지기(浩然之氣)로 조국의 명(命)을 받들다

'젊음'이라는 단어

사람에게는 누구나 태어날 때부터 하늘이 부여하는 '명(命)'이라는 것이 있다. 우리들 자신이 진정으로 가야 할 길 말이다. 그것을 일찍 발견하면 현묘(玄妙: 이치나 기예의 경지가 헤아릴 수 없이 미묘함)한 인물이요, 많이 헤매다가 늦게라도 찾아 나서는 자는 젊은이이다. 그리고 알지만 너무 늦었다고 포기하는 자는 늙은이이다. 나이가 일흔이라도 내 안에 '젊음'을 간직할 수 있어야 한다. 이때 말하는 '젊음'이라는 단어는 physical(육체적인)한 힘을 가리키는 것이 아니라, 잠시 쉬다가도 언제든지 지금의 정체를 박차고 스스로 새로워지려는 마음속 의지의 약동 그 자체를 의미한다. 자신을 가다듬지 않으면 지구상의 누구든지 나태해지고 곤궁해지며, 종국에 가서는 초라한 자기 자신으로 전락해 버리고 만다. 그리고 별 볼 일 없는 놈(者)이 되거나 작은 일에 흥분하여 언성을 높이는 치졸한 인간으로 떨어진다. 더 떨어지면 자신의 마음과 정신을 술이나 마약에 내맡기는 인간 같지 않은 생물체가 될 것이다.

삶은 쉼 없는 흐름

항상성이란 무엇이 끊임없이 그러한 특성으로서 고정적인 것이 아니라, 상황에 대한 가장 역동적이고 민감한 반응 태세를 동반한다. 항상성이 쉴 수 없는 상황 적응에의 계속적인 반응을 수반했을 때만 유지되는 성분이라는 말이다. 우리들 자신이 자기 자신에 대해 갖는 Identity(정체성)가 유지되려면 계속 움직여야 한다. Identity를 필자는 세계 내에서 만나게 되는 문제 상황에 대한 자신의 실천적 문제 해결 능력에 관한 평가적인 자기 내적 언어라고 본다. 자기 내적 언어인 Identity 형성에는 자신의 축적된 문제 해결 양식·상황·사회의 평가가 영향을 미치고, 이는 어느 정도 일관성을 지닌다. 그러나 인간의 Identity 본질상 그 존재 기반이 無이므로 인간은 늘 자신의 Identity 확인에 골몰하고 자신의 Identity에 항상성을 부여하기 위해 어떤 식으로든 움직인다. '나는 이러이러한 사람이야. 또 이렇게 해야 해.'를 유지하기 위해서……. 인간이 사랑스러운 것은 이런 진실한 열정에서이다. 향상된 Identity에 항상성을 부여하기 위해서는 세계 내에서 직면하게 되는 문제 상황에 대한 가장 역동적이고 민감한 반응 태세가 요청된다. 그런 고로 삶은 쉼 없는 흐름!

그리고 새로워져야 한다. 이것이 인간의 어찌할 바 없는 운명애(運命愛)이다. 보라! 지금 공부를 해야 할 건지, 하지 않고 TV를 볼 건지를 선택해야 하는 지금 상황에서 만일 그냥 계속 의자에 멍하니 앉아 있는 것도 일종의 선택을 한 것이며 단지 그 선택이 내 심동(心動: 마음속 움직임)의 Impact(충격, 집중화된 기운)를 강하게 받지 않아 마치 자신이 그러한 선택을 하지 않은 것처럼 보일 뿐이다.

그러나 가만히 멍하게 있는 것도 선택은 선택이다. 그리고 그 선택에 따른 결과에 대한 영향을 받는 자도 우리들 자신이며, 그러한 영향에 대한 책임이나 후회, damage(피해)도 고스란히 우리들 자신에게로 밀려든다. 그리고 이러한 '밀려듦'은 매일 매순간 계속적으로 모든 사람에게서 이루어지는 삶의 Process(과정)이다. 직장에서 몇 년간 일을 열심히 하다가 1주일간 연가를 내고 집에서 휴식을 취할 때도 어김없이 우리들은 가만히 있지 못하고 언제나 움직여야 한다. 밀린 빨래도 해야 하고, 집 안 청소도 해야 하며 몸도 씻어야 한다. '시간의 멈춤'이란 적어도 이 지구상에서는 있을 수 없는 상상계의 화두일 뿐이다.

이렇게 쉴 수 없고 언제나 움직여야 하는 존재가 우리들이라면, 오히려 적극적으로 움직여서 우리들 자신이 진정으로 가야 할 길을 부지런히 과감하게 달리는 삶이 더 매력적이지 않겠는가! 어차피 우리들의 생명줄이란 어느 정도 정해져 있는 것이고, 그 제한된 생명 기간 안에 뭔가는 해야 하지 않겠는가?

고민을 벗어난 깨달음

내일 내가 죽는다고 해도 나는 오늘처럼 게으르게 시간을 버릴 것인가?

내일 내가 죽는다 해도 나는 오늘처럼 사람을 겁내며 자신감 없이 살아갈 것인가?

내일 내가 죽는다 하여도 나는 오늘처럼 내 주위 사람들을 미워하며 살 것인가?

내일 죽는다 해도 지금처럼 가진 돈에 매이며 살아갈 것인가?

내 주머니에 있는 지금의 돈은 진정으로 내 것이 아니라 빌려 있는 임시물이지 않은가…….

아…… 고집멸도(苦集滅道)라! 고집멸도(苦集滅道)는 불교의 근본 원리인 사제(四諦)의 첫 글자를 따서 이르는 말이다. '고'는 인간의 살아 있음이 괴롭다는 생로병사의 괴로움을, '집'은 그 '고'의 원인이 집착임을, '멸'은 속세의 번뇌를 벗어난 깨달음의 경지를, '도'는 그 깨달음의 경지에 이르는 수행법을 의미한다. 모든 고통은 어리석음과 그에 따른 부질없는 집착에 의거해 있다. 이때의 苦는 세상의 이치를 그르쳐서 오는 근원적인 고통을 의미한다.

보다 멀리 그리고 넓게…… 바라보라!

뭔가 의미 있는 일을 해야 한다

우리들의 제한된 생명 기간 안에 뭔가는 해야 한다. 그런데 그 뭔가가 술집이나 나이트클럽이나 룸살롱에 가서 먹고 놀고 즐기고 자신의 정액을 맘대로 배출해 버리는 식의 향락에 그친다면 그 업보를 나중에 어찌 혼자 감당해 낼 수 있겠는가! 사람이 죽으면 그걸로 끝나는 것이 아니다. 하늘에 가서 현 생애에 대한 판정을 받게 된다. 또한 방탕한 삶을 산 부모의 자녀는 필히 정확하게 자기 부모의 업보를 고스란히 보게 된다. 사람이 죽어서 살아온 삶의 노정을 판정받지 않으면 살아 있을 때 성실히 참된 마음으로 산 선량한 사람들의 정성이 너무 헛되지 않겠는가? 또한 방탕한 삶을 산 부모의 자녀가 그 부모의 교태로움으로 인하여 부모를 지극히 효도로써 공경한다면 어디가 안 맞지 않는가 말이다. 상식을 가진 분들이라면 이러한 말에 동의하리라 본다. 그래서 우리들이 제한된 생명 기간 안에 뭔가를 해야 한다면, 참된 마음을 갖고 진정으로 우리들 스스로가 해야 할 일을 부지런히 그리고 묵묵히 수행해 내는 삶을 적극적으로 살아내자! 이러한 mechanism(운영 원리, 운행 방식)이 한정된 우리들의 삶을 아름다운 빛으로 승화시키는 route(길, 수단, 방법)이다.

그렇게 할 수 있으려면…… 마음 안에서 변명이나 핑계를 없애고 나 자신이 나 스스로를 굳건히 믿을 수 있도록 의지를 다잡고 또 매일매일 마음속으로 의지를 바로잡아야 한다. 그 실천양식은 내 안의 의지에 세운 나의 약속을 나 자신이 철저히 준수하는 자율인(이때 말하는 자율인은 자신을 자유자재로 규율할 줄 아는 참된 도덕인)의 일상생활이다. 내가 세운 약속을 내가 지켜야 나 자신을 내가 굳건히 믿을 수 있고, 큰일도 해낼 수 있게 된다. 왜냐하면 자기 자신이 해낼 수 있다고 믿을 수 있기 때문이다.

큰 인물은 우선 도덕적 됨됨이부터 갖춘다

자신이 하는 행동에 믿음이 실려 있어야 도덕적 기개를 갖출 수 있고, 이러한 호연지기(浩然之氣: ≪맹자≫<공손추(公孫丑)>의 상편에 나오는 말이다. 하늘과 땅 사이에 가득 찬 넓고 큰 원기. 거침없이 넓고 큰 기개)를 갖춘 인물은 몸이 약할지라도 어떤 누구도 두려워하는 법이 없고 천하를 맡겨도 일을 바르게 수행해 낼 큰사람이며, 따라서 하늘이 끝내 버리지 않을 인물이다.

"군자의 學(학)은 수신이 그 반이요 나머지 반은 牧民(목민)인 것이다. 성인의 시대가 이미 멀어졌고 그 말씀도 없어져서 그 도가 점점 어두워졌으니, 오늘날 백성을 다스리는 자들은 오직 거두어들이는 데만 급급하고 백성을 기를 바는 알지 못한다. 이 때문에 下民(하민)들은 여위고 시달리고, 시들고 병들어 서로 쓰러져 진구렁을 메우는데, 그들을 기른다는 자는 바야흐로 고운 옷과 맛있는 음식으로 자기만 살찌우고 있으니 어찌 슬프지 아니한가."

– 다산 정약용, '목민심서' 서문(1821년) 중에서 –

고위 정치인이나 대통령이 되려 하기 전에 자신이 이러한 도덕적 기개를 갖춘 됨됨이가 바르게 된 인물인지부터 자기 양심의 심판을 통과해야 할 것이다.

"도덕성이 경쟁력입니다!"

대한민국이 새롭게 도약하려면 도덕성이 중요하게 인식되고, 인격을 갖춘 인물이 존중받는 '올바른 나라'가 되어야 한다. 그런데 지금은 실용주의가 판치는 따라서 도덕보다는 효율성이나 돈을 가져다주는 결과 따위에 혈안이 되어 있는 사회이다.

　지금을 사는 서민들의 눈가에 위태로움으로 가는 조국의 뒷모습이 내려앉고 있는 건 아닐까?

제 3 부

위태로운 대한민국의 교육

1. 악령들의 축제

어느 큰 도시의 중학교에서 담임선생님으로 있을 때, 나는 순박한 마음에서 나의 삶을 살아가는 바른 자세와 옳은 가치관 등을 내가 담당하고 있었던 우리 반 아이들이 그대로 보고 배워서 바르게 살아가 주기를 기대하였다. 그러나 불행하게도 그것은 어리석은 동화였으며 재미없는 상상에 불과했다는 것을 이제야 인정하게 되었다. 너무 늦게 깨달은 나를 너무 비웃지는 마라.

각인은 각인의 그러한 바대로 살아갈 따름인 것을…… 스스로 自 자에 그러할 然이다.

나의 잘못된 인식들과 집착들을 저 멀리 보이지 않는 우주 은하계의 이름 모를 별자리로 끊임없이 밀어내고서 나는 또한 나의 길을 가는 것이 세상사의 이치라는 것을…….

너무 슬퍼하지는 마라. 저 아이들도 속으로는 울고 있다. 무엇으로 살아가는지도 모르고서 학부모가 조여 준 학원의 태엽을 등 뒤에 감고서 매일 풀린 태엽을 다시 또 조이면서 살아가는…… 작은 로봇.

2. 폭력을 예찬하고 있을 나르키소스들을 위한 구토

나르키소스(Narcissos)

나르키소스(Narcissos)는 그리스 신화에 나오는 강의 신 케피소스와 요정 레이리오페의 아들이다. 그의 어머니는 나르키소스가 자기 자신의 모습만 보지 않는다면 오래 살 것이라는 예언을 듣는다. 그러나 나르키소스는 요정 에코 또는 애인 아메이니아스의 사랑을 거절하여 신들의 노여움을 사고 만다. 결국 샘물에 비친 자신의 그림자를 보고 사랑에 빠져 이룰 수 없는 사랑을 갈망하다가 죽는다. 그가 죽은 자리에 꽃이 피었는데, 그의 이름을 따서 나르키소스(수선화)라고 불렀다고 한다.

관리자의 이데올로기 앞에 서서

요즘은 각 교과마다 시험 원안지를 교감, 교장선생님께 결제받기 바쁜 때이다. 오늘 퇴근 무렵에 관리자께서 내가 만든 중2 도덕 기말고사 시험지를 결제할 수 없다고 통보한다. 9번 문항이 문제였다. 그 9번 문항의 초안은 다음과 같았다.

9. 한미FTA에 관하여 다음의 필자가 우려하는 점으로 가장 타당한 것은?

한미FTA가 이루어지면 한국의 교육, 보육, 의료, 법률 체제 등이 미국식 체제를 따를 수 있다. 가령 미국인이 세운 한국의 학교에서 미국말로 수업을 하고 미국의 정신을 배우며, 대학도 미국으로 가는 경우를 생각할 수 있다. 우리 민족은 한미FTA를 통해 돈 몇 푼 버는 일보다 더 큰 것을 잃을 수 있다.

① 미국의 세계 식민지화
② 우리나라 경제의 몰락
③ 우리 민족정신의 미국화
④ 한국의 스크린 쿼터 축소
⑤ 미국에 의한 대한민국 주권의 침탈

관리자께서 위 문제를 보시고선, "이 문제는 정치적인 문제라서 너무 민감한 문제야. 빼는 게 좋겠어. 그리고 FTA에 대해서 학생들에게 부정적인 내용만 강요하고 있잖아."라고 신경질적인 말투로 말하셨다.

'우리 인간의 삶이란 어느 것 하나 정치와 관련되지 않은 것이 많지 않은데, 그럼 정치적 주제는 시험 문제로 낼 수 없다는 건가? 그래도 한미FTA에 대해서 어느 한쪽의 얘기만 있었던 것은 사실이니, 나는 다음과 같이 문제를 수정하여 결제를 득하고자 했다.

9. 한미FTA에 관한 다음의 대화에서 을이 우려하는 점으로 가장 타당한 것은?(4.0점)

> 갑: 을아! 한미FTA를 해서 우리나라의 우수한 상품을 미국에 팔면 많은 수익을 거둘 수 있을 거야. 너는 어떻게 생각하니?
> 을: <u>사람에 따라 다르게 생각하겠지만,</u> 한미FTA가 이루어지면 한국의 교육, 보육, 의료, 법률 체제 등이 <u>미국식 체제를 따를 수 있다고 생각해.</u> 가령 미국인이 세운 한국의 학교에서 미국말로 수업을 하고 미국의 정신을 배우며, 대학도 미국으로 가는 <u>경우를 생각할 수 있을 거야.</u>
> 갑: 그래도 한미FTA를 통해 우리나라의 경제 성장에 도움이 되도록 힘써야 하지 않을까?

① 미국의 세계 식민지화
② 우리나라 경제의 몰락
③ 우리 민족정신의 미국화
④ 한국의 스크린 쿼터 축소
⑤ 미국에 의한 대한민국 주권의 침탈

갑과 을의 서로 다른 생각을 균형 있게 배치하였고, 을의 말에서 밑줄 친 바와 같이 "사람에 따라 다르게 생각하겠지만"이라는 문구를 넣어 어떤 현상에 대해서 다양한 판단을 내릴 수 있다는 열린 사고의 가능성을 존중해 주고자 했다. "미국식 체제를 따르게 된다."가 아니라, "미국식 체제를 따를 수 있다고 생각해."로 고쳤다. 을이라는 사람은 그렇게 생각한다는 것을 강조하고자 했다. 또한 "경우를 생각할 수 있을 거야."라고 하여 역시 가능한 미래에 대한 전망을 을이 내놓은 것임을 나타낸 문장이었다.

'이쯤 하면 문제가 편향되었다고 했던 관리자도 결제를 해 주실 거야.'

수정된 문제지를 다시 제출하니, 이번에는 이렇게 얘기하신다.

"이 문제 너무 어려운 것 같아. 중학생에게는 맞지 않아. 대학생들이나 풀 수 있는 문제야."

"어려운 내용도 중학생에게 맞게 쉽게 가르칠 수 있습니다." 이렇게 답변하니, 미간을 찡그리신다. 나는 순간 일개의 교사가 갖는 사회적 위치의 빈약함을 느꼈고, 무언의 폭력을 경험했다. 더 이상 논리적인 반론을 펼쳤다가는 향후 모종의 damage(손상, 손해, 피해)를 입을 수 있겠다는 그…….

관리자는 다시 이렇게 말한다.

"그리고 보기 ①~⑤를 읽어 보면, 다 부정적인 말들이야. 이것은 자라나는 중학생들 정서에 좋지 않아. 문제가 편향되었다니까. 이 문제 안 바꾸면 결제할 수 없어요"

"편향되지 않기 위해 갑과 을 양쪽의 입장을 담았습니다. 그리고 보기 ①~⑤가 부정적인 내용인 이유는 문제에서 '을이 우려하는 점'을 선택해야 하기 때문입니다."라고 대답했다. 교장은 내 말을 진지하게 들으려고도 하지 않고 다른 곳을 응시하고 있었다. 토론 자체를 거부하고 있었다. 나의 입을 막으려고 했었다.

을은 한미FTA로 인한 우리 민족정신의 미국화를 우려하고 있다. 그럼 다른 보기 ①~⑤도 우려할 만한 내용들로 채워져야 오답 매력도를 높이게 된다. 그러니 당연히 다른 보기도 답은 아니지만 우려할 만한 어떤 것이어야 한다는 말이다.

'내가 잘못되었나?'

모든 국민은 언론, 출판, 집회, 결사의 자유를 가진다

2010년 1월 20일자 뉴스를 들으니, 법원은 교사들이 했던 시국선언은 공익 목적에 반하는 것이 아니며, 국민의 한 사람으로서 국가에 대한 비판을 한 것에 불과한 것이고, 이것은 헌법이 규정한 표현의 자유에 해당한다고 판결하였다. 또 국가공무원법이 정한 정치운동 금지 등에도 해당하지 않으며, 시국에 대한 자신들의 인식과 희망 사항을 밝힌 것에 지나지 않는다고 덧붙였다. '사법부가 우리 사회 정의(justice) 최후의 보루이다.'

대한민국 헌법 21조 1항:

"모든 국민은 언론, 출판의 자유와 집회, 결사의 자유를 가진다."

마지막으로 나는 단호하게 다음과 같이 한마디만 했다.

"제가 책임지겠습니다."

관리자는 어리둥절한 표정으로 자리에서 일어났다. 나도 혼자 교장실 소파에 앉아 있을 수는 없어 "다음에 오겠습니다."라고 말씀드리며 교장실을 나왔다.

교무실 내 의자에 돌아와 몇 분이 흐른 후 결국 나는 9번 문제를 완전히 삭제하고 교과서에 나와 있는 지문을 발췌하여 아주 쉽고 간단한 단어 맞추기 문제로 대신 끼워 넣었다. 그렇게 함으로써 나는 관리자에게 '개선할 줄 아는 존재' 혹은 '양보의 미덕을 갖춘 사람'으로 공인받을 수 있을까?

자기 신념에 따라 행동하는 큰 용기

시국선언 참여 교사에 대한 징계거부를 선언한 경기도교육청이 교육과학기술부의 직무이행명령 시한인 2일까지 이를 따르지 않아 교과부의 대응이 주목된다는 기사였다.

　교과부는 지난 6월 발생한 전교조의 1차 시국선언이 교원노조법 제3조(정치활동의 금지) 및 국가공무원법 제66조(집단행위의 금지) 등을 위반한 것이라 결론짓고 시국선언을 주도한 전교조 집행부 88명을 검찰에 고발하고 각 시도 교육청에 징계를 요청했었다. 그러나 경기도교육감 K 씨는 지난달 1일 경기지역 교사 15명에 대해 "시국선언 사실만으로 교사들을 징계하는 것은 옳은 일이 아니며 사법부의 최종 판단이 있기 전까지 징계위에 회부하지 않겠다."며 징계를 사실상 거부했다고 한다. 경기도교육청 공보담당 K 씨는 이날 "해당 교사들의 행동에 대해 헌법상 표현의 자유라고 보는 시각이 있는 상황에서 대법원의 판단을 기다리고 있다."며 "이는 징계를 거부한 것이 아니라 유보한 것"이라고 밝혔다.

　이 기사를 보며, '나는 오늘 자신들의 신념에 따라 정부의 명령에 항거할 줄 아는 경기도교육감과 같이 행동했어야 하는 건 아닐까?'라는 생각이 떠올랐다. 표현의 자유 그 자체를 억압하는 거대 권력자 앞에서 "시국선언 사실만으로 교사들을 징계하는 것은 옳은 일이 아니다."라고 말할 수 있는 도덕적 기개!

　내 안에도 그런 도덕적 기개가 있는가……. 옳지 않은 일에 저항할 때는 반드시 그렇게 저항함으로써 발생하는 모든 처벌이나 손해를 감수해야 진정한 항거가 될 것이다. 그런데 나같이 혼자인 사람은 불의에 항거하기가 두려워진다. 왜냐하면 내가 진정으로 의지할 수 있는 대상은 (말을 못 하는) 하늘뿐이기 때문이다. 그리고 우리 부모님은 지금 저 멀리 산골 마을에서 농사일을 하고 계신 힘없는 농부일 뿐이다. 돈도 없고 권력도 없는 놈이 이거 한 가지만은 갖고 있어야 한다. 깡이다! 깡은 비논리적인 제스처를 포함한다. 살다 보면 오늘처럼 머리가 복잡한 날도 만나기 마련이다. 나뿐만 아니라 어떤 사람이든 그러하다.

높은 곳에서 멀리 그리고 넓게 내려다보라

미움을 포용함으로써만 그 미움을 말끔히 자기 정화할 수 있고, 장기적인 안목에서 지금의 시점을 바라봐야 궁색하지 않을 수 있다. 높은 곳에서 내려다보려면 우선 언제나 바른 자세를 갖추어야 한다. 우선 의자에 앉을 때 바르게 앉은 상태에서 글을 써야 그 글 쓰는 행위가 의미 있는 행위가 된다. 높은 곳에 있으려면 이렇게 다른 사람보다 인격적으로 높은 고지를 점령하고 있어야 하는 것이다. '내가 당신보다 돈이나 권력은 적지만 인격은 당신보다 높다. 이것이 나의 지치지 않을 정도의 자신감이다.'

다시 문제를 생각해 보면, 오늘 어떤 관리자께서 한 행동이 알고 보면 나에게 이로운 행동이었다. 정치적인 주제를 시험 문제로 내다가 학부모들이 거센 항의라도 한다면 선생님이 궁지에 몰릴 수도 있다. 그러한 위험을 사전에 예방하고자 관리자께서 그렇게 인상 찌푸리면서 나에게 지시를 내린 것이리라. 이렇게 미움마저도 포용해야 그 미움을 화해로 승화시킬 수 있다. 단지 아쉬운 것은 그 관리자의 언어 표현 방식이나 표정, 몸짓이었다. 아예 논리적인 비판마저도 사전에 봉쇄해 버리려는 또 다른 의미의 폭력! 우리 직장인들이 상관으로부터 받는 이러한 유(流)의 폭력을 이 글을 읽고 있는 여러분은 받아본 적이 있는가?

프로메테우스가 받을 어떤 대가

프로메테우스……. 나의 글이 어쩌면 내 안의 프로메테우스를 선사하지는 않을까? 진실을 글로 남긴 대가로 나는 또 어떤 죗값을 치러야 되는 건 아닐까? 지금 우리들의 학교가 갖는 그 불편한 진실을 세상 밖에 꺼냄으로써…….

프로메테우스(Prometheus)는 잘 알다시피 그리스 신화에 나오는 티탄족(族)의 이아페토스의 아들이다. 프로메테우스는 어원상 '먼저 생각하는 사람'을 뜻한다. 주신(主神) 제우스가 감추어 둔 불을 훔쳐 인간에게 내줌으로써 인간에게 맨 처음 문명을 가르친 장본인으로 알려져 있다. 불을 도둑맞은 제우스는 복수를 결심하고, 판도라라는 여성을 만들어 프로메테우스에게 보냈다. 이때 동생인 에피메테우스(나중에 생각하는 사람이라는 뜻)는 형의 제지에도 불구하고 그녀를 아내로 삼았는데, 판도라가 자신이 가져온 단지의 커다란 뚜껑을 열었을 때 악과 고된 일과 병이 나와서 인간들 사이에 떠돌아다녔다. 그리고 '희망'만이 그 안에 남아 있게 되었다. 이로 인해 인류의 불행이 시작되었다고 한다. 또한 그는 제우스의 장래에 관한 비밀을 제우스에게 밝혀 주지 않았기 때문에 코카서스(캅카스)의 바위에 쇠사슬로 묶여, 날마다 낮에는 독수리에게 간을 쪼여 먹히고, 밤이 되면 간은 다시 회복되어 영원한 고통을 겪게 되었다.

지금의 한국 사회가 새롭게 도약을 하려면 돈의 많고 적음이 아니라, 인격(됨됨이)과 실력으로 평가받는 사회가 되어야 한다. 그런데 지금의 한국 사회는 돈의 많고 적음으로 존중받고 안 받고가 선별되고 있다. 돈이 아니라면 권력이 있고 없고에 따라……. 그래서 돈만

많이 가진 졸부들이 넘쳐나고 권력으로 세상 사람들을 제 마음대로
휘어잡으려는 음흉한 자들이 조국의 나아갈 길을 어두운 연기로 드
리우고 있다.

3. 대한민국의 학교에서 내 조국의 어려운 모습이 눈앞에
   퍼뜩 스쳐가는 밤

양주동 선생님의 나라 마음

양주동 선생님의 '몇어찌(양주동 선생님이 기하(幾何)를 우리말로 푼 말이다. geometry(기하학) 중 'geo'의 중국식 음역인데, 몇 기(幾) 어찌 하(何)라는 글자로 되어 있어서, '몇어찌'라고 양주동 선생님이 풀이하신 것)'에 나오는 애기이다.

1920년경 양주동 선생님이 열여덟 살 때 있었던 일이다. 어릴 때 한학이라는 전통 교육을 공부했었던 양주동! 그가 신학문을 공부하기 위해 서울의 한 중학교로 전학을 온다. 학교에서 새 교과서를 들고 집에 와 보니, 책 제목이 '기하(幾何)'였다.

다음 날 학교 수학선생님께 양주동은 맞꼭지각(대정각)에 대해 배우게 되는데……. 어떠한 물체를 사용하지 않고 두뇌의 사유만으로 맞꼭지각이 같다는 것을 증명하는 과정을 보게 된다. 그러한 개념 자체가 양주동에게는 너무 낯설었다.

양주동이 다닌 중학교 수학선생님께서 맞꼭지각이 같다는 것을 물체 사용 없이 증명하는 과정을 따라가 보자. 다음의 그림에서 a와 b는 맞꼭지각이다.

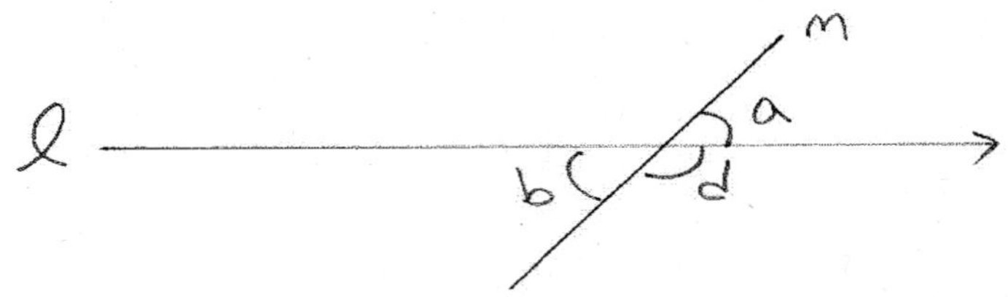

그런데 a+d=180°이고, b+d=180°이다. 그럼 a+d=b+d이다. 양변에 같은 양을 빼도 같으니, 양변의 d를 빼면 a=b가 된다. 맞꼭지각은 같다는 것을 논리식으로 끝내 버렸다. 이것이 수학이라는 학문이다. 머릿속 관념으로 새로운 세계를 구축해 낼 수 있는 매력이 있다. 수학은 실제를 묻지 않는다. 사실 현실에서는 아래 그림에서 a와 b가 같을 수 없다. 엄밀하게 말해서 a와 b가 같으려면 그림에서 그어진 선이 완벽히 직선이어야 되기 때문이다.

직선의 사전적 정의는 다음과 같다. '두 점 사이를 가장 짧게 연결한 선으로써 꺾이거나 굽은 데가 없는 곧은 선' 이런 선을 아무리 자를 대고 종이 위에 그린다 해도 완벽한 직선을 그을 수는 없다. 수학은 관념의 학문인 것이다. 그런데 만약 세상이 우리들의 생각대로 움직인다면…… 관념의 학문을 통해 현실을 주조해 갈 수 있다고 믿게 될 것이다. 그렇게 생각하는 인간들에 의해 세계는 인위적으로 조형되어 간다. 그게 나쁜 방향이든 좋은 방향이든 말이다. "인생은 생각대로 된다."가 참이라면 수학이라는 관념의 학문은 가공할 만한 파워를 갖게 되는 셈이다.

우리 전통 한학에만 익숙했었던 양주동 선생님은 그 당시 이러한 관념의 수학을 접하고 어떤 느낌을 받았을까? 그 소감을 수필 '몇어찌'에 이렇게 썼다.

"멋모르고 '예, 예.' 하다 보니 어느덧 대정각(a와 b)이 같아져 있지 않은가! 그 놀라움, 그 신기함, 그 감격……. 나는 그 과학적, 실증적 학풍 앞에 아찔한 현기증을 느끼면서, 내 조국의 모습이 눈앞에 퍼뜩 스쳐 감을 놓칠 수 없었다. 현대 문명에 지각하여, 영문도 모르고 무슨 무슨 조약에다 '예, 예.' 하고 도장만 찍다가, 드디어 '자 봐라. 어떻게 됐나.' 망국의 슬픔을 당한 내 조국! 오냐, 신학문을 배우리라. 나라를 찾으리라. 나는 그날 밤을 하얗게 새웠다."

우리들이 중학교 때 배운 그 간단한 맞꼭지각 하나에 내 조국의 모습이 눈앞에 퍼뜩 스쳐 감을 본 양주동! 아…… 과연 큰 인물은 이러하구나! 그러면 나는 지금 무슨 생각을 하며 살아가고 있는가. 평소 하루 중에 나는 어떤 주제에 많은 시간을 쏟으며 생각하고 있는가……. 그 사람이 하루 중에 자주 많이 생각하는 것이 무엇인가에 따라 그 사람이 고귀한 인물인지의 여부가 결정된다.

너무 똑똑해진 한국의 젊은 부모들

오늘날 젊은 부모는 자기 아이만을 감싸고 선생님께 꾸중을 듣고 온 아이에게 그 선생님이 잘못하신 거라고 타이르면서 학교에 전화를 하면서 왜 자기 애를 벌주었냐고 따진다. 그럼 선생님들은 다음 날부터 그 아이에게 접근하기를 꺼리게 된다. 그 아이가 잘못해도 이제는 간섭을 잘 안 하게 되며, 그 아이는 기세등등하게 선생님을 우습게 알고 그러한 방식으로 제멋대로 행동한다. 이렇게 되면 적극적으로 열성을 다해 그 아이에게 가르침을 주기가 어렵지 않을까? 왜냐하면 그렇게 했다가 이번에는 교장실에 직접 그 학부모가 찾아오는 것이 예상되기 때문이다. 그 아이가 잘못된 행동을 하는 것을 보고도 가만히 있으면 또 선생님이 가만히 있었다는 것 때문에 선생님의 의무나 책임 회피로 간주될 위험이 있다. 그래서 그냥 적당히 타이르는 선에서 끝낸다. 그 아이가 선생님의 타이름을 무시해도 어쩔 수 없다. 사람 간의 자연스러움이 깨지는 것이다.

무엇인가 해체된 일그러짐!

교탁에서 느끼는 고뇌

수업을 듣다가 여기 떠들면 저기서도 떠들고…… 선생님 혼자 40명의 떠드는 학생들 감당하기가 버거울 때가 있다. 그렇다고 매도 들지 마라, 소리치지도 말라고 교장, 교감선생님이 명령하신다. 그냥 알아서 잘해야 한다. 시스템(System)의 부재(不在)를 말하는 것이다.

"지금 당장 해결하기 어려운 문제는 우선 하룻밤 푹 자고 나서 다음날 다시 생각해 보는 것이 좋다."

- 법정 스님의 '오두막 편지' 중에서 -

"우선 제가 해 볼 수 있는 최선의 것을 해 본 연후에, 그래도 아니 되면 다른 분께 도움을 구하고, 그것도 여의치 않으면 하늘에 비는 수밖에 없을 일이나 그 정도까지 이르지 않도록 저 자신에게 권능을 갖추겠습니다." - 필자의 다짐 중에서 -

선생님은 종합예술인이라고 본다.

무조건 무력을 써서 학생을 제압하려 한다면 선생님의 자리가 위태로워질 것이요, 무조건 인자하게만 한다면 학생들이 망나니가 될 것이며, 무조건 법만을 내세운다면 사람 간의 애정이 메마를 것이다.

어진 마음씨와 온화한 인상으로 배우는 생명들을 사랑하면서 명확한 규범에 합의하고, 잘못된 바가 있으면 또한 크게 꾸짖되 인간다움에서 너무 벗어나지 아니함이 요구되는 종합예술인 말이다.

한국의 교실이 위태롭다

예전과 다르게 지금의 학교 시스템(System)은 아이들을 버르장머리 없도록 만드는 측면이 있다. 그리고 선생님은 이러한 애매모호한 시스템에서 알아서 잘해야 하는 입장이다. 교실 붕괴와 선생님 권위의 실추, 가치 전도의 사회상, 물질 위주의 비인간화, 온갖 얄팍한 자본주의 침투……. 섹시한 몸도 돈으로 계산되는…… 도덕 편의주의, 미디어에 끌려다니는 얕은 사회상……. 오늘날 대한민국의 서민들이 당면한 distraction(착란, 정신이 흐트러짐)·일그러짐 현상…….

이러한 현실 속에 내던져진 우리의 아이들, 학부모님…… 그리고 선생님.

교실의 실제를 잘 모르고서 교육 시스템을 고안하는 정치인들…… 그들의 정책에 따라 운영되는 학교…… 오늘날의 아이들과 학부모님, 선생님들은 모두 보이지 않는 피해자는 아닐지…….

그들 피해자들끼리 교실 안에서 다투는 장면이란…….

헬리콥터 맘

우리 조상님들은 자녀를 기를 때 자식을 사랑하지만 자식이 갖고 있는 잘못된 버릇을 고쳐 주기 위해서 종아리에 사랑의 매를 대셨다.

오늘날 '자신이 너무 많은 지식을 알고 있다고 착각하는 어리석은 헬리콥터 맘'과는 차원이 다르다. 헬리콥터 맘이란 헬리콥터처럼 자녀의 주위를 맴돌며 챙겨 주는 엄마를 지칭하는 말이다. 자식이 대학생이 되어 성인이 되었는데도 자녀의 공부 스케줄을 챙겨 주거나 학점 관리를 도맡아 하고, 자기 자녀에게 좋은 학점을 안 준 교수님에게 전화해서 대신 따져 준다. 그리고 자녀가 취업을 할 때는 물론이거니와 결혼할 나이가 되면 시집 장가갈 배우자도 부모가 대신 정해 준다. 아주 지식이 많은 멍청한 부모이다. 자녀를 기를 때 '비움(虛)'이 없기 때문이다. 부모가 그럴수록 자녀는 자연(自然)성을 상실해 가고 자율적으로 자신의 삶을 주체적으로 건설할 기회를 잃어가는 줄도 모르고서 말이다. 그리고 그 자녀는 어른이 되어서도 부모에게 의존해 가며 인생에서 누구나 맛보는 큰 태풍이 몰아치면 그때는 난파되어 버린다. 자신이 아주 많이 알고 있다고 착각하는 부모 때문에…….

선생님에 대한 신뢰

옛 서당에서는 훈장님이 아이의 잘못된 버릇이나 옳은 가르침을 주는 과정에서 회초리로 종아리에 줄이 가도록 매를 드셨다. 매가 가르침의 궁극적인 수단은 될 수 없지만 때로는 아이의 잘못된 습관을 일시에 수정하도록 하는 좋은 효과가 분명히 있다. 선생님의 양심을 신뢰한다면 선생님이 사랑의 매를 들 수 있도록 위임해야 한다고 본다. 매를 들 수 있는 권한을 가진 선생님과 매를 들 수 없는 처지의 선생님을 대하는 학생들의 태도는 상당히 다르다.

우리나라는 좋은 무기를 비싼 돈을 들여 구입한다. 그 무기를 쓰기 위해 사는 것이 아니라, 아이러니하게도 그 무기를 안 쓰기 위해 그 비싼 무기들을 사는 것이다. 선생님의 처지도 마찬가지다. 선생님에게 매를 들 수 있는 권한 자체를 인정하지 않는 것 그 자체가 이미 선생님을 못 믿겠다는 의식의 반영이다. 그렇게 선생님을 못 믿으면서 어떻게 자녀들을 학교에 보내고, 대한민국의 교육을 선생님들이 잘 이끌어 주기를 기대하겠는가.

물론 매라는 것은 아이 마음을 진정으로 변화시키지 못하는 까닭에 사람의 마음을 바르게 변화시키는 진솔한 대화가 더 유익할 것이다. 그러나 선생님의 상담도 엄격한 시스템이 없이는 그 안정성과 효과성을 기대할 수 없다. 가령 선생님이 학생에게 상담을 하자고 불렀는데 그 학생이 선생님 말을 무시하고 제멋대로 행동한다면 불행하게도 선생님으로서도 어찌할 방도가 마땅치 않은 것이 지금의 대한민국 학교의 실제이다. 공교육이 위태로운 상태임은 학교 교실에서 일해 본 선생님들만 아는 일이니 차마 누구에게 하소연할 데가 없다. 선생님들과 애기를 나눠 보면 선생님 일을 언제까지 할 수 있을지 걱정이 된다고 애기를 한다. 단순히 교사 평가 때문이 아니라 학생들을 마땅히 정당한 권위를 갖고서 떳떳하게 가르칠 수 있는 법과 제도가 없어서이다. 안정된 법과 제도 위에서 선생님의 인자한 가르침이 지속성을 갖출 수 있는 것인데…….

지금의 학교 교실

지금 인문계 고등학교에서 선생님들이 수업을 하는데 한 교실에서 평균 6명 이상의 학생들이 잠을 잔다. 잠을 깨우면 학생들이 반발하고, 그런 학생들의 반항과 반발을 선생님 혼자 아무런 권한과 정당한 권위도 없이 맨 몸으로 맞서야 한다. 그러다가 선생님보다 힘이 센 학생들에게 둘러싸여 봉변을 맞을까 두려운 상상에 매일 때도 종종 있다. 교실에서 힘이 센 녀석을 잘못 건드렸다간 그 녀석이 그 반 전체 친구들과 연합해서 수업 시간에 의도적으로 소란을 피운다든가 집단으로 잠을 자 버리는 행태들이 이제는 상상의 얘기만은 아니다. 그러한 상황에서 선생님이 흥분하여 주먹질을 하게 되고 그래서 인내와 노력으로 이루어 놓은 선생님의 직위를 박탈당할까 두려울 때가 있다. 선생님으로서 의지할 학교 교실의 법과 시스템이 부재하기 때문에, 때로는 나의 인자한 정체성을 깨뜨리고 미친개가 되어야 할 때도 있을 것이다.

교실 개선 의지

수업 태도가 불량하여 학생으로서의 본분에서 벗어나는 학생은 졸업을 못 한다거나 예절교육기관과 같은 특별한 교육을 별도로 받아 일단 공부에 앞서 도덕적 됨됨을 갖추도록 함이 그 학생의 존엄성을 위해서, 그리고 한국 사회를 위해서 절실하리라 본다. 적당히 교실에 출석만 하면 쉽게 적당히 졸업하는 일은 의롭지 못하다. 학교의 학생이라 함은 학생으로서의 본분을 다할 것을 맹세한다는 전제하에 그 학교 학생이 되는 것인즉 만일 학생이 학생의 도리에 어긋난 행태를 보인다면 마땅히 그 학교를 다니지 않는 것이 옳은 처사리라. 불행하게도 지금의 정치인들은 학생들을 너무나 선한 집단으로만 인식하고 있다. 왜냐하면 학교를 방문했을 때의 그 인위적으로 조직된 학생다운 얌전한 학생들의 모습만 보아왔기 때문이다. 학교를 방문하려거든 적어도 1주일이나 한 달 정도는 선생님과 함께 교실 수업을 들어가 보고 쉬는 시간과 점심시간, 야간강제학습시간의 모습들을 체험해 보아야 한다. 그래서 이 나라의 학교 교실이 마땅히 어떠해야 하는지를 궁구하고 또 궁구하여 도덕 강국으로 가는 길을 모색해야 하리라. 이제는 한국 사회의 각 교실에 카메라를 설치해 둘 필요가 있는 실정으로 가고 있다. 우리 아버지, 어머니께서 회상하시는 옛날 풍경을 기대할 처지가 못 되고 있다. 사회상이 많이 일그러져 있는 것이다. 때론 섬뜩하고 참혹하게도 한국 사회는 곳곳이 병들어가고 있다. 이러한 한국 사회 속에서 장래에 내 아이를 출산해야 한다는 것은 너무나 무거운 일로 느껴진다.

훌륭한 자녀를 둔 어버이는 필히 자기 아이가 잘못하면 그것을 감싸지 않았으며, 자기 아이가 학교에서 선생님께 꾸중을 들으면 그 아이를 나무랄 줄 아는 분들이었다. 다른 집 자녀에게는 관용으로 대하고, 자기 자녀에게는 오히려 엄격하게 대하신 분들이 훗날에 훌륭한 효자를 둔다는 이 아이러니한 가르침을 오늘날 우리 부모들이 기억해야 할 때이다. 나무가 훌륭하게 성장하려면 곁가지를 적절히 쳐 주어야 한다. 가지를 칠 때 마음은 아프지만 훗날에 제대로 된 나무를 볼 줄 안다면 아파도 지금 그렇게 해야 하는 것이다.

정치인은 한국의 교실을 몰라

교육과학기술부 장관님께서는 다음과 같이 말씀하셨다.

"교원평가제를 아주 중요한 항목으로 삼고 있습니다. 어떤 면에서 중요하냐면 공교육을 살리는 데 어느 것보다 중요한 항목이 교원평가제다 이렇게 보고 있습니다."

그런데 그게 누구인지는 불분명할지라도 대한민국의 교육 수준이 선진국에 비해 떨어지는 원인을 대개 교사 탓으로 돌린다. 사교육이 번창하는 것도 학교 교사들이 못 가르쳐서라고 생각하지 수능 유일주의라는 한국의 입시 체제가 갖는 시스템상의 문제라고는 생각하지 않는다. 그래서 미래형(?)의 급조된 교육과정을 통해 사교육의 주범인 국, 영, 수를 줄이기는커녕 국, 영, 수를 강화하고 나머지 과목들은 들러리가 되어 가고 있다. 수능을 국, 영, 수만 봐서 학생들의 부담을 줄이겠다고 하는데……. 그럼 도덕윤리 시간에는 국, 영, 수 공부만 하면 된다. 어차피 수능에는 도덕윤리가 반영되지 않기 때문이다. 교사를 신뢰하지 못하니 당연히 정부나 대학교들은 대학교 갈 때 내신 반영을 우습게 알고 내신 반영을 잘 하지 않는다. 그래서 평소에 수업 시간에 성실히 임해서 내신을 잘 받은 학생들이 존중받지 못하고, 오로지 고액 과외나 학원 등의 사교육을 통해 수능만 잘 친 간교한 학생들이 권력을 갖춘 대학교에 입문하게 되는 것이다. 이렇게 우리나라 입시 체제가 지금 상당히 비틀어져 있는 것만은 누구도 부인할 수 없을 것이다. 이러한 대한민국의 입시 시스템으로는 사교육을 줄일 수 없고 따라서 각 가정에 상당한 자녀 교육비 유출을 부담 지우게 되어, 자녀 출산을 꺼리는 나라가 되고 있는 것이다. 무엇보다 학교를 향하는 고교생들의 발걸음이 무겁고 어둡다.

2050년이 되면 우리나라 인구의 38%가 65세 이상의 노인으로 채워질 수도 있다. 그리고 새로 태어나는 아이는 별로 없다. 국가 간

전쟁이라도 일어나면 할아버지들이 나와서 싸워야 할 판이다. 이러한 미래를 초래하게 되는 단초를 교육에서 찾는다면…… 선생님의 정당한 권위를 인정해 주지 않기 때문이라고 생각한다. 그러니 선생님들은 자신의 신념과 주체적인 가르침 활동을 전개하기가 부담스럽다. 그냥 너무 튀지 않고 남들 하는 대로 해야 관리자로부터 '안정적인 인물'로 평가받을 수 있다.

지나친 경쟁을 조장하는 한국 사회 안에서 행복은 없다

교원평가제를 할 때, 동교교원 평가도 들어가게 된다. 교장 또는 교감 중 1인 이상과 동료 교사 3인 이상이 특정 선생님의 수업을 평가하는 것이다. 구체적인 평가 기준안도 마련되어 있지 않고, 평가 담당자와 그 평가의 통계를 처리하는 사람도 정해지지 않은 상태에서 일단 무조건 하고 보자는 식이다. 중요하니까 해라! 구체적으로 어떻게 해서 그 결과 어떻게 하겠다는 건 없다. 너희들이 일단 해라! 안 하면 징계가 들어간다. 빨리 뭔가를 하는 척을 해라!

덕분에 동료 교사들끼리 서로 밥도 잘 사 주게 될 것이고, 밥 사는 돈이 아까운 사람은 동료들에게 '쉬워 보이는 사람'이 되지 않도록 차갑고 깐깐한 인상을 강렬하게 남김으로써 점수가 낮게 나오는 만일의 사태를 대비해야 할 듯하다. 거기다 성과급제와 교원평가가 결합한다면 동료교사들 중에 누군가를 왕따시킴으로써 자신들의 안위를 보장받는 참혹한 직장동료관계의 면면들이 우리들의 목을 조를 것이다. 나 자신이 살기 위해 어쩔 수 없이 약해 보이는 새끼를 죽여야 하는 이 처절한 첨단 실용주의 한국 사회! 인간성은 죽고 살고자 하는 이리 같은 맹목성만이 두 눈알을 채울 것이다. 약한 놈이 되서는 안 된다. 그러다간 다른 동족에게 잡혀먹을 수 있기 때문이다. '원시 이기주의 사회'로의 회귀인가? 생존이 위협받는 사회 체제에서 총각인 나는 절대 어떤 여성에게도 마음을 줘서는 아니 된다. 동시에 주어진 업무를 눈부시도록 잘하는 모습을 광고해야 한다. 이 차가운 시스템에서 미래의 소박한 가정을 이룰 상상을 한다는 것 자체가 얼빠진 일로 다가오는 듯하다. 결혼이…… 쓸데없이 하는 생산성 이외의 비효율적인 추가적인 노동으로 느껴지는 날이었다. 그리고 나는 얼마간 술에 취해 진정으로 무엇을 위해 살아가고 있으며, 우리들의 생애가 갖는 의미가 무엇인가를 깊이 돌이켜보아야 한다고 마음먹었다.

4. 세뇌된 수레바퀴

떳떳한 권한

어느 집단이나 이단아(전통이나 권위에 맞서 혁신적으로 일을 처리하는 사람) 혹은 이탈자가 있기 마련이다. 학교도 그러하다. 오늘도 문제 행동을 보인 중학생들을 힘차게 때리는 소리가 학생부 부서 쪽에서 들려온다. 그 중학교 3학년 3명은 후배들을 협박해서 돈을 뜯어내려 했다가 적발된 아이들이었다. 그리고 한 명은 학교 구석에서 점심시간에 담배를 몰래 피우다가 걸려 온 얼굴이 순진해 보이는 아이였다.

'저 얼굴을 가진 아이가 학생부에 지속적으로 끌려오는 흔히 말하는 문제아란 말인가?' 그 아이를 보고 나는 사람은 자기 얼굴에 맞는 품격을 갖추어야 한다고 생각했다.

그렇게 체벌을 하다가 학생이 피하려고 하자, 학생부 소속 선생님은 "열 받기 전에 바로 대라. 네 녀석 바른 인간 만들고 난 학교 그만두면 되잖아. 빨리 대라니까." 학생을 바른 사람으로 이끈다고 하면서 정작 선생님 자신은 왜 학교를 그만두어야 하는가. 지금의 학교가 이렇다.

때론 엄중한 체벌로써 가르칠 학생도 있다. '체벌이 때론 필요하다'라고 했지 '그 매를 써야 한다'라고 얘기하지 않았다. 대부분의 선생님들은 교육자로서의 양심을 가지고 학생을 지도한다. 선생님들의 양심을 신뢰해 준다면 사랑의 매를 선생님 손에 쥐어줘도 정말 필요할 때만 요긴하게 쓸 일이지 무조건 아이들을 매로 때리지는 않는다. 물론 과도한 체벌을 하는 일부 교사가 있으니, 매의 권한을 교사들에게 부여하되 어느 정도 기준을 정해 주면 될 일이다. 그리고 그 기준을 이탈해서 과도하게 체벌한 교사는 스스로 그 미숙했던 자신의 행동에 대한 죗값을 치르게 하면 되는 것이다. 그런데 지금은 교감, 교장님께서 매를 절대 쓰지 말라고 명령하신다. 그럼 대화로 안 될 때는 어떻게 하지?

법이 없으니 알아서 잘하시오

중학교는 퇴학이나 자퇴 규정이 없어서 정말 끔찍한 죄가 아니면 봉사활동 며칠 하고 풀려난다. 지난번 가까운 중학교에서는 이런 일이 있었다. 어느 여선생님이 방과 후 그날 지각한 남학생 5명을 훈계하고 벌 청소를 시켰는데, 이 덩치 큰 남학생들이 담임선생님이신 그 여선생님을 빙 둘러싸고는 반말과 욕설로 "니가 뭔데 우리한테 벌 청소시켜. 이 쌍년아. 너 죽고 싶냐."라고 했단다. 그리고는 교실 문을 발로 차고 그대로 학교 밖을 나가 버렸다고 한다. 그 여선생님은 상당한 정신적 충격을 받게 되서 몇 주간 학교에 못 나오게 되었다고 들었다. 그런데 재미있는 것은 그렇게 담임선생님께 욕설과 위협을 준 이 5명의 남학생들이 학생부로부터 받은 징계라곤, 단 사회봉사 7일이었다고 한다.

사회봉사는 학교 밖에 있는 봉사 기관에서 봉사활동을 하는 것을 말하는데, 그렇지 않아도 학교 오기 싫어하는 녀석들이었으니 아주 재미있게 7일간 친목도모 차원에서 여행을 다녀온 셈이다. 이것이 오늘날 대한민국 중학교의 학교 규정 시스템이다. 요즘은 뭔가 이상한 나라에 온 기분으로, 선생님으로서 거대한 거미줄에 갇혀 잘 보이지 않는 마취 주사를 나의 뇌리에 꼽고 있는 기분이다. 싫으면 네가 떠나라는 단지 그 대답밖에 없는 것인가?

교감, 교장님이라는 관리자분들은 교직원 회의 시간에 항상 "학생이 학교의 고객분들입니다. 선생님보다 학생이 중요합니다. 매는 절대 대지 마세요. 정말로 안 되는 학생이 있으면 교장실로 데려오세요. 고객에게 매를 왜 대세요. 다른 서비스 직종은 고객 만족을 위해 그렇게 노력하는데, 선생님들도 학생이라는 고객을 위해 친절하게 서비스할 자세를 갖추세요."

시스템의 부재

우리 민족 전통의 교육에서는 학생을 그런 식으로 버릇없게 대하지 않았다. 가정에서도 정말 아이를 잘 기르는 부모들은 자신의 아이에게 오히려 엄격하지 서비스를 친절하게 제공하여 자신의 아이를 버르장머리 없게 유도하지는 않는다. 지금의 학교 안에 흐르는 거대 이념 구조는 학생들로 하여금 선생님을 우습게 알도록 유도하고 있는 측면이 있다. 한국의 많은 어른들이 요즘 학생들 버릇없다고 비난하는데, 그 원인이 학생들에게만 있는 것이 아니다. 사람을 그렇게 만드는 시스템상의 문제가 있다. 학생이 수업 중에 자리에서 일어나

돌아다니거나 종이·지우개를 던지면서 놀아도 선생님은 마땅히 그 학생의 잘못된 행태를 저지할 권위를 갖고 있지 못하다. 선생님의 훈계를 학생이 따라주면 정말 다행스러운 일이나 마땅히 학생을 제재할 방도가 부재하다는 말이다. 이것이 정말 대한민국의 교사로서 피눈물 나게 호소하고 싶은 학교 교실 시스템상의 오점이며, '도덕강국(道德强國)'으로 가야 되는 우리 민족의 발목을 잡는 오점인 것이다.

선생님들이 학교 교실 현장에서 정당한 권위를 바탕으로 안정적으로 자신의 양심과 신념에 의거해서 가르침을 구현하지 못하고, 불안한 심정을 바탕으로 학생들이 교실 수업 시간에 떠들더라도 겨우 달래 가면서 그럭저럭 수업다운 폼을 유지해야 하는 대한민국 학교 교실의 시스템! 유감스럽게도 한국의 인권위원회가 학생의 인권을 부르짖으면서 우리들에게 한국의 교실 붕괴를 선사한 것은 아닐까? 교실에서 조용하라고 목이 붓도록 소리치는 선생님 앞에서 학생들은 여전히 떠든다.

시험 문제를 어렵게 내야 하는 이유

이러한 학교 교실 체제에서 정당한 권위를 상실해 가고 있는 선생님들이 스스로 권위를 찾는 방법 중의 하나가 있다. 바로 중간고사, 기말고사의 시험 문제를 어렵게 내거나 수업 중에 어려운 것을 많이 가르치는 것이다. 중학교 기말고사 시험 감독을 하면서 중학교 2학년 과학 문제지를 보았는데, 나는 마치 고등학교 1학년 문제를 보는 느낌을 받았다. 지금 근무하는 학교의 아이들 중에 학원을 안 다니는 아이가 없다. 담임선생님을 해서 보니 한 반에 딱 두 명을 제외한 나머지 서른일곱 명의 아이들이 학원을 다니고 있거나 가정에서 과외교사를 고용하고 있었다. 이렇게 사교육으로 학교 교실에서 가르칠 것을 미리 다 배우고 학교에 오니 정작 공교육 수업 시간에는 잡담을 하거나 선생님의 수업을 귀담아 듣지 않는다. 이미 다 배운 걸 반복해서 듣는 지겨움 때문이다. 그러니 시험 문제를 어렵게 낼 수 있도록 수업 중에 학원보다 더 어려운 고등학교 교과 지식을 중학생에게 가르침으로써 수업 중 학생들의 집중력을 끌어올릴 수도 있을 것이다. 그렇게 해서라도 수업 중에 떠드는 학생 수를 줄이고 자기 교과에 대한 애착을 높일 수 있다면…….

한국사회의 늙은 정신력

학원이나 과외를 못 받는 계층의 아이들은 또다시 소외가 되는 건가……. 너무 어려워진 선생님의 지식 전달 내용을 따라가기가 벅찬 아이들……. 학교 교실에서는 어린 나이부터 학업을 포기하게 만드는 형해한 시스템이 존재한다. 어쩔 수 없이 다녀야 하는 학교의 공교육 체제에서 '배우는 즐거움'을 상실한 그 아이들이 우리 사회에서 반드시 필요한 부류인 소위 '문제아 그룹'에 소속된다. 그 문제아 덕분에 같은 반의 다른 아이들의 성적은 상승하고 좋은 포지션을 차지할 수 있고, 그렇게 시간이 흘러 아무리 싸가지가 없는 아이라도 괜찮은 대학교에 진학하게 되고 따라서 빛나는 직장에 취업해서 섹시한 여성을 만나 아주 여유롭게 살면서 자신의 사회적 지위와 부유함을 자랑하는 인간으로 주조된다.

"우리 사회의 가난한 자들은 모두 지가 학창 시절에 공부를 안 하고 게을렀기 때문이야. 일을 부지런히 안 하는 놈들은 원래 가난을 면치 못하는 법이지."라고 우쭐대면서 말이다. 부가 세습되고 있는 한국 사회의 늙은 정신력!

자본주의에 귀속당한 우리들의 추억

세상의 세태가 이미 많이 변형되어 버렸다. 좋은 쪽보다는 그 반대쪽으로 말이다. 왜냐하면 근래의 세태의 흐름은 인간 본연성이나 도덕성, 금욕의 가치, 어떤 것의 본질을 추구하는 방향으로 진화하지 못하고, 그 반대편의 말초적인 것, 노는 것, 도구적인 것, 쉽고 편하게 즉각적으로 충족되는 것, 표피적인 것을 따르게 되었기 때문이다. 왜 이렇게 되었냐고 묻는다면……. 그 주요 원인은 역시 근래의 우리 한국 사회가 너무 '돈 돈'을 외치며 숙고의 과정 없이 경솔하게 달려온 데 있다. 달리 말해 맹목적일 만큼 자본주의 물질문명에 인간성을 어느새 귀속당해 버렸다.

우리들의 말초 신경을 자극하여 클릭 수를 늘리고 광고 수익을 벌어들이려는 국내 어느 유명 포털 사이트(site)에서 다음과 같은 제목의 기사에 눈을 맞추게 되었다.

"中 알몸채팅 사이트, 6개월 만에 회원 3천만 명 37억 수익"

징저우(荊州)시 공안이 인터넷 카메라를 이용해 서로의 알몸과 성기, 자위행위를 보여주는 음란 화상채팅 사이트를 운영한 업체를 적발했다는 인터넷 뉴스 기사였다. 보도에 따르면 이 업체는 48명의 젊은 여성을 고용해 매일 24시간, 3교대로 음란 화상채팅 사이트를 운영했으며, 회원들은 가입비로 50위안(8,500원), 채팅 88위안(1만

5,000원), 알몸채팅 288위안(4만 9,000원) 등을 내고 음란 화상채팅을 즐겼다고 한다. 그렇게 6개월 동안 이 업체에서 벌어들인 돈은 1천980만 위안(37억 원)이었으며, 회원 수 3천만 명, 방문자 수 7억 3천 명을 넘었다는 얼빠진 중국의 이야기였다.

여담이지만 요즘 중국이라는 나라가 왠지 막장으로 내달리는 느낌이 든다. 공산주의 체제에서 자본주의로 급속한 변화를 시도하고 있는 중국! 위 News는 오직 돈만 바라는 그네들의 전도된 사회상이 보여주는 단면은 아닐까? 북한이 만일 자본주의로 급선회하여 천민자본주의화된다면…… 그네들의 순수성에 향락이라는 잘 보이지 않는 마약을 주사해야 할지도 모른다. 중국이나 어떤 나라들이 그랬던 것처럼……. 그럼 대한민국은 여기서 예외인가?

인터넷에 중독된 인간애

요즘은 인터넷 뉴스 기사들이 정말 더 이상 못 봐줄 정도로 자극적인 문구와 어휘들로 뒤범벅되어 있다. 인터넷 뉴스 기자들이 요즘 자주 쓰는 어법이나 주제는 다음과 같은 것들이다. 충격적인 뭐, 파격적인 뭐, 도발적인 뭐, 뭐뭐 할 것이라는 위압적인 문구, 섹시, 누드, sex, sports, 누가 벗은 얘기, 다이어트, S라인, V라인, 몸짱 어쩌고저쩌고……. 이성보다는 감정을, 감성보다는 육체적인 감각을, 정신보다는 육체나 말초신경을, 인격보다는 돈을 강조하는 자본주의화된 자극들이 우리들에게 저항할 수 없을 정도로 마구 밀려든다. 그러면서 삶의 깊은 의미와 사람 간의 진정한 인간애와 생명애를 잃어가고 있다. 얼마 전에 있었던 일인데, 매일 새벽까지 컴퓨터 게임만

하는 아들에게 공부해야 한다고 꾸짖은 자신의 어머니를 흉기로 찔러 쉽게 살해해 버렸다는 또 다른 인터넷 기사였다. 자기 생명의 근원인 소중한 어머니를 살인해 놓고도 어머니의 시체를 그대로 방치한 채, 자신은 하던 컴퓨터 게임을 몇 시간 동안이나 마저 했다고 한다. 자신에 대한 어머니의 희생보다는 자기 자신의 즉각적인 쾌락 만족이 더 중요하다고 쉽게 여겼던 극단적인 자본주의시대의 개새끼는 아니었을까? 육감적인 말초적인 이기주의에 영혼이 함락된 죄인들! 그들의 가슴에 주홍글씨를 새겨줄 필요가 있을 지금의 한국 사회상이 아닌가?

"나 자신의 인간 가치를 결정짓는 것은

얼마나 높은 사회적 지위나 명예 또는

얼마나 많은 재산을 갖고 있는가가 아니라,

나 자신의 영혼과 얼마나 일치되어 있는가이다."

- 법정 스님, '홀로 사는 즐거움' 중에서 -

인터넷과 미디어의 발달, 자본주의의 첨예화, 가치와 정신의 전도, 향락화, 인내를 저버린 즉시성의 사회상, 경쟁의 과열, 부익부·빈익빈 심화, 개인주의의 이기주의 심화, 파편화된 또는 전략적인 사람 관계, 인간의 도구화, 우중(愚衆)을 쉽고 편하게 만들어 버린 세태, 노인을 인간 이하의 폐기물로 처분해 버리는 사회 분위기……. 그래서 요즘은 나이 드신 분들이 젊은이나 청소년들의 문화를 따라가려는 우스운 추세도 종종 눈에 띈다. 무언가를 위한 수단으로 돈이나 권력을 가진 또 다른 인간에게 빌붙어서 기생하는 것이 너무 자연스러워진 사회이지 않은가.

어려워진 한국 사회의 원인 찾기

흔히 도덕의식의 약화와 인간성 상실이 오늘날 우리 사회가 갖는 도덕적 문제라고 한다. '오늘날 우리 사회'라는 표현은 곧 전통사회에서는 이와 같은 문제가 없었거나 적었다는 것인데, 그렇다면 전통사회와 현대사회가 갖는 차이점을 검토해 봄으로써 문제의 발단과 그 해결책을 찾는 데 도움을 받을 수 있을 것이다.

우선 전통 사회는 마을단위의 소규모 생활 공동체였기 때문에 그 작은 무리 내에서 흉악한 범죄를 저지르거나 이기적인 행위를 하기는 어려웠을 것이다. 범죄를 저지르면 누가 했는지 금방 알고 서로가 매일 만나며 함께 협동하여 농경을 했으니 그런 범죄를 저지르는 것 자체가 어려웠다는 것이다. 또한 생존을 위해서는 필히 공동체에 잘 융화가 되어 서로 온정을 나누는 긴밀한 조직을 갖추어야 했으므로 이기적인 행위는 결과적으로 자기 해악으로 귀결되는 것이었고, 반이기적인 행위가 오히려 더 이기적인 동기를 충족시키는 양태였다. 내가 살기 위해서는 내가 속한 조직체에 더 봉사하고 따뜻한 온정을 베풀어야 했다는 것이다. 이러한 생존 원리 내에서 생활하면 자연히 인간성을 발휘하게 되고 도덕의식은 강화되는 쪽으로 흐를 수밖에 없다. 도덕적일 수밖에 없는 사회 시스템이라는 것이다.

반면에 현대사회는 소규모 마을단위가 아니라 전국 규모의 또는 세계 규모의 애매모호하게 규정된 생활공간에 놓여 있다. 또한 물질문명이 발달하여 산업정보화 사회가 되면서 직업은 수만 개에 달하게 되었고 이동이 자유롭게 되면서 이웃집에 사는 사람과 서로 다른 직업 장르에서 생활하게 되었다. 그러니 이웃과 마주칠 일도 드물고

서로 같은 운명체라는 공동체 의식도 떨어지게 된다. 협동의 필요성이 떨어진 상태에서 민주주의라는 평등 의식 향상, 개인의 권리 신장과 '보이지 않는 손'에 따라 움직이는 자본주의의 속성(이때 말하는 자본주의 속성으로는 사유재산 인정과 시장에서의 자율 거래 허용과 모든 것은 돈으로 거래가 가능하다는 화폐 만능주의 시스템을 들 수 있음)이 결합하여 '나도 너처럼 돈 좀 벌어 보자'라는 소유지향에의 무한 경쟁이 일어나게 되었다. 인간에게 근원적으로 뿌리하고 있는 욕심과 차별 의식, 인간의 미래에 대한 불안감으로 인해 지금보다 더 많이 가지려 하고 남들보다 더 많이 가지려고 대다수가 움직였다는 것이다. 현대사회의 생존 원리가 전통사회와 상반되는 방향으로 놓이게 되니 서로 인간성을 발휘하지 않거나 그럴 필요조차 없는 쪽으로 흘러가게 되는 것이다.

현대사회에서 많은 사람의 소유욕 추구는 사회 전반의 유행으로 자리 잡게 되었고 정당한 행위로 용인되는 사회가 된 것이다. 그래서 로또 복권으로 '인생 한방'을 노리는가 하면 범죄나 비리를 저지르면서까지 자기 소유에의 욕심 추구를 하게 되는 것이다. 도덕의식의 약화요, 인간성의 상실이다. 문제는 이러한 거대 유행을 공직자, 정치인들도 좇아가게 되어 부정한 방법으로 자기 재산 축적을 도모하고 권력을 이용한 군림으로 자기 가문의 위대함을 뽐내게 된 것이다. 윗분들의 이와 같은 행태가 우리 사회의 모든 부패와 비리, 부정을 정당화하는 구실을 하고 있다.

이러한 거대한 그래서 걷잡을 수 없는 세태에서 경쟁에 실패한 낙오자들은 부패한 사회에 불만을 품고 지나가는 죄 없는 시민을 이유 없이 살인하는 '묻지 마 범죄'를 저지르게 된다. 결국 오늘날 생존 원리가 경쟁과 남들과의 차별, 자기와 관련 있는 사람들과만 잘 지내면 그만이라는 쪽으로 놓여 있다는 것과 사회 전반의 소유욕구로의 거대한 유행, 그 유행을 좇는 위정자들의 도덕적 해이(moral hazard)로 인해 오늘날 한국 사회가 여러 가지 도덕 문제들을 경험하게 되는 것이다.

한국 사회를 되살리는 길

한국 사회의 도덕 문제 발생의 원인 분석을 바탕으로, 우선 정치인과 같은 사회 지도층이 도덕적 모범을 보이려는 움직임이 일어나야 한다는 것과 물질적·기능적인 가치보다는 정신적이고 존재론적인 가치를 더 중시하는 사회 전반의 움직임을 형성해야 한다는 가르침을 얻을 수 있다. 또한 경쟁이나 남들과의 차별·개체주의라는 기존의 생존 원리 자체를 남들과의 협력·정감 있는 공동체주의·봉사정신이 중심이 되는 생존 원리로 전환해야 한다는 것도 중요한 해결책이다. 전통 사회의 생존 원리를 오늘날 현실에 맞게 재창출한다면 대부분의 한국인들은 자신의 이기적인 동기 충족을 위해 반이기적인 협동과 봉사에 헌신하게 될 것이며 도덕적 품성은 그러한 행동의 습관화를 통해 회복될 것이다.

우리들의 교실 염려

우리의 대한민국 사회가 이런 식으로 계속 간다면 얼마가지 않아 한계에 부딪칠 것이라 본다. 물론 지금은 가정에서 한국의 부모들이 아이를 많이 사랑해 주고 있는 등 그럭저럭 버텨 주고 있으니 당장 한국 사회 전체가 어떻게 되는 건 아닐 것이다. 그러나 학교 교실의 풍경은 더 이상 지금 기성세대들의 추억이 아니다. 교실에서 선생님이 한 학생을 칭찬하기가 곤란하다. 그 칭찬받은 학생이 내일 집단 따돌림이라도 받는 것이 염려되기 때문이다. 어떤 학생이 수업 중에 발표를 해서 가산점을 받으면 주위의 같은 반 학생들은 박수를 치는 것이 아니라, 시기와 냉소적인 반응을 쏟아낸다. 그래서 다른 친구보다 더 우수한 학생은 적절히 발표해서 가산점을 받아 수행평가를 만점으로 만들어 놓은 다음 수업 중에 선생님의 질문을 알아도 일부러 발표를 하지 않거나 일부러 어리바리한 척을 해 줘야 한다. 그래야 같은 반 학생들로부터 집단 견제를 모면할 수 있으니까! 이는 예전처럼 단순히 겸손한 사람이 되는 것이 아니다.

정말 비참한 얘기지만 지금의 학교 교실에서 진정으로 공동체 정신과 인간愛를 배우기보다 오히려 내 아이가 인간 본연의 참된 마음을 잃어버리게 될까 봐 솔직히 걱정된다. 그럴 바에 집에서 가족과 친척의 진정한 사랑과 인간愛를 교감하고 있는 작은 소모임에서 내 아이를 인간답게 길러 훌륭한 어른으로 키우는 일이 더 옳은 선택은 아닐까라고 물어보게 된다. 현실적으로 어려운 얘기겠지만 말이다. 큰 도시의 부유한 자들이 많은 중학교에서 몇몇 학부모는 한국의 고질적인 입시체제와 왕따 문제, 인간성의 왜곡 문제를 염려하여 아이를 외국으로 전학시켰다. 그 아이에게 단순히 영어를 가르치기 위함이 아닌 경우가 종종 눈에 띈다. 한국의 교실 공교육이 점차적으로 한계점으로 가고 있다는 불길한 직감……. 안타까운 일이지만 교과부의 정책수립자나 정치인들이 이를 인지하지 못하고 있고 공감하지 못하고 있다.

학교에서 당하는 왕따에 대한 화풀이로 길 가던 애먼 어르신을 폭행한 고등학생이 불구속 입건되었다는 인터넷 기사를 보게 되었다.

경찰에 따르면 A 군은 지난달 4일 오후 8시 30분쯤 ○○시 한 아파트 복도에서 71세 할머니의 허리를 발로 차고 달아나는 등 2차례에 걸쳐 이 아파트에 사는 할머니 2명을 폭행한 혐의를 받고 있다. A 군은 경찰에서 "평소 학교에서 왕따를 당해 화풀이를 하려고 노인들을 때렸다."고 말한 것으로 알려졌다. 경찰은 CCTV 화면을 토대로 A 군을 검거했으며, 피해자들이 처벌을 원치 않음에 따라 불구속했다고 한다.

한 교실에 학생 40명에게 한 선생님이 사랑과 진정한 가르침을 제대로 줄 수 있겠는가? 선생님 입장에서는 단지 이탈하는 학생만 골라잡는 감시자로 전락하는 편이 신상에 좋을 것이다. 그런데 어떤 부류의 사람들은 A교실에서 40명 데리고 수업하고, B교실에서는 20명 데리고 수업해 본 결과, 학급 평균 점수에 별 차이가 없었으므로 한 학급당 학생 수는 그리 문제가 되지 못한다고 말한다. 그럼 학생들은 점수를 낳는 기계에 불과한가? 한 반에 20명만 있으면 담임선생님과 아이들이 가족처럼 지낼 수 있고 학생 개인별 특성이 존중되는 화목한 교실 분위기와 인간 본연성·도덕성 함양에 큰 도움이 될 것인데, 그런 건 어떤 수치화된 결과물로 나오는 것이 아니니 정치인들의 관심거리가 되지 못하는 것이다.

어른이 아이가 되고, 아이가 어른이 되다

2010년부터 교사 평가를 전국적으로 실시한다고 하는데, 선생님에게 정당한 권위를 실추시켜 놓고 평가를 해서 더욱더 선생님들을 궁지로 내몰고……. 교사 평가에서 학생들의 평가를 좋게 하기 위해

선생님들이 적어도 한 달에 한 번씩은 피자를 쏴야 될 것 같은……
우리나라의 위대한 학생들을 위하여…….

교육인적자원부에서는 무엇인가 배우고자 학교에 온 학생들에게
선생님을 평가하라고 한다. 그러면서 평가를 할 때 다음과 같이 해
서는 안 된다고 홍보한다.

* 귀찮은데 대충 표시하면 되지 뭐
* 숙제는 적고, 점수 잘 주는 선생님이 최고지!
* 잘못해도 혼내지 않고 대충 넘어가주는 선생님이 최고지!
* 가장 인기 있는 얼짱 선생님이니까 다 만족이지

‘절대로 이렇게 해서는 안 됩니다’라고 홍보하면 그렇게 안 하는
것인가? 단지 그렇게 쉽고 간편한 일인가?

아래의 조사 지표는 초등학생들이 선생님을 평가할 때 쓰는 평가
표이다. 이 조사 지표가 갖는 결정적인 ‘전제의 오류’가 있다. 모든
학생들은 참으로 착하고 바른 생활 태도를 갖추고 있다는 전제 조건
말이다. 그런데 학교 교실의 실제는 그렇지 않다. 여기서 정치인들과
학교 교실에서 실제 생활하는 교사와 학생 간의 괴리가 발생하는 지
점이 생긴다. 그 피해는 정치인들이 입는 것이 아니라, 고스란히 선
생님과 학생들과 학부모가 입게 되어 있다. 필자는 단순히 교사 평
가를 거부하는 것이 아니라, 이러한 시스템이 대한민국 교육의 근간
을 뒤흔드는 잘못된 정치인들의 착오일 수 있으니 보다 신중히 검토
의 시간을 갖고 시행해 달라는 요청이다. 정말 교육 정책에 대해서

학생에 의한 수업 만족도 조사 지표

조사지표	만족도				
	매우 그렇다	그렇다	보통 이다	그렇지 않다	매우 그렇지 않다
1 · 선생님께서는 수업을 시작하면서 그 시간에 배울 내용(학습문제)을 자세히 안내해 주십니다.					
2 · 선생님께서는 우리 반 친구들에게 발표할 기회를 적절히 주십니다.					
3 · 선생님께서는 공부할 내용을 알기 쉽게 가르쳐 주십니다.					
4 · 선생님께서는 수업의 내용과 관계있는 질문에 알기 쉽게 대답해 주십니다.					
5 · 선생님께서는 수업시간에 칭찬과 격려를 해 주십니다.					
6 · 선생님께서는 선생님의 목소리와 말의 빠르기는 가르치는 내용을 알아듣기에 적당합니다.					
7 · 선생님께서는 수업시간에 다양한 자료(컴퓨터, 도서, 이야기자료, 학습지)를 활용하십니다.					
8 · 선생님께서는 수업시간에 다양한 방법(전체 활동, 모둠활동, 짝활동, 개인 활동)으로 지도해 주십니다.					
9 · 선생님께서는 우리들의 수업활동에 대해서 확인하거나 평가하십니다.					
10 · 선생님께서는 올바른 학습태도를 갖도록 지도해 주십니다.					
※ 위의 조사 내용 이외에 선생님의 수업지도와 관련된 학생 여러분의 의견을 아래 빈칸에 자유롭게 써 주시기 바랍니다.					

정치인들의 결정이라는 것이 이렇게 수시로 경솔하게 변경되고 졸속으로 이루어져서는 곤란하다. 눈물 나게도 대한민국의 위태로운 모습이 뇌리를 스친다.

"요즘 세상은 어른이 아이가 되고, 아이가 어른이 되었어. 사람들이 노인을 동네 개만도 못하게 보는 세월이야. 그만 죽어야 되는데 죽는 일이 쉽게 안 되네.” 이제 여든 살 되신 필자의 할머니께서 하신 말씀이다.

자식에게 부담을 주지 않기 위해 스스로 노후 준비를 하며 실력을 갖추고 있는 오늘날의 부모님들! 그런데 윤리의 기본 원칙 중 하나가 ‘호혜성의 원칙’인데, 우리나라에서는 부모와 자식 간의 이 기본적인 윤리 원칙마저 잘 지켜지지 않는 것 같아 씁쓸한 느낌이 든다. 우리나라 부모들이 그렇게 자식 클 때까지 많은 희생을 감수했다면, 자식들이 취업을 하고 어른이 되었을 때는 최소한 부모로부터 받은 만큼의 희생과 봉양을 제공해야 하는 것이 타당할 것이다. 그런데 불행하게도 호혜성의 원칙이라는 이 기본적인 윤리 원칙을 잘 지키는 한국의 자식들이 그리 많아 보이지는 않는다.

우리나라 부모들이 자식에게 하고 싶은 말. “오래 사는 게 죄다.”

문득 작은 체구의 정이 많은 우리 할머니께서 떠 주신 그때 그 물맛이 그립다.

고려장

지금의 대한민국이라는 나라는 ‘마인드적 고려장’이 대다수의 당위성을 갖는 나라가 되어 가고 있다. 자본주의 사회는 효율성을 따지는데, 노인은 일에 대한 능률이 떨어지기 때문에 쓸모없이 버려지는 부품? 그리고 지금 여러분들이 끔찍이 사랑하고 있을 애인과 아내, 자식들은 모두 지금 버려진 노인들이 손발이 다 닳도록 온 정성을 다해 기른 생명체라는 것을…… 그리고 언젠가 여러분들도 늙어지면 이제 버림 받을 준비를 해야 한다는 것을……. 그때 버려지더라도 너무 서운해하지 말자. 당신이 젊었을 때도 당신의 늙으신 부모를 그렇게 대우했었으니 당신도 똑같이 그렇게 버려져야 논리적 정합성을 갖추게 되니까.

너무 튀어서는 곤란해진 교실

그러나 이러한 학교 교실의 구조적 문제를 일개의 교사가 무슨 수로 개선할 수 있겠는가. 단지 지금의 시스템에 적절히 큰 문제없이만 적응해 가면 될 것인가? 너무 열정적으로 교육하는 주체적인 선생님은 제 스스로 자신의 무덤을 파는 '불량 이단아'가 될 수 있는 위험성이 있기 때문에? 그저 말없이 묵묵히 관리자 말에 순응해 가며 틈새를 보다가 나이 들어 교감, 교장 되었다가 퇴직금 많이 받아 나오면 만족스러운 삶인가?

너무 튀어서는 곤란하다.

겨울은 (중략)

그동안 걸쳤던 얼마쯤의
허세와 위선의 탈을 벗어 버리고
자신의 분수와 속 얼굴을
들여다보는 계절이다

이제는 침묵에
귀를 기울일 때이다
소리에 찌든 우리들의 의식을
소리의 뒤안길을 거닐게 함으로써
오염에서 헤어나게 해야 한다

— 법정 스님, '빈 들녘처럼' 중에서 —

---

5. 소음 공명

'소음 공명(Stochastic Resonance)'이란 적당한 소음이 있을 때 미약한 원신호가 더 잘 들리는 현상을 의미한다. 가령 주위가 어떤 소리도 완벽하게 차단된, 마치 진공상태에서 공부하는 것과 운동장 밖에서 아이들이 뛰어노는 소리가 귀에 자연스럽게 들려오는 곳에서 공부하는 것 중에 어느 곳에서 공부가 더 잘되는가? 주위가 너무 시끄러워도 안 되겠지만 내 경험상 주위가 너무 조용하면 내 안의 추진력이 잘 생기지 않는다. 이를 소음 공명이라 부르는 것이다.

마찬가지 원리로 어떤 사회이든 적절한 '악'이 있을 때 오히려 더 건강한 사회일 수도 있다. 적절한 '악' 덕분에 우리 사회엔 청소부라는 일도 있는 것이고, 경찰·검찰·법관이라는 일들이 있는 것이지 않은가. 또한 학교 교실에서 성적이 낮은 아이가 있어야만 성적이 높은 아이가 있게 되는 것이지 않은가 말이다. 그런데 우리 사회는 모든 아이들이 성적이 높아야 한다고만 떠든다. 책 공부가 아닌 다른 분야에 탁월한 소질을 갖추고 태어난 아이들인데도 성적이 낮다는 이유만으로 방과 후 학교에 남겨서 기초학력증진반의 수업을 억지로 듣게 만든다. 유감스럽게도 '나머지 공부'를 받는 아이들의 가슴에 남는 것은 오늘 배운 이차방정식 문제 풀이법이나 오늘 배운 영어 단어 몇 자가 아니라, 성적이 낮아서 이런 대우를 받는 '나로 하여금 스스로 편집된 고비성’(self‒organized criticality)이다. 일정 속도로 모래를 계속 부어 주면 쏟아지는 모래와 산사태로 떨어지는 모래의 양이 평균적으로 균형을 이루면서 모랫더미가 일정한 각도의 더미를 이루게 된다. 이때 만들어진 각도를 ‘멈춤각(angle of repose)’이라 부른다. 이러한 상태가 ‘고비상태(critical state)’이다. 그리고 하등감(下等感)……·.

그런데 그런 교육정책을 만든 자는 스스로 자신의 안락한 방에서 생각하기를, ‘공부 못 하는 아이들에게도 학습평등권을 줘야 되는 거야. 나와 같은 위대한 인물의 명석한 두뇌에서 나온 아이디어야. 그 아이들 지금쯤 위대하신 나에게도 고마워할까?’

“진실이란 발을 차갑게 하는 이불 같은 것입니다. 잡아당겨도 늘어뜨려도 이불은 부족합니다. 무슨 수를 써 봐도 이불은 우리를 덮어주질 못합니다. 울면서 태어난 날부터 죽음으로 떠나는 날까지 울고 절규하고 신음하는 우리의 얼굴만을 덮을 것입니다.”

― 영화 ‘죽은 시인의 사회(Dead Poets Society)’ 中에서 ―

세상은 늘 시끄럽지만 세상이 시끄러운 데는 이유가 있다.

6. 학교다운 나날들

민족사관고등학교의 카리스마 있는 교장선생님

한국교직원신문에서 민족사관고 교장선생님의 인터뷰 기사를 읽게 되었다. 스트리트저널은 2007년 12월 미국 명문대학에 진학한 학생 수를 기준으로 할 때 민족사관고를 세계 32위라고 발표해 화제가 됐었다. 미국 고교를 제외한 외국 학교로는 세계 1위이며, 당시 졸업생 133명 중 14명이 미국 명문대학에 입학했다고 한다. 민족사관고등학교 교장선생님은 흔히들 민족사관고 학생들은 공부만 열심히 하는 것으로 오해하고 있지만 운동도 열심히 하고 인사성도 밝다고 했다. "저는 지덕체가 아닌 체덕지 순서로 강조합니다. 지식은 참모 머리를 빌릴 수 있지만 체력을 빌릴 수는 없는 것 아닙니까. 아버지 부시가 중임을 못 한 것이 동경 만찬서 쓰러진 것이 주요한 원인입니다. 여기서는 모든 학생들이 수영으로 백 미터를 갈 수 있어야 졸업할 수 있습니다. 학생뿐만 아니라 전 교직원이 심폐기능 소생술을 배웁니다. 심장이 멎고 4분이 지나면 뇌사가 진행되는데 119가 오기 전까지 심폐소생술을 하고 있으면 절대로 뇌사까지는 안 갑니다."

교육 프로그램 중에서 다른 학교로 일반화시키고 싶은 것도 인성 교육이라 했다. "방문객들이 학생들의 인사성에 놀랍니다. 열 번을 만나도 열 번 모두 90°로 인사하니까요. 여기서는 왕따, 집단폭력, 흡연, 음주가 없습니다.”

또한 사교육비가 사회적 이슈로 부각하고 있지만 민족사관고학생들은 학원에 다니지 않는다고 한다. “학부모들을 모아 놓고 학원에 다니는 것 발견되면 즉시 퇴학시키겠다고 했습니다. 세계 초일류를 지향하는 학교에서 최고의 선생님들을 모셔 놓고 있는데 뭐가 부족해서 학원 다닙니까. 최고 학교 학생들이 학원 다니게 되면 대한민국 공교육 다 무너집니다. 헌법서 애기하는 능력별로 균등하게 교육 받을 수 있는 권리는 자신의 지력, 덕력, 체력을 말하는 것이지 권력이나 재력이 아닙니다. 아버지가 돈 많다고 입학 티켓 사겠다는 것은 말도 안 되고 위헌입니다.” 그는 민족사관고 교직원 자녀 중 입학생은 지금까지 단 두 명이고, 심지어 C이사장 딸도 공부는 잘했지만 입학하지 못했다고 말했다.

이러한 기사를 읽고 우리나라 최고의 고등학교인 민족사관고의 교장선생님이 갖는 카리스마를 느꼈다. 나는 마치 어느 나라의 대통령이 실천하고 있는 조직운영법을 배우는 듯한 느낌을 받았다. 그리고 부러웠다. 나 자신의 뜻과 의지를 주체적으로 어떤 조직에 관철시킬 수 있고, 그러한 자율성과 주체성을 상부기관에서 인정해 준다는 것 자체가 말이다.

민족사관고등학교 학생들은 수영으로 백 미터를 갈 수 있어야 졸업할 수 있다고 하는데, 역시 평범한 학교와는 뭔가 다른 점이 있다. 체(體)덕(德)지(知)의 순서를 강조하는 민족사관고 교장선생님의 의지가 그대로 반영될 수 있기 때문에 가능한 일이다. 또한 인사를 포함한 인성교육을 중시해야 한다는 가르침이 실제 행동으로 훈련

(training)되고 있었다. 거기에다 왕따, 흡연 등이 없고 학원 다니는 학생은 무조건 퇴학이라는 강경한 교칙이 교장선생님의 뜻에 따라 적용되는 학교라는 것을 알 수 있다.

정리를 하자면 교장선생님의 가르침이 신뢰받고 있다는 것이다. 그것이 매우 거친 방식일지라도 선생님의 주체적 의지에 대한 과감한 신뢰가 주어지고 있다. 그리고 그 학교는 대한민국을 대표하는 최고의 학교가 되었다.

우리나라의 선생님들도 최소한 자기 교실 수업 안에서는 자신의 뜻과 의지에 따라 주체적으로 때론 과감하게 교육할 수 있고, 그러한 교사의 주체적 가르침에 전폭적인 지지와 신뢰가 부여된다면 정말 교사로서 가르치는 일이 흥겹고 보람될 것이다. 선생님이 가르칠 때 즐겁고 힘차게 가르칠 수 있어야 학생들도 그 기운에 덩실덩실 흥겹게 학교 다닐 맛이 나지 않겠는가!

학교 가는 발걸음이 무거운 우리의 아이들

지금 중·고등학교를 다니는 학생들의 아침 발걸음은 왠지 흥이 없고 처져 있다. 단지 중·고등학교의 졸업장이 있어야 한국 사회의 낙오자가 되지 않는다는 그 제도(시스템)가 갖는 당연시되는 인지적 압박에 의거해서 오늘도 달갑지 않은 표정으로 출석을 채워야 한다. 그리고 인문계 고등학생이라면 엉덩이 빠개지는 딱딱한 의자에 앉아 밤 10시까지 야간자율학습이 아닌, 야간'강제'학습을 마쳐야 그럴듯한 공부의 '폼'을 공인받는 셈이 된다. 물론 심심하고 할 일 없는 야간강제학습 시간을 때우기 위해 많은 학생들은 책상에 엎드려 잠을 자며 자신의 척추 뼈가 휘는 것에 중독되거나 MP3를 귀에 꽂고 한국의 입시 체제에 대한 불만을 고막이 터질 듯한 음악 사운드로 마비시키거나 혹은 PMP(휴대용 멀티미디어 플레이어(Portable Multimedia Player). 이미지·음악·동영상 등 멀티미디어를 휴대하면서 즐길 수 있도록 만든 장치)를 책상 밑으로 몰래 보며 미디어가 제공하는 마취제를 자신의 내면을 일깨워 주는 마음속 의지에 주사하거나 할 일이다. 고등학생들을 밤 10시까지 학교에 잡아두지 않으면 사회 범죄라도 일어날 것으로 착각하고 있는 건가? 그 쓸모없이 버리는 시간에 학생 스스로 재능이 있는 적성 분야를 갈고닦는 시간으로 활용한다면 학생들의 행복도를 높일 수 있고, 대한민국의 저력을 상승시킬 수 있을 것인데…….

줄무늬 애벌레는 사방으로부터 밀리고 채이고 밟히고 했습니다.
밟고 올라서느냐 밟혀 짓눌리느냐 입니다.
그는 밟고 올라섰습니다.
그 기둥 더미 속에서는 이제 친구란 있을 수가 없었습니다.
그들은 다만 하나의 위협이요, 장애물일 뿐이며
동료들을 발판으로 삼고 기회로 이용하여 올라가야 하는 것이었습니다.
'수단과 방법을 가리지 않고 올라가야겠다.'는 일념이 도움이 되었는지
줄무늬 애벌레는 상당히 높이 올라온 것 같이 느꼈습니다.
그러나 어떤 때는 자기 자리를 가까스로 지키는 것이 고작이었습니다.

— 트리나 포올러스, '꽃들에게 희망을' 중에서 —

수학 문제가 안 풀린다고 자신의 목을 매 숨진 채 발견된 어느 중학생의 이야기.

김 군의 어머니는 경찰에게 아들이 거실에서 수학 공부를 하다가 문제가 잘 풀리지 않는다며 방에 들어갔는데 한동안 인기척이 없어 들어가 보니 숨져 있었다고 진술했다고 한다.

교육은 없고 수능만 있는 한국의 교실

고등학교 때 내가 받은 한국의 교육은 진정한 의미에서 교육이 아니었다. 수능 점수를 안정적으로 확보하기 위한 지옥 같은 처절함이었을 뿐이다. 그게 내가 고등학교에 대해 갖는 불쌍한 추억의 전부이다. 그 고등학교 3학년 겨울에 수능시험을 치고 나는 적당한 대학교를 입학했다. 지금 생각하면 수능이라는 단순한 시험 점수를 올리기 위해 내가 이 고등학교에서 3년 동안 그런 미친 생활을 하고 있었나 하는 생각이 든다.

이에 반론을 펼치는 사람은 고등학교가 수능 점수만을 위함이 아니라 인성교육이나 친구 간의 공동체생활을 경험하는 곳이지 않느냐고 주장할 것이다. 그러나 고등학교에서 3년간 직접 살아본 사람은 탁상공론을 하고 있는 정치인들이 아니라, 바로 나이다. 내가 아는 한 인문계고등학교의 생활이라는 것은 본질적으로 오직 수능 점수 올리기 위한 공장에 지나지 않았다. 친구들 간에 서로 경쟁의 대상임을 주지시키는 과정이었으며, 고교에서의 공동체생활이라는 것은 참다운 인간애를 나누는 공동체가 아니라 수능 모의고사 점수가 높은 친구가 친구로서 대접받고 '탁월한 인간'으로 선생님들로부터 선별되는 형해화된 공동체였을 뿐이다.

필자는 산골마을 출신이었기 때문에 고등학교를 다니기 위해 시내 자취방을 얻어 할머니와 함께 3년간 생활을 해야 했다. 우리들의 인문계고등학교 시스템 속에서 밤하늘의 별을 동경했던 산골마을의 한 청년이 갖던 인간성은 오직 수단과 방법을 가리지 않고 내가 원하는 것만 취하면 된다는 야비한 이기주의로 뒤범벅이 되어 갔던 것은 아니었을까? 그땐 머리가 좀처럼 트이지 않아서 공부를 열심히 해도 수능 모의고사 성적이 오르지 않아 자살도 종종 가슴에 새겼었다. 그리고 그 육중한 스트레스를 소중한 내 가족인 할머니께 퍼부었다. 고등학교 시절 가장 만만했던 사람은 구멍만 한 자취방에서 내 옆에 있으면서 나에게 언제나 감자국을 끓여주셨던 힘없는 할머니였으니까……. 수능을 향해 희망을 찾고자 했던 청년기 나의 절규였을까……. 그때 겨울은 정말 추웠고 내 몸은 고등학교 3년 동안 많이 망가졌었다. 그리고 나의 더러운 발까지 사랑해 주셨던 우리 할머니의 마음에 씻을 수 없는 상처를 새겨 버렸다. 그 당시 손자의 아침 강제학습을 위해 매일 새벽 5시에 일어나 아침밥을 마련해 주셨던 우리 할머니…….

"누구를 위하여 종은 울리나."

학교 가는 발걸음이 무거운 우리의 선생님들

지금의 학교 선생님들은 감시의 대상으로 전락하고 있는 세태이다. 정당한 권위도 잃어 가고 있다. 요즘은 학교에서 매 맞은 것을 집에 가서 부모에게 고자질하고, 그 부모는 바로 학교에 전화를 해서 항의하거나 다음날 교장실로 바로 찾아온다. 그래서 다음에는 그런 곤란한 상황이 되지 않기 위해 적당한 선을 선생님 마음 안에서 찾게 된다. 애가 적당히 버릇없게만 defense(방어, 방위)하면 될 정도의 선을 찾게 되는 것이지, 아이의 잘못된 버릇을 제대로 개선하여 바른 인간으로 적극적으로 이끌겠다는 교육적 열정의 선이 아닌 것이다.

그럼 집 안에서 학부모가 아이 가정교육은 잘 시켰는지도 평가해야 되지 않을까? 가정교육이 잘 안 된 아이들이 학교에서 문제를 많이 일으키고 수업 중 떠들거나 다른 아이에게 피해를 자주 주기 때문이다. 그렇다면 선생님이 학부모의 가정교육에 대한 평가를 해야 하는 것이 상호 존중의 원칙(?)에 부합되지 않은가? 또한 **학교 수업에 학생답게 임하지 않은 아이도 선생님을 마구 평가해도 괜찮은가? 학생의 선생님에 대한 평가가 정당하려면 일단 수업 중에 학생이 학생다운 자세로 임해야 된다는 전제 조건이 있어야** 할 것이다.

아래의 조사 지표는 집이나 직장에 계실 학부모가 학교에 계실 선생님을 평가하는 평가표이다. 내가 학부모라도 이런 조사 지표에 제대로 응답하지 못할 것 같은데, 정치인들은 무슨 생각을 하고 이런 조사 지표를 만든 것일까? 학부모를 학생과 함께 학교 교실에 등교시키기로 마음먹은 것인가? 아니면 부모님이 자기 아이를 감시하고, 그 아이가 다시 또 선생님을 감시해서 정치인들의 구미에 맞는 그림을 그리려는 것인가? 이이제이(以夷制夷) 말이다.

학부모에 의한 학급경영 만족도 조사 지표

조사지표	만족도				
	매우 그렇다	그렇다	보통이다	그렇지 않다	매우 그렇지 않다
1 · 담임선생님은 기본학습(말하기, 읽기, 쓰기, 셈하기 등) 능력을 길러주기 위하여 노력한다고 생각하십니까?					
2 · 담임선생님은 수업 중 발표를 골고루 하도록 배려한다고 생각하십니까?					
3 · 담임선생님은 학생을 공정하게 지도하기 위해서 노력한다고 생각하십니까?					
4 · 담임선생님은 칭찬과 격려 등을 통하여 학습에 대한 관심과 자신감을 높여주고 있다고 생각합니까?					
5 · 담임선생님은 자녀의 교과 학습 활동을 꾸준히 지도하신다고 생각하십니까?					
6 · 담임선생님은 자녀의 학급활동에 관한 내용(알림장, 전화 상담, 안내문 등)을 잘 안내해 주십니까?					
7 · 담임선생님은 학생들의 기본생활습관과 올바른 인성 함양을 위해 노력하고 있다고 생각하십니까?					
8 · 담임선생님은 자녀가 학급에서 친구들과 잘 어울려 생활할 수 있도록 배려하신다고 생각하십니까?					
9 · 담임선생님은 교육적으로 적절한 언어를 사용하신다고 생각하십니까?					
10 · 담임선생님은 학생들에게 적절한 과제를 제시하고 확인하신다고 생각하십니까?					
※ 위의 조사 내용 이외에 담임선생님의 학급경영과 관련된 학부모님의 의견을 아래 빈칸에 자유롭게 써 주시기 바랍니다.					

한국의 교육이 교육다워지는 길

교원 평가 자체는 필요하고 받아들여야 한다고 본다. 그러나 선생님의 정당한 권위를 인정해 주고 선생님의 가르침이 갖는 주체성을 존중해 주고 나서 그런 평가나 감시를 해달라는 것이다. 그래야 한국의 공교육이 기운을 차리게 되고 학생들의 potentiality(잠재성, 가능성)를 적극적으로 살릴 수 있다. 이것이 바로 지금 한국의 학교가 생기를 갖추고 교육이 교육다워지는 진정한 길이다.

목을 조르기만 한다면 사람은 필히 형벌이 무서워 그 형벌을 피하는 정도로만 노력하게 될 것이지, 진정으로 어떤 일에 자신의 뜻과 의지와 열정을 쏟으려고 하지 않는다. 무서운 형벌주의가 갖는 맹점은 바로 인간의 마음과 양심까지 참되게 변화시키지는 못한다는 점이다. 법술만을 외쳤던 한비자가 놓친 부분은 참다운 인간성이 발현된 인(仁)의 세계인 것이다. 우리 한국 사회의 발전이라는 것은 단순히 세계 경쟁력을 높이는 것에 있지 않고, 한국 사회 안에서 살아가는 우리 백성들이 사람답게 행복하게 살 수 있도록 유지하는 것에 있다.

사람다운 행복의 관건은 참다운 仁을 공감하고 공유하는 평화로운 분위기(mood)에 있는 것이니, 제발 경쟁만을 부르짖지 말자! 효율성만 따지지 말자! 계산적 머리만 굴리지 말자! 교활한 이기주의에 빠지지 말자!

7. 평가의 전환

부모님들끼리 모이면 아이의 시험 점수나 등수를 물어보며 자기 자녀의 우월성을 확인하거나 열등감에 빠지거나 한다. 그런데 자신의 자녀들이 얼마나 도덕적 됨됨이를 갖추었나에 대해서는 어떤 자부심이나 열등감(feeling of inferiority)을 느끼지 못한다.

높은 곳에서 보다 멀리 그리고 넓게 바라본다 하여도 과연 이런 식으로 아이들을 평가할 것인가?

"아이들은 부모나 선생님이 기대하는 방향으로 변화되지 않는다. 아이들은 부모나 선생님이 평가하고자 하는 방향으로 변해 간다."

그래서 아이들을 진정한 삶에로 이끌기 위해서는 그러한 코드(code)에 맞춰서 평가하는 것이 요청된다. 가령 시험 점수가 몇 점인가로 아이를 평가하는 것이 아니라, 얼마나 됨됨이를 갖춘 행동이었나 또는 옳은 마음가짐에 따른 행동이었나를 평가하는 것이다.

보다 멀리 넓게 그리고 깊게 바라보라.

8. 마음으로 마음을 만나자

오늘 수업 중에 불안정해 보이는 아이가 생각났다. 아이를 사랑해야 하는 당위성의 이(理)와 내가 만난다. 나의 아해가 우리들의 아해와…… 살아가려는 정당한 삶에의 의지…… 바른 방향으로의 선회…… 仁…… 仁…… 제아무리 힘이 강한 자라도 수많은 아이를 굴복시킬 수는 없으리니……. 마음으로 마음을 만나자! 인(仁)이다. 위대함이다. 하늘이 아껴 주시는 자이다. 세상의 빛이다.

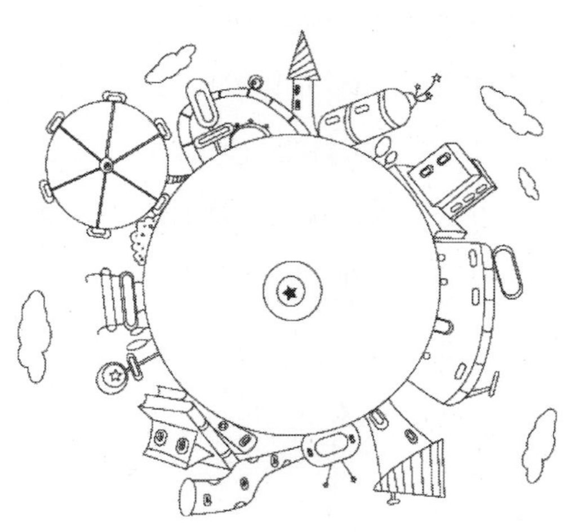

9. 그 아이의 상처에 부드러운 빛을 비추라

"깊이 상처 입은 누군가를 사랑할 때, 그대가 할 수 있는 가장 나쁜 일은 그 상처를 직접적으로 말하고 문제 삼는 일이다.

단순히 거기 상처가 있음을 알아차리는 것만으로도 충분하다.

그런 다음엔 그것으로부터 물러나 있으라.

그리고 기회가 있을 때마다 영혼의 부드러운 빛을 그 상처에 비추라."

— 존 오도나휴의 《영혼의 동반자》 중에서 —

작년에 담임선생님을 하면서 아이들의 잘못된 점을 분석해서 하나하나 삭제하려고 했었다. 그러나 그렇게 할수록 교실 전체의 분위기는 경직되어 갔고 흔히 문제아라고 불리는 아이는 더욱더 문제 행동을 보였다. 나는 그 아이가 미워서 퇴근 후 집에 와서도 그 아이의 버르장머리는 어떻게 하면 내 앞에 굴복시킬 수 있을까를 더부룩한 배를 잡고 고민해야 했다. 정말 그 아이를 살리는 길을 떠올릴 정도의 수준이 못 되었었다.

"그대가 할 수 있는 가장 나쁜 일은 그 상처를 직접적으로 말하고 문제 삼는 일이다."

'아…… 아이야! 사실 따지고 보면 나도 그리 완벽한 인간이 아니었다.'

그런데 내 잘못에 대해서는 별로 민감하게 반응하지 않고 괜찮겠

지 넘기면서 다른 사람에 대해서는 조금의 잘못도 잘못되었다, 부정
의하다고 소리질러댔던가. 다른 사람의 잘못을 지적하는 인간 자신
이 오히려 더 지적받아야 할 인간類는 아닌가……. 고양된 인품을
갖춘 자는 다른 사람에게 관용을 베풀 줄 알고, 자기 자신의 잘못된
버릇이나 게으름을 고쳐나가는 데 집중하는 자이다.

10. 교육 데생

한국 사회의 전근대적 분위기

지금 대한민국이라는 나라에서 선생님으로서 현 학교교육체제가 한계지점에 다다르고 있다는 위기감을 느낄 때가 있다. 그 원인은 학교 안팎에 있을 것이다. 사회 전반의 분위기가 너무 실용주의적 자본주의로 물들어 있어서 수단이나 도구가 본질보다 우위에 있는 가치전도현상 속에서 인격이나 도덕성으로 평가받는 사회라기보다는 졸부라도 무조건 돈만 많이 있으면 되고 먹고 마시고 놀면 꽤 괜찮은 삶이라고 알아주는 사회 전반의 분위기이다. 한국 사회의 인류는 아직까지도 가치의 전근대성을 벗어나지 못한 것은 아닐까? 남들 하는 대로 물질 양식을 좋아가는 '부유한 노예'들…….

이렇게 된 데에는 성실한 학생이 학교에서 높게 평가받고, 도덕적인 지도자가 존경받는 제대로 된 평가체계가 미흡했기 때문이기도 하다. 고액 과외나 학원만 잘 다니고 족집게 문제들을 많이 풀어서 외우면 수능 점수를 잘 받아 일류대학교에 진학할 수 있고, 그들이 다시 우리 사회의 높은 사회적 지위와 부와 향락을 차지하게 된다. 여기에 도덕성, 성실성이 들어갈 자리는 많지 않아 보인다.

한국의 학교가 나아가야 할 방향

교육을 큰 나무에 비유할 수 있다. 나무가 죽어간다면 필히 그 뿌리가 병들어 있음을 유심히 보아야 할 터인데……. 학생의 부담을 줄여준다고 국영수 위주의 교육에 치중하려 하는 미래형(?) 교육과정! 이는 나무의 키를 높이고자 흙으로부터 나무를 조금 더 높이 뽑아 들어 보이는 것에 비유할 수 있을 것이다. 교육이 백년지대계라고 했던가! 교육부를 정권 임기와 독립해서 설정하고 10년 이상의 장기적인 안목에서 교육과정이나 교육정책이 만들어져야 교육이라는 나무가 제대로 자랄 수 있을 것인데……. 새로운 교육과정을 5년 이내에 어떻게든 마치려 한다면 무리가 따를 일이다.

우리 민족의 교육 나무가 제대로 자라려면, 학생의 성실성이 존중받아야 한다. 또한 야간 강제 학습을 폐지해야 하고, 사교육을 줄여야 한다. 공교육을 내실화해야 하며, 학교 교육을 실제화해야 한다. 학교 시스템의 실제화, 최적화 노력 말이다. 취업 라인(Line)과 대학교 교육 체계, 고등학교의 교육 구조가 서로 연관 관계를 갖추도록 해서, 고등학교 교육체제를 성실히 임한 학생이 우수한 대학교를 가서 자신의 재능을 살려 취업을 할 수 있다면 국민 전반의 행복도를 크게 높일 수 있다. 중학교는 학생 자신의 재능, 흥미 발견 노력과 체력과 덕성 함양 위주의 교육이 되어야 할 것이다. 선생님의 말씀에 잘 따르는 것 자체가 덕성 함양 교육이 된다. 서당에서 훈장님 말씀에 귀 기울일 줄 아는 것 자체가 바른 심성 교육의 중요한 한 부분이었지 않은가! 선생님의 말씀을 잘 따르는 아이가 결국은 부모님의 말씀도 잘 따르는 아이다. 오늘날 학교가 위태로운 상태에 왔다는 것은 선생님 말씀을 잘 안 따르게 만드는 분위기와 시스템 그리고 실제화되지 못한 교육과정의 운영을 지적하는 것이다.

가령 매월 1～2회씩 교실의 전체 학생들을 대상으로 법 강연이나 성 교육 등의 소양 교육이 실시된다고 하자. 비싼 돈으로 섭외된 강사가 큰 교실에서 대표로 뽑힌 몇 명의 학생들에게 교육을 한다. 동시에 나머지 대다수 학생들은 교실에서 TV 화면을 보며 교육받는 형태를 취하고 있다. TV 화면을 통한 소양 교육이 이루어질 때 교실 학생의 반 이상은 졸거나 딴 책을 보거나 옆 친구와 잡담을 하거나 하며 시간을 때운다. 선생님 혼자 40명의 학생들에게 소리친다고 하여 학생들이 정숙하게 TV 화면을 보며 가르침을 얻기에는 한계가 있다. 좀 원시적인 얘기지만 육체적으로 힘이 센 남선생님보다 육체적으로 연약한 여선생님이 교실에 들어왔을 때, 소양 교육 방송 소리가 흘러나오는 교실은 개판되기 5분 전의 상태(무정부·아노미 상태)가 되어 버린다. 퇴학이라는 제도가 있는 고등학생보다 어떤 짓을 해도 퇴학이 없는 중학생들이 더 그렇다. 아무런 필기도 없이 그렇게 의자에 앉아만 있으면 자동으로 졸업이 되는 아주 쉬운 대한민국의 학교 교육과정이다.

교실 현실을 잘 모르는 사람들

학교에서 전교생을 대상으로 이루어지는 그 비싼 소양 교육은 형식화된 무의미한 짓에 불과하다. 교육과정을 실제화하기 위해서 소양 교육도 시험을 보게 한다든지, 소양 교육을 경청했을 때만 써낼 수 있는 보고서를 과제로 낸다든지 해야 하며, 그 결과를 입시에 반영하거나 졸업 여부에 반영토록 하여 불성실한 태도로 학교 교실 생활을 임했던 학생의 졸업을 유예시키는 방안 등이 필요하다. 자유에는 항상 책임이 따르고, 권리에는 언제나 의무가 따른다. 중학생 정도면 이 점을 의식할 수 있는 나이이다. 지금처럼 자리에 앉아만 있으면 쉽게 이수되는 교육과정으로는 공교육을 살릴 수 없고 선생님의 정당한 권위를 존중해 줄 수 없으며, 교육다운 교육이 이루어질 수 없다.

이러한 교육정책을 현장에서 일하는 사람이 아닌 제3의 사람들이 책상 위에서 만들어 놓았기 때문이다. 교육 현실을 잘 모르는 교실 밖 수많은 학부모의 요구와 그 요구에 부응하려고 하는 정치인들의 노력에 정작 학교에서 생활하는 선생님과 학생들은 불행과 무기력을 느낄 때가 있다.

한국의 교육 체계 바로 세우기

중학교와 고등학교 때는 특히나 민족학과 인성 교육을 실제화해서 진학과 연계시킬 수 있어야 나라가 부강해지고 우리 민족의 탄탄한 기반부를 형성할 수 있다. 수학과 영어, 국어의 수업 시수를 낮추면 이러한 중대한 수업을 할 수 있다. 수학 교육은 서술형이 되어야 하고 수학 교과서 자체가 실생활에서 살아 숨 쉬는 실생활 응용(적용) 수학 내용으로 구성되어야 한다. 영어는 워낙 사이버 학습이나 교재가 풍부하다.

고등학교 전반의 학교 분야는 다섯 가지로 세분화될 필요가 있다. 인문계(40% 정도), 기술산업계, 예능계, 보건 및 체육계, 농수산물계로 5개 분야이다.

인문계에 대해서만 좀 더 얘기를 하면, 지금의 일회성 수능이 전면 자격고사화되어야 한다. 여러 번 응시할 수 있도록 하여 부담을 줄이는 것이며, 표준점수를 적용한다면 형평성을 유지할 수 있을 것이다. 여러 번 치른 점수 중에 최고의 표준점수를 대학 입학원서와 함께 제출하는 것이다.

주요한 입시 반영 분야는 내신이 되어야 학생들의 실질적인 성실성을 진학과 연계시킬 수 있다. 내신이 우수한 학생이 대학교 교육도 잘 받는 재목이 된다. 능력의 차이가 크지 않다면 성실한 학생이 존중받아야 하는 것이 사회 정의이다. 내신에는 수행평가가 들어가는데 인격, 성실성과 연계를 시키려면 수업 태도 점수를 강화하고, 내신에 상대평가를 적용해야 한다. 내신과 더불어 대학교 진학에 중요한 항목이 논술과 면접이다. 논술과 면접 능력을 기르는 것이 나라를 일으키는 힘이 된다.

또한 내신에는 실질적인 봉사 교육과 인성 교육이 반영되어야 한다. 아울러 내신과 사이버학습을 실제 내신 점수를 매개로 연계하여 가정 학습과 학교 학습이 지속적인 연결 관계를 가지도록 한다면 우리나라 교육이 살아나리라 본다. 학교 교실 교과 선생님들의 주체적인 내신 평가와 EBS 활용도를 높여서 사교육 비율을 떨어뜨려 민중들의 지나친 교육비 부담을 해소시켜야 한다. 이러한 내신이 바로서야 공교육 정상화를 이룰 수 있는데 지금은 오히려 거꾸로 가고 있다. 내신을 무시하고 수능을 강화하는 쪽이니 공교육이 위태로워지는 것은 불 보듯 뻔한 일이다.

교묘한 머리를 굴리는 자보다 성실한 자세로 장인정신을 갖고 자

신의 분야에서 제 역할을 해내는 참된 역할인을 기르는 나라가 되어
야 사람 살기 좋은 나라가 되고 세상이 인덕으로 화평한 대동사회가
될 수 있다.

박현우

▮약력

저자는 경북 영주시 단산면 안남리라는 작은 산골마을에서 태어나 도덕적인 생애를 꿈꾸며 서른의 나이에 이른 고등학교 도덕·윤리선생님이다.

"인간이란 언제나 자기 규율을 통해 자신을 선명하고 맑게 가꾸어야 하는 운명애입니다. 사람의 온정이나 애틋한 추억·생명애보다 돈과 물질에 끌려 다니는 얕은 사회상 속에서 나라를 재건하고 단 하나뿐인 우리들의 생애를 아름답게 살아낼 수 있는 길은 바른 정신을 찾는 일이며, 우리들 안의 도덕성을 회복하는 일이외다."

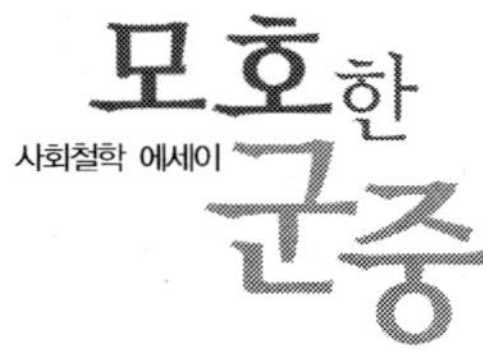

초판인쇄 | 2010년 7월 9일
초판발행 | 2010년 7월 9일

지은이 | 박현우
펴낸이 | 채종준
펴낸곳 | 한국학술정보㈜
주　소 | 경기도 파주시 교하읍 문발리 파주출판문화정보산업단지 513-5
전　화 | 031) 908-3181(대표)
팩　스 | 031) 908-3189
홈페이지 | http://ebook.kstudy.com
E-mail | 출판사업부　publish@kstudy.com
등　록 | 제일산-115호(2000. 6. 19)

ISBN　978-89-268-1149-8 03190 (Paper Book)
　　　　978-89-268-1150-4 08190 (e-Book)